belle vue

人生風景・全球視野・獨到觀點・深度探索

belle vue 39

大自然治癒力

更健康・更快樂・更有創造力的身心靈自然療癒

作　　者　佛羅倫絲・威廉斯（Florence Williams）
譯　　者　呂玉嬋
執 行 長　陳蕙慧
總 編 輯　曹　慧
主　　編　曹　慧
封面設計　Bianco Tsai
內頁排版　思　思
行銷企畫　陳雅雯、林芳如
社　　長　郭重興
發 行 人　曾大福
編輯出版　奇光出版／遠足文化事業股份有限公司
　　　　　E-mail: lumieres@bookrep.com.tw
　　　　　粉絲團：https://www.facebook.com/lumierespublishing
發　　行　遠足文化事業股份有限公司
　　　　　http://www.bookrep.com.tw
　　　　　23141新北市新店區民權路108-4號8樓
　　　　　電話：(02) 22181417
　　　　　客服專線：0800-221029 傳真：(02) 86671065
　　　　　郵撥帳號：19504465 戶名：遠足文化事業股份有限公司
法律顧問　華洋法律事務所 蘇文生律師
印　　製　成陽印刷股份有限公司
初版一刷　2023年1月
定　　價　440元
I S B N　978-626-7221-06-8
　　　　　978-626-7221082（EPUB）
　　　　　978-626-7221075（PDF）

歡迎團體訂購，另有優惠，請洽業務部（02）22181417分機1124、1135

國家圖書館出版品預行編目資料

大自然治癒力：更健康・更快樂・更有創造力的身心靈自然療癒 / 佛羅倫絲・威廉斯（Florence Williams）著；呂玉嬋譯. -- 初版. -- 新北市：奇光出版, 遠足文化事業股份有限公司出版, 2023.01
面；　公分

譯自：The nature fix : why nature makes us happier, healthier, and more creative

ISBN 978-626-7221-06-8（平裝）

1. CST: 環境心理學　2. CST: 自然環境

172.8　　　　111018333

線上讀者回函

大自然治癒力

The Nature Fix

更健康・更快樂・更有創造力的身心靈自然療癒

Why Nature Makes Us Happier, Healthier, and More Creative

Florence Williams 佛羅倫絲・威廉斯 著

呂玉嬋 譯

謹以此書獻給第一個帶我見識自然世界的人：

我的父親 John Skelton Williams。

你總是讓它變得不可思議。

Contents

【推薦序】

不管信或不信，自然都會療慰我們

古碧玲——字耕農、《上下游副刊》總編輯

現代年輕人的壓力有多大？一位頂大森林系教授曾向我透露，全校各系所會派出教授組成學生輔導諮詢會議，幾乎所有科系的學生或多或少都有憂鬱症、躁鬱症、自殺傾向。每次輔導諮詢會議結束返回森林系，她不時跟自己系上學生談到他系的案例，「這有什麼了不起？這樣就過不去了？」長時間待在大自然中的森林系學子們的反應，讓她以直覺解讀認為，或許學生們因此具備調節身心紓緩壓力的能耐而不自知。

日後我遇到許多森林人，一方面觀察他們是否較能泰然自得，一方面腦中也浮現那一番對話。這當然是缺乏科學根據的對話，卻引起自己好奇森林是否真的具備療癒撫慰功能，也伺機閱讀相關著作與研究。

這本《大自然治癒力：更健康．更快樂．更有創造力的身心靈自然療癒》似乎解答了我的疑惑。

東北亞國家人民都生活在高度競爭的社會，本書直指韓國已進入「壓力峰值」——

百分之九十六的高中生睡眠不足，韓國學生更是所有工業化國家中最不快樂的學生，韓國人的自殺率為全球第一高。韓國人每年平均工時為兩千一百九十三小時，居經濟合作暨發展組織（OECD）最高數字；根據三星公司的調查顯示，逾百分之七十的人表示工作讓他們情緒低落。

二戰之後韓國舉國脫貧，目前韓國人口已逾五千萬，躋列最富有且已開發的民主國家行列，百分之九十八的韓國人擁有大專以上文憑，教育程度居全球排行第一。然而舉國經濟高度成長，並未讓人民更愉悅更愜意，反而使民眾的身心靈狀態長期緊繃且缺乏彈性與韌性。

韓國政府因為找到新證據證明大自然有益於國民健康，遂提出「國家森林計畫」，目標在於「實現全民福祉的綠色福利國家」。

相關的森林療癒力數據不斷出現。韓國研究人員發現：在森林待兩週後，患乳腺癌婦女能增強免疫力的殺手T細胞增加了，並可維持十四天之久；相較於城市，在大自然中鍛煉的健身效果更佳，更有可能堅持鍛鍊下去；在森林的產前班，未婚孕婦的憂鬱和焦慮症狀明顯減輕。當然還需要更多科學證據來支持大自然尤其是森林的治癒力。

森林並不是絕對靜默無聲的，我很喜歡書中引用英國藝評家約翰・羅斯金（John Ruskin）的話：「寂靜的空氣不甜；只有充滿低沉流動的聲音——鳥聲喳喳，蟲鳴唧唧——才是甜的。」森林裡那些生態系的各種哺乳類、鳥類、昆蟲、爬蟲類、喬木、灌木、藤本植物、苔蘚、地衣、真菌等，整座森林的空氣不僅清新且生意盎然，優化了身處其間人們的感官敏銳度。

本書也一再引用流行病學和病例的對照研究，在歐洲被繁忙機場圍繞的高密度社區，研究人員針對兩千名四十歲以上男性進行的研究中，環境噪音超過五十分貝，高血壓發病率會增加百分之二十。

如果這些研究和數據不斷一面倒地證實現代都市人最好的解壓處方箋就是大自然，根本不需要醫生開給我們到公園走多遠、一週要看綠色植物多少小時等處方，因為公園不用門票，我們只要走出家門，善加利用，把自己與公園連結起來就可以了。

作者訪遍歐美亞三大洲，為了證實大自然於人腦人體的正向力量。時至今日，多數人已無法從城市撤回鄉村，也無能叫大自然力量接管城市，至少挪出一些空間，將大自然的元素注入日常生活，讓大自然展現一己的威力。當城市綠意更茸密時，極端的濕度和溫度將獲得平衡，縱使遇到各種自然災害中，城市也能有韌性地迅速恢復，不僅可為蟲魚鳥獸提供庇護，包括非生態系一環的我們也能被護衛著，各種身心症候將有機會獲得紓緩，臻至康建。

序言：親切的空氣[1]

「願你的小路是彎曲的、蜿蜒的、孤獨的、危險的，通往最令人驚歎的風景。」

——美國作家暨環保運動人士愛德華．艾比（Edward Abbey）[2]

我在拱門國家公園健行，手機應用程式Mappiness嗶嗶叫個不停。有人可能覺得這很討厭，但我沒有這種感覺。我好不容易終於身處在美麗的戶外，可以向這款app報告我快樂、放鬆和腦筋靈敏的程度。我點了幾下螢幕告訴它：非常快樂，非常放鬆，腦筋非常靈敏。我帶著勝利姿態，拍下眼前橘紅色的光滑懸崖，一小片一小片的地衣從裂縫中探出頭來，幾朵無瑕的白雲點綴著法國藍的天空。就讓在無窗大學實驗室裡長時間勞累的「老大哥」羨慕一下吧。幾個月來，我與這個app互動了兩百三十四次，它幾乎總是在我

1 "The Cordial Air," from Ralph Waldo Emerson's essay, *Nature*, first published in 1836. "In good health, the air is a cordial of incredible virtue."

2 From Edward Abbey, *Desert Solitaire: A Season in the Wilderness* (Tucson: University of Arizona Press 1988), preface.

於室內工作時發出提示聲，對這項Mappiness計畫、對我都沒有什麼幫助。（這似乎不大公平，因為我經常在外面，不是嗎？）Mappiness正在進行為期數年的大數據收集，請求數萬名志願者每天兩回隨機記錄自己的情緒和活動，然後將這些回覆與精確的GPS定位資料兩相比對，找出天氣、日照量和其他環境特徵的資訊。這項計畫的宗旨很簡單：什麼能讓人快樂？地點重要還是沒那麼重要？

計畫背後的老大哥——其實是大科學家——是薩塞克斯大學年輕親切的經濟學家喬治．麥克隆（George MacKerron）。他向我解釋，關於幸福的數據大多脫不了人際關係、活動和經濟行為，而且許多都是我們所熟知的：融入群體，沉浸在友誼之中，基本生存需求獲得滿足，頭腦受到刺激並積極參與，有時還為了一項崇高的志業而付出貢獻——這時，一個人最幸福。不過麥克隆的疑問是，已經擁有這些東西的人，或者沒有這些東西的人，還有其他因素會對他們的生活產生有意義的影響嗎？

為了找出答案，他在二〇一〇年推出Mappiness，一年內收集到了兩萬名參與者、超過一百萬數據點的資料（幾年後我加入時，他的數據點已經累積到三百萬）。數據顯示，我們在工作或臥病時最不快樂，與朋友或戀人在一起時最幸福。我們的情緒經常反映出天氣的變化（大多數人生活在英國，所以這一點不足為奇），但最大的變數之一，也是令人驚訝的變數，不是你和誰在一起，也不是你在做什麼（至少對使用iPhone的族群來說，他們通常是有工作、受過教育的年輕人）——而是你在哪裡。麥克隆在一篇論文中推斷：「平均而言，這項研究的參與者置身在所有綠色或自然生活環境類型的戶外，會比在城市環境中更快樂。」（如果你覺得好奇的話，數據並沒有受到度假效應影響，因為他已經將這一點考慮進去。[3]）

受訪者在城市環境和自然環境（尤其是沿海環境）中感受到的快樂差異，大過於他們在獨處和與朋友相處時感受到的差異，與正在從事或沒有從事喜歡的活動（如唱歌和運動）之間的差異大略相同。然而，值得注意的是，受訪者和我一樣，很少在戶外時收到提示，百分之九十三的情況下，他們不是在室內，就是在車上，即使站在十字路口或收郵件也符合應用程式對於「戶外」的定義。我個人數據也很悲哀，應用程式只有十七次逮到我在戶外運動或放鬆，占我一年期間所收到的提示的百分之七而已。大多數時候我都在工作，其次是照顧孩子，再其次是通勤、做家務和吃飯（好吧，至少有些事是有趣的）。在不怎麼認真冥想的過程中，我則是被逮到了兩次。

Mappiness揭露了我們普遍與戶外脫節，這不單譴責了現代社會的結構和習慣，也指

3 作者註：有一點值得一提，麥克隆控制了許多變因，諸如天氣、夥伴等，而且考慮到假期效應因素，只觀察週末和國定假日期間所提供的回應，因為大多數人在這段期間應當不會工作。換言之，人不只是因為在大自然中不工作而感覺更快樂：人人都不工作，所以賽場更公平。From George Mackerron and Susana Mourato, "Happiness Is Greater in Natural Environments," *Global Environmental Change*, vol. 23, no. 5 (Oct. 2013): p. 992.

控了我們的自我理解。美國作家安妮・迪拉德（Annie Dillard）說的很好，我們如何度過我們的日子，就會如何度過我們的人生。為什麼我們不做更多會讓大腦快樂的事情呢？我們遠離綠色植物，是因為滿足生活所需的確讓我們精疲力竭了，還是室內樂趣誘惑力實在太強大，尤其是那些需要充電的東西呢？這是一部分原因，但並非全部原因。在安大略省特倫特大學，心理學家伊麗莎白・尼斯貝特（Elizabeth Nisbet）進行了一系列深具啟發意義的研究，她讓一百五十名學生分成兩組，一組沿著運河附近的露天步道散步，一組穿過連接校區建築且行人不少的地下道。出發前，她要求學生預測他們認為自己在散步時的快樂程度，散步後，學生填寫調查問卷，評估自己的幸福感。學生總是高估了自己對於地下道的喜愛程度，低估了置身戶外的美妙感受。社會科學家把這些不良預測稱為「預測誤差」，不幸的是，預測誤差在我們如何決定支配時間方面扮演著重要的角色。尼斯貝特的結論相當沮喪：「人們可能會避開不遠處的大自然，因為長期與大自然脫節，他們低估了大自然帶來的快樂益處。[4]」

因此，我們做我們渴望但又會讓我們暴躁的事，比如每週查看手機一千五百次[5]（不誇張，但我必須要說，iPhone用戶每天花在手機上的時間比安卓用戶多上二十六分鐘，這可能是嫁給一個安卓用戶的好理由[6]），常常忽略去做會帶給我們快樂的事。沒錯，我們好忙，我們有責任在身，可除此之外，由於都市化和數位蔓延，我們正在經歷一場大規模的世代失憶症（generational amnesia）。今日美國和英國兒童在戶外活動的時間，只有他們父母的一半，反而每天花在螢幕上的時間多達七小時之久，這還不包括在校時間[7]。

對大自然環境的體驗不足，讓我們無法意識到大自然環境能夠讓我們感覺恢復了健康，也沒有發現已有研究證明自然環境會讓我們更健康，更有創造力，更有同情心，更容易與世界、與他人建立緊密關係。大自然已經被證明對文明是有用的。

千古以來，詩人和哲學家始終明白著一件事——地點很重要；本書將深入挖掘這件事背後的科學。亞里斯多德認為戶外散步讓人頭腦清醒，達爾文、特斯拉和愛因斯坦走進花園樹林幫助自己思考，老羅斯福（Teddy Roosevelt）是有史以來最多產的總統，經常到空曠鄉間隱居數月。如同健行哲學家約翰·繆爾（John Muir）在一九〇一年所說的，從某個層次來說，他們都在抵抗成為「疲憊、神經衰弱、過度文明化的人」的趨向[8]。詩

---

4 Elizabeth K.Nisbet and John M. Zelenski, "Underestimating Nearby Nature Affective Forecasting Errors Obscure the Happy Path to Sustainability," *Psychological Science*, vol. 22, no. 9 (2011): pp. 1101–6.

5 Based on a survey in the U.K. by a marketing agency, Tecmark. http://www.dailymail.co.uk/sciencetech/article-2783677/How-YOU-look-phone-The-average-user-picks-device-1-500-timesday.html, accessed May 26, 2015.

6 From an Experian marketing survey, written about here http://www.experian.com/blogs/marketing-forward/2013/05/28/americans-spend-58-minutes-a-day-on-their-smartphones/, accessed May 27, 2015.

7 作者註：根據自然保護協會民意調查，只有大約百分之十的人表示他們每天有戶外時間；http://www.nature.org/newsfeatures/kids-in-nature/kids-in-nature-poll.xml.

8 John Muir, *Our National Parks* (New York: Houghton, Mifflin, 1901), p. 1.

人惠特曼（Walt Whitman）也曾發出警語，城市如果少了大自然，會有「有害的小滿足感」[9]。建造公園與提倡公共健康的景觀設計師弗德瑞克・勞・歐姆斯德（Frederick Law Olmsted）深切明白這一點，他改變了我家鄉的樣貌，也改變了許多其他城市的面貌。

大自然是凡人靈魂和凡人想像力的救贖——浪漫主義運動建立在這麼一個理念之上，因此，當工業化開始逐步令全歐洲窒息時，詩人寫下了對崇山峻嶺的頌歌。詩人華茲華斯（William Wordsworth）描述「完美的海洋與鮮活的空氣／藍天與人的心靈」融合為一[10]；貝多芬抱著他家後院的菩提樹，把交響曲獻給風景，寫道：「森林、樹木和岩石給了人所需要的共鳴。[11]」這兩人講的都是內在系統和外在系統的交融，聽起來有點朦朧，卻預言了二十一世紀將探索神經科學，以及能夠感受環境線索的人類腦細胞。我們的神經系統的設計，是為了與來自自然界的設定值產生共鳴。科學現在開始證明浪漫主義者所相信的真理。

在戰前公寓大樓密集垂直生活環境長大的我，被遼闊青翠而迷人的紐約中央公園所深深吸引。從中學起，我大部分日子和每個週末都會去中央公園，或是騎著一架生銹的松下自行車，或是帶著隨身聽去散步、溜冰還是曬太陽。人類也是動物，和其他動物一樣，我們尋找能夠滿足我們所需的地方。一有機會，孩童就會鑽進樹屋，建造堡壘，因為他們想要一個感覺安全但又能方便進入開放跑跳區域的空間。我們非常努力把家和院子改造成某種樣子，更有能力後，花更多的錢購買住宅，入住海灘旅館，在洋溢著濃濃鄉村風情的高爾夫球場打進第九洞，或者一條安靜的林蔭大道就好。我們都希望我們的第一座城堡位於展望大道和庇護大道的交叉口，專家告訴我們，即使是不同的文化和不同的時代，我們對於生活環境的偏好仍舊是大同小異[12]。

然而，直到最近，心理學家和神經科學家還是沒有認真地研究這些喜好和吸引。二〇〇八年暢銷書《失去山林的孩子》（*Last Child in the Woods*）的作者理察・洛夫（**Richard Louv**）告訴我：「研究大自然對大腦的影響，其實是一個非常非常新的概念，但早在三十到五十年前就該有人研究。」那麼，為什麼現在有人開始了呢？可能因為我們正以前所未見的速度失去與大自然的聯繫。由於人口結構和科技的共同作用，我們比之前任何一代人都更加遠離了大自然。同時，我們也面臨著越來越多慢性疾病的困擾，

---

9 From Mose Velsor (Walt Whitman), "Manly Health and Training, with Off-Hand Hints Toward Their Conditions," ed. Zachary Turpin, *Walt Whitman Quarterly Review* 33 (2016): p. 289.

10 from *The Prelude*, 1805.

11 Cited in Eric Wiener, *The Geography of Genius* (New York: Simon & Schuster, 2016), p. 235. The Beethoven quote is from his letter to Therese Malfatti in 1808.

12 作者註：關於人類居住環境偏好的展望和避難理論，請參閱 Jay Appleton, *The Experience of Landscape* (London: John Wiley, 1975) and Gordon Orians, *Snakes, Sunrises and Shakespeare* (Chicago: University of Chicago Press, 2014).

從近視、維生素D缺乏到肥胖、憂鬱、孤獨和焦慮等等，這些疾病由於待在室內變得更加嚴重。

東亞部分地區可能是「室內炎症」最為盛行的地方，青少年近視率超過百分之九十。科學家曾將近視歸因於看書，但如今看來，近視與如裸鼴鼠一般長時間待在遠離日光的地方有密切關聯。太陽會刺激視網膜的多巴胺受體，這些受體反過來控制發育中的眼球形狀。我們已經開始探索這個戶外變因對視網膜細胞產生了什麼影響，但對我們思想的影響呢？

自從網路誕生以來，我們的確是獲益良多，但許多專家認為我們也變得更易怒，更不善交際，更自戀，更容易分心，而且認知能力更差[13]。我們不能把自己的毛病通通歸咎於與大自然的分離，但我們自述的病痛顯示我們的心理韌性有了一些磨損。有些時候，我們可以少一點反應，多一點同理心，更專心，情緒更穩定，而這正是一帖大自然的藥方可以提供的幫助，書中提到的許多研究人員都說他們可以證明。

迫使我思考大自然與人腦之間關係的，並非什麼手機應用程式，也不是約翰·繆爾。對我來說，這趟探索之旅，始於我的丈夫接受了一份工作，這份工作將我們從田園詩般的小山城，帶到了華盛頓特區的超級郊區。從科羅拉多州博爾德的家搬離的那個夏日夜晚，天氣溫暖而晴朗，我們站在路旁，看著最後一批箱子、家具和裝備上了亞特蘭斯搬運公司的貨車，東西多得令人驚愕。像雷根糖一般鮮豔的橡皮划艇最後才搬上去，多年來，河岩把划艇刮得花痕累累，它們不知道它們註定會被送到大城市的混凝土停車場。

隔壁鄰居出來了，他們家的孩子抱著我們的孩子。沒多久，附近死巷子的小孩都來了，有的騎著滑板車，有的牽著家裡養的狗。我兩個孩子，一個十歲，一個八歲，在這一群孩子中年紀最長，常常領著這群弟弟妹妹，去灌溉水渠玩塑膠杯划船大賽，去看浣熊、爬樹、畫岩石，在矮叢中胡鬧。有時，他們放學後就一直待在外面，直到晚飯時間才進屋，我根本不知道他們都在做什麼。

天空泛著淡淡的紅暈，在夏日餘暉的照耀下，科羅拉多顯得分外的美麗。我敢肯定，車門關上之前我就已經哭了，鄰居也哭了，我們是一對傻瓜，對著鼠尾草抽鼻子。

離開生活了二十年的西部地區，我有很多理由感到惋惜，最主要的理由是我的朋友和同事，是孩子的學校和朋友，是我們的森林小屋，是這裡的山。住家附近的小徑就像快樂的絲帶，無處不充滿驚喜，比如跳過來說再見的小蠍子，比如壯觀多變的野花，比如我那群健談的健行夥伴，我們總是刻意閃避面色凝重的鐵人三項運動員。

---

13 See studies by Clifford Nass, including Roy Pea et al., "Media Use, Face-to-face Communication, Media Multitasking, and Social Well-Being Among 8-to-12Year-Old Girls," *Developmental Psychology,* vol. 48, no. 2 (2012): p. 327 ff. On nature deficit disorder, see Richard Louv, *Last Child in the Woods* (New York: Workman Publishing, 2005).

即便如此，與很多人一樣，我直到失去才真正明白自己擁有過什麼。拖車帶走我們世俗財物的那天晚上，我還未充分意識山給了我那麼多的心靈滋養。我幾乎天天都在山中，或在山上，或望著山，通常是一個人。與博爾德很多人不同，我並沒有在追求什麼，也不是健身狂人，所以散步時不會追求心靈或物質的功效。身為土生土長的紐約人，我不會輕易使用「心靈滋養」這樣的字眼，從來沒有戴過心率監測器，也沒有記錄過短跑時間，更不曾下載奧運教練的歌單。我會直接出門去，通常是走一走，如果不出門，我會脾氣暴躁。雙腳移動時，我會思索我需要思索的事，走得越遠，我就越放空。有時，我腦海會意外地蹦出文人才寫得出的佳句，有時，一些頓悟不期而至。

我不想成為山中精靈。我喜歡城市的很多地方，像是味美價廉的墨西哥餅，戴著神奇眼鏡的聰明人。只是我注意到，在不同的環境中，我的情緒、創造力、想像力和生產力，都有一些戲劇性的變化，於是我開始思考……

搬家卡車駛向反世外桃源的國家首都，我們不情不願跟著走。到達時，氣溫高達攝氏四十度，我的頭髮毛燥得像一團鋼絲刷。這裡絕對不是東岸；這裡是充斥著西裝客的瑪瑙斯[14]。一大早，我出門冒險，想去探索鄰近的一座公園，結果發現要走到公園，得先以衝刺方式越過公路，再沿著橋墩穿過矮叢，途中還撞見一行噴漆：「愛液牛奶軟糖。」我們家離河不遠，卻也靠近一個大型機場，每六十秒鐘就有一架飛機低空掠過。

又是噪音，又是煙霧，灰濛濛，熱呼呼。（平心而論，在這裡大自然和文明都有可能要了你的命：像我拇指指甲那麼大的外來虎蚊，比雀斑還小的鹿蝻蜱，兩者都可能讓你生病，危及神經系統和生活。華盛頓特區有一些我從未聽說過或不得不注意的天氣事件名稱：超強對流風暴、極地渦旋、四級颶風、熱指數建議。）

我想念山林。想念是一件令人心煩的事，因為它的定義是失去。隨著時間一點一滴過去，我意識到，如果我想探索大自然為我們的大腦提供了什麼，我也必須承認少了大自然代表著什麼。我感到迷茫，不知所措，而且情緒低落。我的注意力難以集中，我無法完成思考，不能做決定，也不想起床。我或許至少在某種程度上得了記者洛夫所說的「自然缺失症」。（這個症狀還未列入《精神疾病診斷與統計手冊》中，但他們可能會想用藥物來治療此症。）洛夫的定義是：當人，尤其是兒童，很少或根本沒有時間在戶外的自然環境中度過，導致包括焦慮和分心在內的身體和精神問題。他還創造了一個有趣的術語，「自然神經元」，強調我們的神經系統與它們在其中演化的自然世界之間的重要關聯。這種關聯真的被打破了嗎？科學是否支持自然缺失症的概念？如果是這樣，我們需要多少大自然來修復自己？我們需要搬到像作家珍・克萊赫德・喬治（Jean

14 譯註：Manaus，巴西亞馬遜州首府，旱季期間濕熱難耐。

Craighead George）小說中的鐵杉樹林中，還是往窗外看就可以了呢？

如果我不單只求在新的城市生活環境——現在地球上大多數人生活的環境類型——生存，我就必須弄清一些事情。人需要大自然的什麼呢？我們怎樣才能在生活中獲得足夠的大自然，表現出自己最好的一面呢？在試圖回答這些問題的過程中，我開始從神經層面思考人與大自然的聯繫。搬進城市的幾個星期後，為了寫一篇文章，我去日本出差，那篇文章主題是一個晦澀難懂、有點令人尷尬的日本習俗：森林浴（forest-bathing）。到了日本，我開始了解我在國內所經歷的事情背後的科學。日本研究人員並不滿足將大自然留在俳句國度——他們想測量大自然的影響，記錄它，繪成圖表，將證據提供給政策制定者和醫界。然而，日本人真正不知道的是，為什麼大自然似乎有助於減輕我們的許多病痛煩惱。還有很多其他的事他們不知道：誰獲益最多？藉由大腦和身體的什麼機制？最理想的「劑量」是多少？還有，什麼才稱得上是「大自然」？我個人喜歡作家王爾德（Oscar Wilde）下的寬廣定義：「未煮熟的鳥兒飛來飛去的地方。」

世界各地有許多科學家在努力尋找答案。為了探索這些問題，我跟著和一船的退役女兵，在愛達荷州沿著大河順流而下，去了成年消防員在樹林手拉手的南韓，到聲音實驗室測量身體的恢復，在3D虛擬實境房間踩跑步機，還遠赴蘇格蘭的愛丁堡，在市中心散步，頭頂纏著測量大腦的腦電波儀（Electroencephalography，EEG），彷彿戴著一頂後現代的荊棘王冠。我測量黑碳和自己的血壓、脈搏、皮質醇以及對「敬畏」的臉部反應。我遇到一些研究人員，他們相信大自然力量的祕密在於它的幾何碎形圖案，或者它特殊的聲音振動，或者來自樹木的氣溶膠。這是一場感官狂歡。

科學家正在量化大自然的影響力，不只是對於情緒和幸福感受的影響，還有對於我們的思考能力——記憶、計畫、創造、做白日夢和專注——以及社交技能的影響。有時我存疑，有時我相信。我和那些試圖康復的人相處，和那些試圖變得聰明的人相處，也和那些尋找教育兒童最佳之道的人相處（孩子天生就善於探索，充滿活力，充滿好奇，戶外的時間會強化這些特質），我也遇到像我一樣只是想在這個瘋狂世界保持理智的人。為了這本書，我花了兩年時間做研究，所以最後我感覺自己變更好了，更清楚知道為什麼我有這種感覺背後的驚人科學。雖然「幸福」聽起來像是一個模糊的心理學術語，但它的影響是千真萬確的。提升幸福感已經證實能夠延年益壽。

為了幫助讀者理解資料，讓資料變得有幫助，我將這本書分成五部。第一部提出兩個主要的理論，解釋我們的大腦何以需要大自然，從而衍生出我大部分的研究。在第一章，我們將來到日本。日本研究人員利用一個基於親生命假說的框架，量化大自然在降低壓力和促進心理健康方面的作用。親生命假說認為人類在大自然中感到最「自在」，因為我們就是在大自然中演化的。第二章轉向猶他州，美國神經科學家更加感興趣的，是大自然如何幫助我們注意力混亂的大腦恢復到更敏銳的認知狀態。我靠著大自然這帖藥方整理了本書的其餘部分。我會探索迅速補給大自然（也就是「身邊的大自然」）對我們三種主要感官——嗅覺、聲音和視覺——的直接影響。然後我會看看如果在戶外多待一會兒——接近芬蘭人所推薦的大自然藥方劑量：每個月五小時——大腦和身體會發生什麼變化。在第四部，我用更長時間更深入潛入荒野，在那裡，我們的大腦發生了真正有趣的事，借用猶他大學神經科學家大衛．史崔爾（David Strayer）的話，「意義深遠的事情正在發生。」最後，我們來看看這對我們大多數人的城市生活方式有什麼意義。

在本書中，我們會深入了解構建生活、人生和生活環境更好的方法，讓每個人都能從中受益。別擔心，我不會叫你把智慧型手機朝瀑布扔過去，我們生活的世界已經離不開科技與網路社群。但重要的是指出生活在室內讓我們發生了多大的改變，這些改變對於神經系統有什麼影響，如此一來，我們才有望緩解、控制這種轉變。

我遷居城市的故事是一個微觀的小故事，宏觀的大背景是全球發生的人口和地理變化。二〇〇八年的某個時候，智人正式成為一個城市物種——世界衛生組織報告說，全世界生活在城市地區的人口數首度超越了農村。去年在美國，城市的增長速度在百年來首次超過了郊區。從另一個角度看，我們正處於現代最大規模的移民潮，然而，當人類將活動轉移到城市時，讓城市空間滿足我們心理需求的規畫、資源和基礎設施卻很少，少得令人震驚。

二〇一三年春天，在伊斯坦堡，民眾抗議政府改建最後一座公園（塔克西姆蓋齊公園），造成八人死亡，數千人受傷。為了給新機場和跨越博斯普魯斯海峽的新橋讓路，該地區已砍掉了兩百多萬棵樹，如今又要將公園改建成購物中心和豪華公寓。當推土機進入公園準備砍下城市森林時，市民挺身擋住了去路，他們願意為最後一棵樹而死，「我們不會離開，除非他們宣布公園是我們的。」一個二十四歲的人說。（截至本文寫作時，這些樹仍然屹立不倒，但它們的命運仍然未卜。[15]）

塔克西姆蓋齊公園，不只成為了大自然之於城市生活的重要性的象徵，也成了民主的象徵，這一點歐姆斯德始終明白，他寫道：「對所有人來說，在任何時候，擴大的自由感是公園提供最確定和最有價值的滿足。[16]」

然而，我們認為大自然是奢侈品，而非必需品，我們沒有認識到它在個人和政治上提升了我們多少。歸根結柢，這就是這本書的願望：找到我們由大自然啟動的神經元背後的最佳科學，然後與各位讀者分享。如果沒有這些知識，我們可能永遠不會完全尊重我們與自然景觀的深層大腦聯繫。

就在我將那張地衣岩石照片送入Mappiness乙太空間的不遠處，兩條大河——格林河

---

15 Sebnem Arsu and Ceylan Yeginsu, "Turkish Leader Offers Referendumon Parkat Centerof Protests," *New York Times*, June 13, 2013. http://www.nytimes.com/2013/06/13/world/europe/taksim-square-protests- istanbul-turkey.html?_r=0, accessed July 2, 2015.

16 Witold Rybyznski, *A Clearing in the Distance: Frederick Law Olmsted and the Nineteenth Century*, Kindle location 4406.

和科羅拉多河——匯流為一。想到這裡的地理環境，我就覺得很開心，因為我認識的一對傻兄弟有個故事：他們上大學時，用內胎和木板做了一個筏子，脫了衣服，把筏子從格林河岸邊推下，往匯流處划過去。他們帶了幾袋的什錦果仁，幾罐花生醬，幾壺水。一路風平浪靜，真是愜意極了。沒想到，三週的旅程剛開始幾個鐘頭，他們就被一名森林護管員攔下。幸運的是，那個年代還不需要入山證、火盆和化學廁所，這對打赤膊的年輕人只缺一件救生衣。護管員把他們逮個正著，拖到郡法官面前，法官給他們罰了款，叫他們去買救生衣，然後就把他們送回下游（總比送到上游要好）。那兩人是我丈夫的兄弟，這則軼事收在相當厚的「叔伯倒楣事」家族故事大全中。兩個大學生獨自在荒野，享受人生中最快樂的時光，在沒有文明的環境中度過了數週（扣掉去見法官的那一段）——這種故事在很久很久以前似乎真的可能發生，但實際上這兩人至今連白髮都還沒長，那不過是一代人以前的事。

在我們的孩子和我們自己的生活中，以大自然為基礎的探索大幅減少，而且發生得非常迅速，我們幾乎沒有察覺，遑論加以評論。尼斯貝特說：「我們在大自然中演化，現在與大自然如此脫節，這是非常奇怪的一件事。」大多數人都不知道自己錯過了什麼，我們可能飼養寵物，偶爾去海灘，所以這又有什麼了不起了？咦，「什麼」了不起？這正是我想知道的。如果有什麼重要的東西丟掉了，我們要如何重新找回它？

身為經常撰寫環境報導的記者，我常常寫到環境對於我們健康的傷害，從阻燃劑進入人體組織，到空氣污染對發育中的大腦的影響。思索周圍環境如何有助於預防身體和精神問題，讓我們符合世界衛生組織對健康的定義——「不只是沒有病痛或身體虛弱，還有身體、心理與社會之完全安適的狀態」——既是一樁樂事，也是一種啟示。蘇格蘭前衛生部長稱這種創造健康的方法「健康本源學」（salutogenesis），靈感來自二十世紀中葉社會學家亞倫・安東諾夫斯基（Aaron Antonovsky），後者問道，如果世界如此瘋狂，是什麼讓我們能夠不斷向前邁進呢？

我的城市頭髮靠髮膠服貼在頭皮上，我大口吞下維生素D，我認為答案值得追求。

Part 1

尋找自然神經元

Looking for Nature Neurons

1

親生命效應[1]

The Biophilia Effect

「總之，大腦是在一個以生命為中心的世界演化。」[2]

——美國昆蟲學家愛德華・威爾森（Edward O. Wilson）

「所見之處都是花，所思之處盡是月。」[3]

——日本「俳聖」松尾芭蕉

想像森林浴（しんりんよく）時，我想像睡美人如同死屍一般，被原始樹木、啁啾小鳥和明媚陽光所包圍。你知道她正以某種方式吸收著這一切，甦醒後，她將神清氣爽，豁然開朗，準備好迎接她的熱情王子。但這個想像在很多層面是錯的。首先，日本的原始森林已經所剩無幾，其次，儘管不會有人阻撓你裝成死人，要裝死也沒那麼容易。在距東京九十分鐘火車車程的秩父多摩甲斐國立公園，我應當要集中精力聆聽唧唧蟬鳴和潺潺流水，一輛三菱麵包車卻隆隆駛過，把更多的露營民眾送去附近的帳篷村，孩童在那裡拿著魚竿、抱著粉紅色枕頭跑來跑去。這就是大自然——日本式的大自然。

與我一塊享受森林浴的健行夥伴有十來個，他們似乎不介意這些干擾。日本人熱愛森林浴，森林浴是日本的標準預防醫學，包括培養你的感官，讓它們向森林敞開。這不是荒野，這是日本人數千年來培育出的自然與文明的混合體。你可以散散步，寫寫俳句，掰開香蕉樹樹枝，吸收它那森林般的迷人氣味。整個概念建立在一個能透過感官技巧挖掘出來的古老連結之上。

「民眾離開城市，沐浴在綠樹中。」我們的導遊國雄向我解釋說：「這麼一來，他們就能夠放鬆下來。」為了幫助我們，擔任山林志工的國雄要我們站在山坡上不動，面向小溪，雙臂放在身體兩側。我看了看左右，我們好像被母艦的強光嚇得動彈不得的地球人。國雄有張飽經風霜的臉，人非常好，他要我們吸氣七秒，憋氣五秒，然後緩緩吐氣。「把注意力集中在丹田。」他說。

我們很需要這個。我們大多數是坐辦公室的城市人，像軟趴趴的黃豆，又疲憊，又蒼白。站在我身邊的是四十歲東京商務人士伊藤達也，如同日本許多日間健行旅人，帶

1 作者註：本章部分內容最初發表於 Florence Williams, "Take Two Hours of Pine Forest and Call Me in the Morning," *Outside*, Nov. 2012, published online Nov. 28, 2012.

2 Edward O. Wilson, *The Biophilia Hypothesis* (Washington, DC: Island Press, 1993), p. 32.

3 Margaret D. McGee, *Haiku—The Sacred Art: A Spiritual Practice in Three Lines* (Woodstock, VT: Sky Paths Publishing, 2009), p. 32.

了大量的裝備，許多垂掛在腰帶上：手機、相機、水壺和鑰匙串。日本人會是優秀的童子軍，這可能就是為什麼他們也是優秀的上班族，在發達國家中工時最長，長到他們可以創造一個術語的地步：過勞死（かろうし）。這個現象在一九八〇年代泡沫經濟時期出現，正值壯年的勞動人口開始猝死。過勞死在未來乃至整個發達世界引起了反響：文明原來會致命。我和伊藤在松林間深呼吸，然後吃整盒都是章魚和醃蘿蔔的便當。國雄四處走動，讓大家瞧一瞧在手杖上爬行的昆蟲，那隻昆蟲好細好細。伊藤的肩膀似乎一分一秒地放鬆了。

「到這裡來，我就不會去想事情。」他一面說，一面熟練地夾起蘿蔔片，我則把我的蘿蔔片夾掉在落葉上。

「『壓力』用日語怎麼說？」我問。

「Stress（壓力）。」他說。

這座公園擁有日本最多的巨木，是實踐日本養生科學最新原則的理想場所[4]。在一片筆直的杉木林中，國雄從他碩大的背包拿出一只保溫瓶，請我們喝幾口以山區種植的山葵和樹皮調味的茶。森林浴是日本政府在一九八二年創造的術語，以古老的神道和佛教實踐為基礎，理念是讓大自然通過五感進入身體，品茶屬於味覺部分。我在長了苔蘚的涼爽巨石上伸了個懶腰，一隻鴨子呱呱叫，這裡恐怕不是繆爾喜愛的那種偏遠崎嶇的荒野，但也未必需要偏遠崎嶇才行，我已經覺得相當輕鬆愉快，科學檢驗很快證實這一點：健行結束後，我的血壓比開始時略微下降，而伊藤甚至降得比我更多。

我們知道自己的血壓，因為我們走的這條步道，是日本林野廳為森林浴指定的四十八條官方「森林療癒步道」中的一條。森林覆蓋了日本六十八%的土地[5]，為了讓日本人從中受益，並且找到利用森林的非開採性方法，自二〇〇三年以來，林野廳為森林浴研究提供了約四百萬美元的經費，計畫在十年內選定一百個森林療癒場所[6]。到這裡來的遊客通常會被成批帶進一間小木屋，把手臂伸入血壓機，為該計畫提供更多數據。除了日本政府贊助的研究和幾十條特殊步道之外，日本還有少數醫生獲得了森林醫學證書[7]。這種情況實在是太不尋常了。

哈佛大學講師艾倫・羅根（Alan Logan）告訴我：「我認為日本在做的事非常重要，

---

4 Miyazaki from the book *Designing Our Future: Local Perspectives on Bioproduction, Ecosystems and Humanity*, ed. Mitsuru Osaki: Okutama Town designated in 2008, pp. 409–10.

5 Qing Li. "Effect of Forest Bathing Trips on Human Immune Function," *Environmental Health and Preventive Medicine*, vol. 15, no. 1 (2010): pp. 9–17.

6 Qing Li. "Effect of Forest Bathing Trips on Human Immune Function," *Environmental Health and Preventive Medicine*, vol. 15, no. 1 (2010): pp. 9–17.

7 "Suicide in Japan," *Japan Today*, Jan. 18, 2011.

我們必須透過壓力生理學以科學手法驗證這些概念，否則我們仍舊停留在梭羅的《湖濱散記》階段。」羅根是自然療法專家，也是國際自然與森林醫學學會（總部自然是設在日本）科學委員會的一員。

日本人有充分的理由研究如何放鬆身心：除了工時冗長以外，學業和職場的壓力與競爭造成世界第三高的自殺率（僅次於韓國和匈牙利），有五分之一的日本居民住在東京首都圈，每日有八百七十萬人搭乘地鐵通勤，上下班尖峰期間，人潮擁擠不堪，還得仰賴戴著白手套的工作人員推一把，才能勉強擠上車廂。這又產生了一個獨特的術語——「通勤地獄」（つうきんじごく）[8]。

備受限制的城市生活當然不是日本獨有，我自己現在也反映出缺乏自然的趨勢。長時間坐在屋內，又經營數個社交媒體平臺，我專注、思考和自我反省的能力都減弱了。自從搬來華盛頓特區，我多次在交通堵塞中突然嚎啕大哭，有時累得不得不停在麥克阿瑟大道上先打個盹。當我確實走去「林子」時，似乎都做得不對，忘了或聽不到鳥鳴，也沒去注意任何有花斑的動物，反而抱怨煩惱自己的命運和人際關係，還有孩子的活動行程又變了，接送他們需要軍事般的精確和歐幾里得式的路程計算。

搬家幾個月後，我告訴我的新醫生，我的心情非常低落。她做了各地方家醫科醫生會做的事：給我開了樂復得抗憂鬱藥，就把我打發走了。每四個美國中年婦女中，就有一個正在服用或曾服用抗憂鬱藥，每十四個孩子中就有一個，因為情緒或行為問題而用藥，這個數字自一九九四年以來增加了大約五倍。對我和其他比例不低的輕度憂鬱症患者來說，藥物不只似乎沒用，還有我討厭的常見副作用，包括頭痛、失眠和性欲低下。

接著，我試圖掌握追求紓壓的人的頭號寵兒：冥想。冥想的科學非常有說服力：它改變你的大腦，使你更聰明、更善良，一般來說，更不會受生活所困擾。問題是，與抗憂鬱藥一樣，冥想對我們很多人都不起作用。賓州州立大學生物行為心理學家約書亞・史密斯（Joshua Smyth）說，在一個標準的八週課程後，只有百分之三十的有志之士「百分之百追隨擁護」。冥想的開悟門檻太高了。

但幾乎所有懶散的螢幕迷都能在某處樹林裡消磨時間，如果要說有一個人能夠證明森林療癒的作用，那個人一定是宮崎良文。宮崎是生物人類學家，在東京郊區千葉大學的環境、健康和田野科學中心擔任副主任。他認為，人類在大自然中演化，所以大自然是我們感到最舒適的地方，只是我們未必知道這一點。

在這一方面，他支持備受尊敬的哈佛大學昆蟲學家E・O・威爾森（E. O. Wilson）倡導的「親生命假說」，環境心理學家或多或少將這個假說挪用於所謂的「壓力減

---

8 Eric Goldschein, "Take a Look at Why the Tokyo Metro Is Known as 'Commuter Hell,'" *Business Insider*, Jan. 11, 2012; and Ronald E. Yates, "Tokyoites Rush to 'Commuting Hell'" *Chicago Tribune*, Oct. 28, 1990.

少理論」（Stress-Reduction Theory）或「心理演化恢復理論」（Psycho-Evolutionary Restoration Theory）。其實「親生命」（biophilia）一詞並非威爾森的發明，而是出自社會心理學家佛洛姆（Erich Fromm）。一九七三年，他解釋「親生命」是「對生命和所有活著的東西的熱愛；無論是對一個人、一株植物、一種思想還是一個社會群體，都是一種進一步成長的願望。[9]」

威爾遜把這個觀點提煉得更精確，因為它存在於自然世界，他認為「人類與其他生命的內在情感聯繫」是一種演化適應，有助於生存，也有助於人類更廣泛的成就感[10]。目前還沒有發現與親生命相關的特定基因，但我們已經認識到——說來很諷刺，有些認識來自對**恐懼**生物或恐懼的研究——即使在今天，我們的大腦也會對大自然的刺激作出強而有力的天生反應。舉個很好的例子：**蛇！**比其他種類的圖案，我們的視覺皮質能夠更快捕捉到蛇的圖案和運動。加州大學人類學家琳恩．伊莎貝爾（Lynne Isbell）認為，蛇甚至可能推動了我們高度敏感的深度感知的演化。她在大腦丘腦枕發現特殊的神經元，這種視覺系統只有人類、猿類和猴子擁有，在毒蛇四竄之地演化的靈長類，比起不是在這類環境中演化的靈長類，視力要來得更好。

但生存不是只要避免傷害就好，還得找到最好的食物、住所和其他資源。某些棲息地會觸發快樂荷爾蒙的「神經浴」，既然我們能學會怕蛇怕蜘蛛，我們的大腦自然也能夠「學會」這種簡單的觸發能力。除此之外，我們老祖宗還得學會如何以更新世

（Pleistocene-style）風格從壓力中恢復。他們被獅子或一塊滾落懸崖的寶貴塊莖追趕，他們必須克服困難，回到部落才能受到歡迎，否則沒有什麼生存空間。親生命假說認為，大自然中的和平或滋養要素幫助我們重新獲得平靜、清晰的認知、同理心和希望。當身邊沒有愛、歡笑和音樂時，總還有夕陽。最能分辨大自然提示的人類，是那些能夠生存下來、將這些特徵傳承下去的人類。親生命解釋了為什麼即使今日我們仍舊會在湖畔蓋房子，為什麼每個孩子都想要一隻泰迪熊，為什麼蘋果公司會用一種水果當公司名稱，它所設計的軟體則以氣勢不凡的肉食性動物、衝浪點和國家公園命名。蘋果公司非常厲害，它一面向我們灌輸對於生命的渴望和歸屬感，一面吸引著我們進入。

大腦和大自然之間的交互作用對話並不足以為奇，但我們很少會意識到，我們神經系統演化的世界和它們現在生活的世界之間鴻溝不斷擴大。我們讚美大腦的可塑性，但可塑性也僅限於此。宮崎如此解釋：「在我們的整個演化過程中，我們有百分之九十九・九的時間在大自然中度過的，我們的生理機能仍然適應大自然。在日常生活

---

9 Erich Fromm, who described it in 1973: Fromm quote from *The Anatomy of Human Destructiveness* (New York: Holt, Rinehart & Winston, 1973), p. 366. Cited in Stephen R. Kellert, *Kinship to Mastery: Biophilia in Human Evolution and Development* (Washington, D.C.: Island Press, 1997).

10 Stephen R. Kellert and Edward O. Wilson. *The Biophilia Hypothesis* (Washington, D.C.: Island Press, 1995), p. 416.

中，如果我們的節奏與環境的節奏同步，就會有一種舒適的感受。[11]」當然，他說的是在日本山林發現的大自然的美好部分，而非地球上同樣是大自然一部分的有害浮渣池塘或貧瘠地形，讓一個上班族待在那裡，可能不會讓他有放鬆的感覺。不過宮崎指出，一般而言，大自然的戶外環境仍然是我們能夠運用所有五種感官的唯一地方，運用了所有感官，因此我們的身體確確實實完全活著。借用繆爾的話來說，不管我們是否確實明白這一點，大自然是我們在熱帶草原長大的大腦的「家」。反過來，繆爾是這樣描寫不在荒野的時間：「我正退化成一架賺錢的機器。」應該是一架管道堵塞的機器吧。

為了證明我們的生理機能會對不同環境做出反應，自二〇〇四年起，宮崎開始率領數百名受試者走入森林。他和當時千葉大學同事李宙營發現，與在城市散步相比，悠閒的森林散步可讓皮質醇濃度下降百分之十二。但還不止這樣，他們記錄到交感神經活動減少了百分之七，血壓下降了百分之一．四，心率減緩百分之六。在心理調查問卷中，受試者也表示心情更好，焦慮感降低。

宮崎在二〇一一年的論文中總結：「這顯示森林療癒可以緩解壓力。」而日本人也吃這一套，近四分之一的日本人參與某種**森林**活動，每年有成千上萬的遊客走上**森林療癒**步道。

我與宮崎約在日本東北白神山地津輕國家公園會面，那裡是日本最新提名的治療地點。他揮趕臉上的蚊子，灰白的頭髮理得整整齊齊，人看起來可是一點也不輕鬆。最近下過雨，他擔心步道對他即將進行的散步實驗來說可能過於泥濘，一面踢開路上的石子，一面監督助理用網罩頂棚搭建一座迷你實驗室。翌日上午，宮崎和李宙營會帶十二名志願參與研究的男大學生到這裡，在他們散步、坐下和一般的森林浴後測量各種生命徵象。第三天，他們前往離這裡兩小時車程遠、十萬人口的弘前市中心重複這個實驗。而我也會加入，當宮崎的實驗小白鼠。

步道看來是可以走的，我們一行人先撤退到弘前一家安靜的館子，脫去了鞋子，盤坐在地。宮崎點了菜，一大堆令人費解的菜餚送上桌，有黏稠的雞蛋，一球球凝膠狀的東西，還有海陸雙拼主菜。

「為什麼日本人這麼在乎大自然？」我問宮崎，他正準備吃魔鬼魚。

「難道美國人不在乎大自然嗎？」他問我。

---

11 See Yoshifumi Miyazaki, "Science of Nature Therapy" (above) and Juyoung Lee et al., "Nature Therapy and Preventive Medicine," in *Public Health—Social and Behavioral Health*, ed. Jay Maddock (Rijeka, Croatia: InTech, 2012); and Miyazaki et al. "Preventive Medical Effects of Nature Therapy," *Nihon eiseigaku zasshi/Japanese Journal of Hygiene*, vol. 66, no. 4 (2011): pp. 651–56.

我想了一下。「有人在乎，有人不在乎。」但我其實心裡想的是，鑒於我們戶外活動時間和去公園的次數呈現下滑趨勢，我們之中不在乎大自然的人是多到驚人。

「嗯。」他若有所思地說：「在我們的文化中，大自然是我們思想、身體和哲學的一部分。在我們的傳統中，萬事都與其他事有關係。而在西方思想中，所有事物都是絕對的。」

也許是清酒的緣故，我聽不大懂他的話。

「差別在於語言。」他繼續說：「如果我問你，『人是狗嗎？』你說：『不，人不是狗。』在日本，我們說：『對，人不是狗。』」研究大自然的大師從筷子上方盯著我，我想起一則禪宗故事，有個弟子問他的師父：「你怎麼能看到這麼多？」師父回答：「我閉上我的眼睛。」

我明白，宮崎的答案就像一則禪宗公案，讓人好奇，也讓人迷惘。但你不得不相信這傢伙講的有點道理。

次日早上，我和男大學生輪流坐進步道起點的移動實驗室，我們把棉條放在舌下兩分鐘，然後吐到試管裡，記下我們的皮質醇（一種腎上腺皮質分泌的激素）濃度。我們連上探測器和設備，研究團隊啟動一種由電池供電、測量大腦的近紅外光譜儀，連上儀器時，我有一種水蛭黏在額頭上的感覺。走完步道後，我們會重複所有的測量，回到城市場景後也會再做一次。

為了測量我們對於這些環境的生理反應，宮崎和李宙營觀察血壓、脈搏、可變心率、唾液皮質醇的變化，今年還新增了一項：大腦前額葉皮層的血紅蛋白。這些指標歸納在一起後，能夠描繪出一幅分岔神經系統圖。在環境中感到放鬆自在時，我們的副交感神經系統（有時稱為「休息和消化」分支）就會啟動。宮崎說，這就是為什麼在戶外東西吃起來更美味。然而，現代生活的需求和持續的刺激，往往會觸發我們負責「戰或逃」的交感神經系統，反覆不停地觸發。我們已經嘗到了苦果[12]：一項始於一九三〇年代的長期研究顯示，長期處於高皮質醇濃度和高血壓者，更容易罹患心臟病、代謝性疾病、失智症和憂鬱症[13]。近期的研究也顯示，都市生活的穩定壓力會改變大腦，進而提高我們罹患精神分裂症、焦慮和情緒障礙的機率。

輪到我去森林漫步十五分鐘時，我很高興能擺脫那些接線。蟬鳴在林中回盪，柔和的陽光透過山毛櫸和日本七葉樹照射進來，大地散發出濕泥的味道。一對老夫妻拄著

---

12 Sandor Szabo, Yvette Tache, and Arpad Somogyi, "The Legacy of Hans Selye and the Origins of Stress Research: A Retrospective 75 Years After His Landmark Brief 'Letter' to the Editor of Nature," *Stress*, vol. 15, no. 5 (2012): pp. 472–78.

13 Esther M. Friedman et al., "Social Strain and Cortisol Regulation in Midlife in the US," *Social Science & Medicine*, vol. 74, no. 4 (2012): pp. 607–15.

手杖，帶著熊鈴，蹣跚而行。我發現一隻黃蝴蝶，一時間看得入迷。十二湖公園枝繁葉茂，小徑湖泊縱橫交錯，我明白它為什麼會是日本下一個森林療癒基地的候選人。當地官員和公園處官員希望這裡可以獲選，因為有森林療癒的地方，就有遊客和鈔票。宮崎說話可能有時神神祕祕，但他的動力是收集到更多的數據。這是一個方便的安排。

日本利用大腦科學新工具探索生理學和大腦，然而，探索仍建立在幾十年來身處大自然對健康有益的心理討論基礎上。宮崎並非第一個在大自然記錄身體壓力恢復的人。有個名叫羅傑．烏爾里希（Roger Ulrich）的年輕心理學家，好奇為什麼許多密西根州人開車到購物中心時，會特地繞遠路走林蔭大道。一九八六年，他利用當時既昂貴又笨重的設備，將腦電波儀連接到健康的志願者頭上，讓他們觀賞自然景象或講求實用的城市建築的幻燈片。被分配觀賞自然環境的受試者，顯示出更高的 α 波活動，這是一種與放鬆、冥想和血清素增加有關的波長。在另一個實驗中，他讓一百二十名學生看木工車間發生血淋淋事故的影片，讓學生感到緊張。他知道學生很痛苦，因為他測量了他們的交感神經活動——皮膚上的汗腺、心率和血壓。之後，一些學生被安排觀看十分鐘的自然景象影片，一些學生則是觀看城市景象影片，從行人徒步區到路上汽車都有。結果非常驚人：在五分鐘內，觀看自然景象的大腦就恢復到了基線。從神經系統的測量結果來看，觀賞建築環境的大腦，就算過了十分鐘，也才恢復了一部分[14]。

早期的研究透露希望曙光，但幾十年來「大腦在大自然中」的研究相當不樂觀，被視為「軟科學」（soft science），大致建立在定性測量基礎之上，醫學世界則傾倒於遺傳學和現代化學，得到無法從室內植物或花園景觀中獲利的藥廠資助。此一主題近來重新獲得關注，代表許多觀念和事件在同一點上交會：肥胖症、憂鬱症和焦慮症的無情發展（儘管有更多的藥物治療，就連富裕社區也無法倖免）；環境對於基因的作用日益獲得認可；我們與戶外日漸疏離一事，學術界和文化界也越來越感到不安。

不出所料，我的城市漫遊不如在十二湖濃綠潤澤的步道那樣舒心適意。弘前市中心的綠化程度遠低於華盛頓特區，有轉運站和販售基本商品的商店，還有奔波的民眾。正值盛夏，柏油馬路酷熱難耐。一家百貨公司令人眼花撩亂的櫥窗打著「番茄奶油義大利麵」的廣告，購物人潮進進出出。我路過四個停車場、兩個計程車招呼站、一個公車站，還有兩輛大聲空轉噴出濃煙的公車。我的神經系統起了反應。在森林散步後，我的收縮壓下降了六個單位，到城市走一走，又回升了六個單位。這拋出了一個問題：大自然所帶來的愉悅感受能持續多久？會不會因為第一次塞車或第一聲手機鈴聲就一掃而空呢？

---

14 Roger S. Ulrich et al., "Stress Recovery During Exposure to Natural and Urban Environments," *Journal of Environmental Psychology*, vol. 11: 201–30.

宮崎昔日的合作夥伴、東京醫科大學院環境醫學系免疫學家李卿也有相同的疑惑。李卿對大自然之於情緒狀態和壓力的影響（表現在人類的免疫系統上）很感興趣，具體來說，他研究的是叫「ＮＫ細胞」的自然殺手免疫細胞。ＮＫ細胞保護我們不受致病因子侵害，和皮質醇及血紅蛋白一樣，可以在實驗室測出可靠的數字。它是一種白血球，會向腫瘤和感染病毒的細胞發送自毀信息，因此對人體非常有用。我們很早就知道，壓力、衰老和殺蟲劑等因素都會減少ＮＫ細胞數量，至少會暫時減少。因此，李卿想知道，如果大自然能減少壓力，是否也能夠**增加**你的ＮＫ細胞，從而幫助你對抗感染和癌症呢？

為了找出答案，二〇〇八年，李卿帶了一群中年東京商務人士走入森林。他們每天早上健走幾個小時，連續走了三天，最後血液檢驗顯示他們的自然殺手細胞增加了百分之四十，而且這個改善維持了七天。一個月後，他們的ＮＫ細胞計數仍然比一開始時高出百分之十五。相比之下，在同樣時間的城市步行後，ＮＫ細胞的數量沒有改變。自那之後，在六本同行評議的期刊，李卿陸續發表了男性和女性受試者的類似研究結果。在其中一項研究中，李卿好奇在城市公園走一小時是否有類似效果，因為大多數人不可能每週花上三天的工夫到森林散步。結果有效，只是免疫力提升沒有持續那麼長時間。

這是怎麼一回事呢？李卿懷疑關鍵在於樹。他特別好奇ＮＫ細胞是否受到「芳香揮發性物質」的刺激，這些物質也就是好聞的樹木氣味，有時也稱為「芬多精」，是常青樹和許多樹木會釋放的萜烯、蒎烯、檸檬烯和其他精油。在日本鄉間，科學家發現了一百多種芬多精；在非直接位於公園上方的城市空氣中，則幾乎沒有。李卿的臆測並不奇怪，起碼從二〇〇二年開始，就有研究認為放線菌等土壤化合物具有有益健康的特性——人類的鼻子能夠聞到千億分之一濃度的放線菌——而且不用說，我們還會採收黴菌孢子，製造如青黴素一類重要抗生素。泥土是可以治病的：二〇〇七年和二〇一〇年在英美進行的兩項獨立實驗中，有幸接觸到一種常見土壤細菌「牝牛分枝桿菌」的老鼠，更容易走出迷宮，表現出更少的焦慮，產生更多的血清素；血清素是一種許多科學家認為與幸福有關的神經遞質。

為了驗證芬多精理論，李卿把十三名受試者關在旅館三個晚上。在幾個房間中，他放了一個加濕器，揮發日本常見的檜木精油，其他房間放的則是清水。結果呢？在檜木香氣中睡覺的人，在住宿期間，NK細胞增加了百分之二十，他們也報告說感覺不那麼疲憊了。對照組則沒有變化。

我前往李卿位於東京的大學實驗室採訪他，他說：「就像一種靈藥。」

長青樹的香氣——與掛在計程車後視鏡上香氛片沒兩樣——可以延長我們的壽命？聽起來像是一派胡言，簡直難以置信，但李卿用培養皿培養NK細胞，發現接觸到芬多精的NK細胞也有類似的結果，不但數量增加，顆粒溶解素、顆粒酶A／B和穿孔素等抗癌蛋白質和蛋白酶也增加了（它們會讓腫瘤細胞自我毀滅）。[15]目前還不清楚芳香分子中是否有什麼神奇東西，或者只是這種氣味讓人感覺良好，所以減輕了壓力。李卿的嗅覺理論別樹一格，但包含了一些禪宗的五感智慧。美國的研究人員大多向人展示大自然的照片，或者讓他們繞著校園綠地兜一圈，而日本的研究人員則是幾乎把大自然注入七竅之中。

現任日本森林醫學研究會會長的李卿，把自己的一些見解融入生活之中。他說：「其實我冬天幾乎每天晚上都會在加濕器中加入檜木精油！」精油也不勞親手費心提煉，他說一般保健品商店販售的香氛精油應該就行了。

「你還有什麼建議？」我問這位留著蘑菇頭的中年男子。

李卿顯然常常被問到這個問題，他有一份小清單。「如果有時間度假，不要去城市，去自然的地方。盡量一個月排出一個週末的時間，每週至少去一次公園。蒔花弄草也很好。在城市散步時，儘量走在樹下，不要穿過整片空地。去一個安靜的地方，靠近水的地方也不錯。」

我可以想像，回到華盛頓特區後，我的晨間散步會不一樣了。

但我不禁要問，如果有更多關於大自然如何改變大腦和免疫細胞的數據，是否真能吸引更多的人走入森林呢？我們也知道應該要多吃綠色蔬菜，大多數人卻沒有這麼做，好比羽衣甘藍，就是一個非常貼切的例子。就算我們不喜歡大自然，就算是在惡劣的冬季條件下，它對我們也還是有好處，至少芝加哥大學教授馬克・伯曼（Mark Berman）在一個的冬日證實了這一點。他讓受試者在植物園散步，寒風凜冽，他們不覺得有樂趣可言，但他們的短期記憶和注意力的測試仍然表現得更好。在下一章中，我們會了解更多他的研究工作。

日本研究人員明白大自然對於我們的吸引力，而許多美國研究人員似乎只關心我們遠離大自然，容易分心，讓人怠惰，使人成癮。他們想知道，抵制那些誘惑，投向大自然的懷抱，是否能夠提高我們的生產力。也許這種文化差異正是宮崎吃著那盤魔鬼魚時所解釋的：「一體」與「唯我」的對比。美國人想知道大自然——那邊的東西——能為我們做些什麼？比起松尾芭蕉，美國人更喜歡屠龍之後重返宴會大廳的北海英雄貝武夫。他們更喜歡明白確實地利用大自然獲得補給，得到最好的效果，也許甚至可以應用數位自然，完全不必在意蟲蠅雨露。

我將回到美國猶他州，看看幾位美國研究人員在做什麼，他們準備如何進行研究。他們探索的重點是認知與創造力，為理解大自然如何影響我們的大腦，提供了另一個主要的理論框架。另一方面，我會先勉為其難靠著聞一聞松果撐過去。樹皮茶呢？那就免

15 Qing Li et al., "Effect of Phytoncide from Trees on Human Natural Killer Cell Function." *International Journal of Immunopathology and Pharmacology*, vol. 22, no. 4 (2009): pp. 951–59.

了吧。摸摸地衣，自然是可以的。

為何不？嗯，畢竟我不是一條狗。

2

幾個神經科學家才能找到一朵臭黃芪？

How Many Neuroscientists Does It Take to Find a Stinking Milkvetch?

「我們以前常常等待
我們以前常常只是走來走去就能浪費好幾個小時[1]」
——加拿大搖滾樂團Arcade Fire

你要去沙漠的話，大衛．史崔爾會是你想要的司機。他開車絕對不傳簡訊講電話，他甚至認為在車上也不能吃東西。史崔爾是猶他大學應用認知實驗室的認知心理學家，非常明白我們的大腦很容易出錯，尤其是當同時處理多項任務與躲避干擾的時候。在美國，他是這個主題首屈一指的專家，經常向國會報告使用手機的風險，他的研究證實，手機對駕駛能力的不利影響不亞於酒精。他最近開始嘗試語音識別技術，比如Siri和幾乎所有新車都配備的電腦。

「我常常跟Siri說話！」我說。我坐在史崔爾的4Runner休旅車後座，口袋塞著手機，還有那迷人的Mappiness應用程式。

「不要跟Siri說話！」他懇求我和車上其他人。

史崔爾惹惱了蘋果公司，還有通用汽車和福特汽車。

雖然在汽車方面深具專業知識，史崔爾在最新研究中選擇了與汽車相反的主題：大自然。身為泛舟客、背包客和健行旅人，他很清楚自己最好的構思都是在荒野中出現的。現在他想知道為什麼。

佛陀、耶穌和演員瑞絲．薇斯朋（Reese Witherspoon）都曾赴沙漠尋覓智慧，史崔爾步上他們的後塵，還帶了六名神經學家同行，他們打算弄清楚一件事：如何研究大自然這般美麗複雜的事物對人類大腦這般美麗複雜的事物的影響。日本人從親生命——我們與生命的先天情感連結——的前提著手，不過史崔爾這組人馬對幸福的無形概念不太感興趣，更感興趣的是觀察並測量大自然如何幫助我們思考、解決問題及合作，而且結果應該受到控制，加以測量，製成影像圖表，重新再跑一次數據，重複實驗，回歸到卡方檢定[2]，最後還要從意想不到的角度用多種研究攻擊。在這次靜修中，他們一要提出問題，二要想出能夠達到同儕和自己的標準的實驗設計。

但眼前先來一趟像樣的健走。史崔爾邀請大家來到猶他州南部破落小鎮摩押，小鎮以一個古老的王國命名，四處可見來騎越野自行車和急流泛舟的人。由於附近有著美不勝收的風景——以及不錯的低酒精濃度啤酒廠——想討論和計畫如何評估大自然之於大腦影響的實驗，這裡似乎是個好地方。這一群想破解科學難題的書院派，如果說像是電影《瞞天過海》裡的神偷軍團，那麼史崔爾就是喬治・克隆尼（George Clooney），掌握著地圖和物資，還有國家科學院的贊助經費。而我呢，我已經展開了對於大自然和健康關係的探索，也想了解神經科學家的理論出發點，了解他們的疑慮和偏見。第一天與我同車的是麗莎・福尼爾（Lisa Fournier）和她的丈夫布萊恩・戴瑞（Brian Dyre），他們是華盛頓州普爾曼附近兩所大學的心理學家。這群人中，戴瑞抱持的懷疑最深。

他告訴我：「我很懷疑大自然能有恢復心理的作用，我相信大家感覺很好，但我想不明白其中的機制——是不是只是因為你擺脫了日常的煩惱？是不是你改變了心態而帶來的好處？會不會只是一種廉價而簡單的方式，讓你改變了心態？」戴瑞認為，置身於大自然中，可能與演奏音樂或參觀博物館沒有太大的差別，這類體驗會轉移注意力，令人心情愉快，有時也具有社交性質。就是這樣！

---

1 Arcade Fire, "We Used to Wait," from *The Suburbs*, 2010.

2 編按：卡方檢定（Chi-Squared Test），根據國家教育研究院名詞解釋，是一種以卡方統計量為基礎的檢定方法，可以應用在許多不同類型的檢定中，尤其是用以檢定不同機率模型的合適性。

科學確實已經證明了這些事——音樂、朋友、文化活動——有益心理健康，為什麼大自然應該比較厲害呢？也許是一群環保人士希望如此，這會為他們所推動的議程提供更多的發揮素材——更多的公園和濕地，更少的大型開發計畫和企業主題樂園。博物館、樂隊、朋友軍團——這些在城市中往往就能找到。

無論是否抱持著懷疑，戴瑞都喜歡這裡的風景。我們從拱門國家公園出發，朝一個叫「雙O拱門」的地景前進，途中經過許多紅色平滑的魚鰭岩，這種地質的特點是兩側陡峭視野開闊，有點像是走在龍脊上。一個木牌子寫著：「**小心，原始小道，行走危險。**」我好喜歡，從華盛頓特區來到這裡呼吸沙漠，彷彿從地下室爬出來，放眼望去都是天空，都是陽光，風化石奇形怪狀，不一而足，連最不可能的顏色也有。這是一場視覺饗宴。

在一塊狹長如舌的岩石上野餐後，我們找到了馳名的雙層拱門，看上去像一個巨大的岩石手鐲放在一個救生圈上。我們幾個人戰戰兢兢爬到上層精緻的手鐲，在上方眺望出去，世界往兩側陡降，感覺好危險——讓人舒服的那種危險。在下方，我們看見亞當．葛薩利（Adam Gazzaley）斜躺著，他沒替《自然》（*Nature*）雜誌撰寫重要神經科學文章時，是一位狂熱的攝影師。我們拍了幾張照片，離開了那裡。

「我剛剛發生了一件奇妙的事。」葛薩利在我們走向他時，說：「我躺在那裡，想拍我的腳、岩石和天空，突然冒出一個我從來沒有想過的點子，我可以拍出一張垂直全景圖！由下往上拍！」葛薩利笑著讓我們看他的手機，不過光線太強，照片太小，我看不出這張垂直全景圖有什麼特別的地方。

「不過是在大自然待上半天，你就已經更有創造力了！」我說。

「就是說啊！」

這是大衛・史崔爾的第三場神經科學家沙漠會議。第一場是二〇一〇年，他們在猶他州大峽谷進行五十公里長的背包旅行，之後一次是為期五天的河流之旅，團隊規模稍大，一艘小船翻了，兩名受人尊敬的神經學家跌入河中，一個《紐約時報》攝影師拍下了這一幕，實在有點尷尬。史崔爾發現，脫下手錶，關掉裝置，進入野外，會釋放出創造力和平靜，進而冒出稀奇古怪的想法；他那趟河流之旅的目標，就是讓他的同行也迸出怪念頭。那一群人之中，就屬史崔爾最相信「大自然的力量」，但他知道他需要其他人的影響力和實驗室技術專長。

計畫進行順利，五天後，這群科學家莫名其妙地放鬆了，有幾個甚至已經多年不曾放鬆，他們同意測試史崔爾的概念，提出一項測量五十六名外展訓練（Outward Bound）學員創造力的前導研究。半數學員在行前參加「遠距聯想測驗」（Remote Associates Test，RAT）；半數在三天的健行後參加。RAT以有趣又有挑戰的方法衡量直覺和「收斂性創造力」，給你三個詞，要求你想出一個跟它們都有關的詞，例如water/

tobacco/stove（水／菸草／爐子），答案是pipe（菸斗）。來一題更難的：way/ground/weather（路／地面／天氣），答案在註腳[3]，如果你猜不出來，去盯著一棵樹再試試。（提示：不是under。）雖然這是一項小型研究，但結果（發表在《PLoS ONE》上）讓研究人員大吃一驚：在大自然中不過待了幾天，創造力就能提高百分之五十[4]。

百分之五十！誰不想利用這種力量呢？但結果需要重複再做實驗，通過條分縷晰的檢驗。所以史崔爾爭取到一筆新的補助金，這筆錢足以把所有人都召集到這裡來，讓大家集思廣益，接著進行幾項更大更有野心的研究。在這趟旅行中，科學家是在一家旅館過夜，不過旅館屋頂平臺有個火坑——這是在便利和穴居之間取得的折衷辦法。他們的計畫如下：白天健行泛舟，晚上圍坐在火坑旁，一起腦力激盪這項實驗設計。還有，喝酒。

外展訓練研究確實有趣，但變因很多，也有很多理由對研究結果保持警惕。是「大自然」提高了表現，還是因為在一個令人興奮的團體中社交了幾天？是否只是因為睡得更香甜，或者出乎意料好吃的扁豆粉（好吧，不太可能），或者與攀岩教練調情，讓情緒開朗，進而腦筋變得更加靈活呢？「自然經驗」的概念非常難以解釋，史崔爾說：「我認為是感官重新校準，視覺和注意力也重新校準，我希望有經驗數據來說明或駁斥這個假設。」

多虧了這筆研究補助金，科學家才能吃到比凍乾脫水鷹嘴豆泥更美味的食物。爬上雙拱門後的頭一晚上，他們去了摩押最棒的（也是唯一的）泰國餐廳。神經科學家亞特・克萊瑪（Art Kramer）也在場，他六十出頭，在伊利諾大學貝克曼先進科學技術研究所擔任所長，顯然是這群人中的尤達大師。向我們打過招呼後，他就埋頭大啖泰式炒河粉。他個頭不高，身材結實，給人一種做什麼都很有幹勁的印象。「他講話快得跟松鼠一樣快。」旁邊一個人警告我。這裡幾乎每個人（除了葛薩利以外）都曾和他一起讀書或在他的實驗室工作過。史崔爾是他收的第一個博士生，當時他們研究飛行員人為錯誤，克萊瑪始終對人類如何學習技能以及什麼使他們搞砸的問題很感興趣，曾為軍方、美國航太總署NASA和聯邦航空總署等機構提供諮詢。

但真正讓克萊瑪聲名大噪，甚至因而在神經科學領域聞名遐邇，是他證明運動如何保護大腦在衰老過程中避免認知能力下降。在他數十項深具影響力的研究中，有一項研究顯示運動會促使新的腦細胞生長，尤其在與記憶、執行功能和空間知覺有關的區域。在克萊瑪的研究之前，沒有人真正相信體能活動能帶來如此明確且重要的效應，如今世

---

3 作者註：答案是fair（市集）。

4 作者註：四天的野外前導研究是R.A. Atchley et al., "Creativity in the Wild: Improving Creative Reasoning Through Immersion in Natural Settings," *PLoS ONE*, vol. 7, no. 12 (2012), published online, e51474.

界各地的人都常常被告知，運動是防止與衰老有關的認知能力下降的唯一最佳之道。克萊瑪的研究改變了同行和社會的思考方式，這是科學家夢寐以求的成就。

史崔爾說：「一九九二年，運動與大腦的文獻就像現在的大自然文獻一樣，我未來十年的目標，是為大自然做他在運動和認知方面所做的事。」

這群人圍坐在鋪著塑膠布的餐桌旁，如果把他們的科學興趣畫成表達集合關係的文氏圖，所有圓圈會在一個中心主題上重疊，那就是注意力。其他研究大自然影響力的科學家，感興趣的可能是其他主題，諸如情緒調節、壓力或免疫系統。但在摩押隊的世界觀中，注意力是所有精神狀態的源頭，是一種通用語言。我將聽到更多關於它的消息。

克萊瑪喝了一小口印度酸奶，查看了一下手機。我問他會不會聽從史崔爾的建議，在摩押期間放三天的「科技假」。他以相當嚴厲的眼神盯著我。

「我帶了四部電腦來。」他頓了一下。「不過我做得到，我在雪洞住過一個月。」好幾個人紛紛轉過頭去看他。「他喜歡尋求感官刺激。」史崔爾解釋。

「沒錯。」克萊瑪說。

「你的哈雷還在嗎？」有人問。

「在啊。」克萊瑪在手機上找出一張紅色摩托車的照片。

「還穿皮衣嗎？」史崔爾問。

「穿啊，皮夾克。」

「不穿褲子？」

「喂，我隨時都穿著褲子。」

我們做好心理準備，準備體驗在沒有電信訊號的地方放下科技的好處。第二天要去獵人峽谷健行，葛薩利打算把手機扔了，拿出他心愛的相機——一架真正的相機。我表達了對認識野花的興趣；既然沒有網路，就得靠老方法：堪薩斯大學心理學家露絲．安．阿奇利（Ruth Ann Atchley）那天早上給了我一張護貝的花卉指南。有件事值得一提，她和她的丈夫保羅．阿奇利（Paul Atchley）——另一位研究分心駕駛專家——刻意不使用智慧型手機，他們直到幾週前才擁有人生的第一支手機，在旅行途中只使用手機管理電子郵件。這兩人是絕對不可能用手機玩小遊戲。

在大廳等待其他人集合時，保羅好奇地問，大自然恢復精神的益處會不會其實來自於外部少了什麼東西，比如網路生活裡不停叮咚叮咚的精神干擾。這是正在進行的對話的主題之一：接下來的研究中應該隔離哪些因素。

「有吸引力的技術爆炸給我們的大腦社會互動帶來了負面影響嗎？回到大腦能產生共鳴的環境是一種治療方法嗎？」他自問自答。「科技正在把我們帶往一個負面的方向，大自然或許可以阻止。」保羅和史崔爾都深受已故史丹佛大學社會學家克里福．納斯（Clifford Nass）影響，他廣受讚譽的研究指出，重度媒體多重任務處理者，在認知要求高的任務上，集中注意力的能力下降。此外，他針對兩千三百名九歲至十二歲的女孩做的研究顯示，媒體使用率最高的女孩在社交和情感上不如同儕。（可惜的是，有益健康的大自然對納斯不是解藥——這位五十五歲的長者在一趟健行後不久離世。）

「還記得大都會博物館的那個人嗎？他邊打電話邊靠在傑克森・波洛克（Jackson Pollock）的畫上？」保羅搖頭繼續說。

「更少的大自然和更多的科技改變了我們的本質嗎？」史崔爾問道。

「嘿，我因為科技才活著哦。」克萊瑪插嘴。「我吃降血脂藥，我活著。」

史崔爾說：「我指的其實是電話、電視、數位媒體。它們很刺激，閃閃發光，容易上癮。」

保羅開始熱身了。「百分之三十六的人做愛時查看手機，百分之七十的人帶著手機睡覺。」

史史崔爾說：「普通人平均每天看手機一百五十次，青少年平均每月發送三千封簡訊，這都是成癮、強迫性人格的特徵。我們天生就是要有社會連結關係，面對面圍坐在火堆旁。社會連結關係就像糖。」

露絲・安・阿奇利覺得有必要吸引他們的注意力，她遞上防曬霜，既是女主人，也是調解人。「對，但這和大自然有什麼關係呢？」她問她的丈夫。

「是這樣的——」她看著我解釋：「他說要遠離科技，而我說重點是在這個空間。

我是迪士尼電影派，他走的是影集《紙牌屋》路線，認為人性本惡。」保羅聳了聳肩，但沒有提出異議。「我的假設是——」她繼續往下說：「當你融入大自然後，大自然會引導你專注，這是被動的，世界來了又去，去了又來，這對治療憂鬱症很有用。走在大自然中，就好像戴上了玫瑰色眼鏡。在大自然中，一切都多了一點積極，多了一點連結，這是我們應該生活的世界。況且，我們大多數人對於在大自然的童年時光都有正面的回憶。」

葛薩利來了，現在也加入了對話。「沒錯，在大自然中，我確實比在其他任何地方更快感覺到放鬆，不過我小時候沒有在大自然中待過。」他在紐約洛克威長大，每天要坐四小時的地鐵往返布朗克斯科學高中。「昨天午餐時，我真的很放鬆。」

麗莎．福尼爾也加入了討論，振振有詞地說：「這就證實了結果，我們有偏見，我們只是在堅稱自己的信念，從實驗就看得出來。」

露絲．安說：「你不會去參加外展訓練，除非你已經相信它對你有幫助，不過他們不知道我們（在認知測試中）要找什麼。」

福尼爾說：「安慰劑效應非常強大。」

克萊瑪說：「我們都是懷疑論者。」

保羅．阿奇利扛起他的背包：「我要引用《X檔案》（X-Files）來支持我的論點，我願意相信。」

就這樣，存疑的和篤信的都走出了最佳西部旅館。我、保羅與史崔爾同車前往登山口。奇異的疊層景觀映入眼簾時，我發現自己正在思考注意力的意義，以及它（根據史崔爾的主張）在大自然讓我們更機靈的原因中的作用。心理學家對注意力的概念著迷已久，儘管我們今日身處於注意力分散的時代——或以保羅的話來說，「注意力節約」時代——這個概念又開始復甦了。

注意力是我們的貨幣，非常寶貴。作家亨利・詹姆斯（Henry James）的哥哥威廉・詹姆斯（William James）是哲學家，也是實驗心理學家先驅，在一八九〇年出版的經典著作《心理學原理》（*The Principles of Psychology*）中，用了整整一章的篇幅來論述注意力。他在書中寫道：「每個人都知道注意力是什麼，它是精神占有……[5]」，「我的經驗就是我同意關注的……如果沒有選擇性的興趣，經驗會是一片混亂。[6]」值得注意的是，詹姆斯把注意力分為兩種基本類型，這兩種類型持續定義著我們對注意力的思索方式：自願主動的注意力（比如我們要處理任務時），以及非自願或反射性的注意力，像是有事引起我們關注，好比噪音、聲音、搖曳的光，甚至一個難以捉摸的念頭。簡訊提示聲出現的幾十年前，哲學家就已經擔憂起詹姆斯所說的「困惑、茫然、浮躁的狀態——這種狀態在法語中稱為分心」。（在結束有關詹姆斯的話題之前，我忍不住要提一下，他患有憂鬱症，一八九八年在紐約阿第倫達克山脈健行時經歷一次改變人生的轉折，在給妻子的信中，他描述自己「進入了一種最重要的神清智爽狀態」[7]。思想家愛默生是他的教父，所以也許他早有願意接受這種可能的心理準備。）

詹姆斯知道堅持完成任務極為艱難，而且，正如納斯所證實，如果沒有這種能力，我們會變得更笨，至少從某些方面來看是這樣（從另一些方面來看，數位時代的分心可能是大腦獲得更多訊息和更多記憶存儲空間的合理交易）。但有趣的是，我們接收環境的能力也有限，否則我們的大腦會被刺激所淹沒。我們的視野出奇地狹窄，我們的聽力也不太好，我們大部分的所聞與「所見」，我們其實根本沒有處理。我們能在這個世上生存，是因為我們的大腦非常擅長自動分類。

「大多數時候，大腦會過濾掉一些東西。」史崔爾一面說，一面開著黑色越野車，行駛在一條越來越崎嶇的土路上。「這是一個策略過程，如果交通繁忙，你的大腦會停止收聽NPR廣播電臺。廣播是一種被動信號，但交談則完全不同，如果你是在和先生或太太講電話，那就很難當作沒聽見。」因此，你無法對交通信號、標誌和行人做出應有的快速反應。使用推特、發簡訊和傳電子郵件的人都知道，社交訊息吸引著我們的注

---

5 William James, *The Principles of Psychology* (Chicago: Henry Holt/ Encyclopedia Britannica, 1991), p. 261.

6 James, p. 260.

7 William James quote from the biographical note in James, p. vi.

意力，很難拒之門外。我想起一位休假中的科學家發送的自動回覆郵件，內容非常有趣（當然，我是從推特看來的）：「我現在不在辦公室，時不時會查看郵件，如果你的信不急，我可能還是會回覆。我有個問題要問。[8]」

「注意力是最重要的東西。」保羅在前排座位上轉過身來解釋。「少了注意力，我們看不見、聽不見、嘗不到。大腦同一時間記錄大約四件事，如何區分重要的和不重要的？靠抑制。我一直覺得很有趣，大腦的大多數連接都是抑制功能，我們所掌握的訊息，遠超出我們的處理能力，大腦所做的大部分工作是過濾，排除干擾，讓我們能夠專注在當下重要的事情上。」

由於觀察、選擇性注意力和抑制之間這種交互作用，人類得以掌握更高階的認知，包括用創造力解決問題、遵循目標、規畫和同時處理多項任務。問題是，抑制和過濾都會消耗認知的燃料，我們招架不住。在《大腦超載時代的思考學》（*The Organized Mind*）一書中，史丹佛大學神經科學家丹尼爾．列維廷（Daniel Levitin）指出，我們大腦的處理速度慢得令人吃驚，大約為每秒一百二十位元[9]。從這個角度來看，每秒需要處理六十個位元，才能聽懂別人跟我們說的話。定向注意力，也就是自願注意力，是一種有限的資源，它如果失靈，我們就會犯錯，我們就會煩躁。此外，切換任務——我們現在經常做的事——會燃燒前額葉皮層和大腦其他區域寶貴的含氧葡萄糖，而含氧葡萄糖是我們認知和身體表現所需的能量[10]。這也難怪，走神看一隻蝴蝶會覺得很舒心。當然，看蝴蝶也需要大腦的空間，不過是不同的空間，這就是關鍵點。

快到步道入口時，透過前窗，明亮的天空與鮮紅的懸崖形成鮮明的對比，一道細長的綠溪從風景縫隙中浮現。保羅對著風景揮了揮手，繼續又說：「我的觀點是，這個環境現在對我們的影響，是讓我們的選擇更少，由於選擇更少，你的注意力系統能夠把更高階的事處理得更好。在辦公室環境中，你會收到電子郵件，聽到提示聲、說話聲，需要大量的過濾，所以更難深入思考。這裡要求的過濾不高，所以你有能力專注在更深層次的思考上。」

加入這個計畫時，我相信在壯闊的自然環境，甚至只是舒服的自然環境，就有助於我減輕壓力，頭腦更清晰，感覺踏實，讓我成為更好的人。不過我發現自己抗拒著我們更新世祖先過得更好的想法。在摩押這裡，有一群中年科學家，他們不喜歡手機，察覺了手機對於他們的大學生的影響——許多人容易分心，無精打采，而且焦慮不安。但是，認為我們現代壓力過大的生活，從某個角度來說，遜於我們祖先壓力過大的生活，

8 From the Twitter feed of Shit Academics Say, May 13, 2015, 9:41 p.m., https://twitter.com/AcademicsSay.

9 *The Organized Mind: Thinking Straight in the Age of Information Overload* (New York: Dutton, 2014), p. 7.

10 Levitin, p. 98.

這樣的說法似乎過於省事，而且不符合歷史。我擔心替大自然辯解的人可能過度浪漫化穴居人（尤其是男人），以為他們會跳過大草原玩跟蹤遊戲，鍛煉他們的三角肌，在劈哩啪啦的火光下進行兄弟儀式。但是，哈囉，光是狩獵採集時代的兒童死亡率，就足以讓大多數家庭悲痛欲絕，更不用說食物、天氣和領土戰爭的可怕與多變。

人類大腦對社會和情感壓力很敏感，一直以來都很敏感，也許重點不是壓力的來源，而是從壓力中恢復的能力。這是一個關鍵點，因為這可能是我們由於失去與夜空、清新空氣和鳥兒齊鳴的聯繫而失去的東西。走過宜人的風景時，我會覺得我有時間，我會覺得我有空間，我深深呼吸著好聞的東西，看到讓人愉悅的東西。當你踩進泥濘的小路或流動的溪流中時，很難不感到一種與大地連結的現實魅力。說到這裡，我們終於把車停下來了。走到小溪徑時，我們已經大致形成兩兩而行的隊伍。小徑是沙質的，天空是藍色的，微風吹拂著腳下的莎草秸稈。

在前面，我遇上了克萊瑪。他的冒險生活讓他老吃苦頭，他的左膝戴著支架（高速滑雪事故），走路一瘸一拐，但他腳程很快，絕不會是那種觀察青苔生長的人。他告訴我他在提頓山脈差點脫水的故事，還有在阿拉斯加冒險渡河。他在紐約長大，十歲那年受徵召加入一個名叫「箭團」的精英童子軍團，拿到一把刀、一顆雞蛋和一個起火工具，就被丟到森林獨自待了三天。毫無疑問，這些歷練對他的人生有所幫助，但對他來說，不是因為降低血壓或提供了沉思的機會。「喏，我以前很認真爬山，從像酋長岩這樣的大岩壁爬下來時，我會覺得非常放鬆，活著的感覺也很好。當時不覺得自己怎樣，不過確實是恢復了元氣。下山後的幾個星期，我的表現都不一樣。」

進入一個截然不同的新奇環境，無論是冰洞還是地中海俱樂部度假村，都可以是日常壓力或繁重工作的最佳解藥，這是可以理解的，這是恢復精神的部分。但壓力的來源解決了嗎？與我們的老祖宗相比，毫無疑問，現代生活確實給我們帶來注意力負荷的獨特挑戰，我們多數人尚未找到在負荷之下還能活力十足的方法。列維廷寫道：「一般美國人擁有的財富，是一般狩獵採集者的數千倍，從真正的生物學意義來講，我們要注意的東西，比我們的大腦被設計可以處理的東西要得多。[11]」其實，對於方程式壓力源的那一側，我們通常做不了什麼。

史崔爾向我解釋，這也是我們的問題之一。「我們是我們演化環境的產物，我們創造人工環境，靈長類動物擅長操縱環境，也擅長適應環境，但這未必最符合我們的思考方式。」換句話說，充斥著辦公大廈、交通要道和電子郵件的世界，不適合我們大腦的感覺和認知系統。那麼，這些系統究竟是什麼？這值得花一點時間弄清楚，因為它們涉及到大自然與大腦聯繫的關鍵，以及挽救這個關係的最好辦法。

---

[11] Levitin, p. 12.

史崔爾認為，在任何環境中移動，都會牽扯到大腦中的三個主要網絡。一個是執行網絡，包括與智力密切相關、以任務為重點的前額葉皮質，負責大部分的刺激和行為抑制。一個是空間網絡，引導我們，做它聽起來就是會做的那些事。第三個是預設網絡，執行網絡如果失靈了，預設網絡就會啟動。執行網絡和預設網絡是陰和陽，是油和水，只在相反的方向工作，任何時候都只能動用其中一個。

預設網絡是我們自由自在、做白日夢、設定目標、神遊太虛的白噪音，詹姆斯曾哀嘆它誘使我們離開真正要做的工作。但它也是大腦精髓，魅力十足，難以捉摸。近來，關於預設網絡是否揮霍無度，不守紀律，製造麻煩，或者正是詩歌和人性的根本，討論得非常熱烈。當我們過度反芻思考、抑鬱、自我中心和自我批評時，心理學家指責預設網絡，然而，它也被認為能產生同理心、創造力和深度洞察力。注意力科學家在這個網絡祭壇上頂禮膜拜，因為保羅說的沒錯，「它給了我們最人性化的體驗；我們深刻的審美意識，我們從事深層次工作的能力，都是我們獨有的。」聽起來非常崇高，但他們喜歡它還有另一個更實用的重要原因：它讓大腦的執行辦公室休息，更好的是，能以最佳狀態重新執行。

關於大自然有一個難以抗拒的理論：它的作用如同先進藥物，某種聰明丸，有選擇性地對預設網絡起作用，就像新式雌激素療法避開可能提高罹癌風險的雌激素受體，瞄準體內特定的雌激素受體，讓骨骼變得更強壯。當我們有了正面的大自然體驗時，它似乎會調動預設網絡中的好東西，不會讓我們過於耽溺於有問題的東西。研究顯示，在大自然中散步時，消極想法的困擾比在城市散步時少得許多。

我們未必總能關閉掉生活中一連串的壓力源，卻可以更努力獲得紓解，提振元氣——從感染一下大自然到更長時間的沉浸都好——讓大腦有機會恢復思考能力。在猶他州，我開始感受到了。

一旦開始思索了大腦的對立部分，我就很容易注意到預設網絡在獵人溪啟動了。起初都是執行網絡：防曬乳？打勾。水壺、蜜蜂螫傷藥膏、墨西哥辣椒洋芋片？打勾。我餓了嗎？當然，但必須等到大家覺得可以吃的時候再吃。別再想著洋芋片了，別想了。一小口巧克力？不可以。我往下走，感覺到腳下的沙子在移動，檉柳枝拂過我的雙腿，眼前豁然開朗，露出一小片一小片微鹹的小水窪，鳥兒啁啾，花朵美得不得了，叫人不注意也難。我開始變得更傾向於感覺，而不是分析，也就是神經學家所說的自下而上，而不是自上而下。我大腦中較古老的部分，正在喋喋不休的新皮質上，重新展現自己的威力。通常，以人類運動的速度，一隻腳移到另一隻腳前方，走過一片風景，根本不需要高度集中注意力。這是我們大腦自然而然理解的速度。

在小溪畔溫暖的巨岩上吃午餐時，我抽出我的花卉卡。我們笨拙地爬下去，圍著一朵開在長花梗上的白花，不料護貝卡上有很多類似的花，跟這一朵並不大像。「我猜是蕎麥。」有人說。「不對，你看葉子，葉子尖尖的。」

「一定是這個，黃芪。」保羅指著卡片說。

「是臭黃芪沒錯。」

一段七嘴八舌的自然歷史：依據知識推敲，互相爭論，然後自信地宣布答案，結果答案是錯的。研究腦科學可能也是類似的情況吧。

大自然是注意力資源的管弦樂團指揮——這個觀點並不新鮮。值得注意的是，景觀設計師歐姆斯德在一八六五年就寫到了這個現象，他認為觀賞大自然「讓頭腦不疲倦，卻又能運用它；使頭腦平靜，卻又令它活躍起來。因此，經由頭腦之於身體的影響，讓整個系統得到消除疲勞的休息和恢復活力的效果。[12]」慢慢地，慢慢地，學術界開始跟上了。一九八〇年代初，密西根大學的史蒂芬．卡普蘭（Stephen Kaplan）和瑞秋．卡普蘭（Rachel Kaplan）注意到，心理壓力往往與精神疲勞有關，推測我們日復一日的單調任務正在消耗我們的額葉。卡普蘭夫婦說，大腦這一部分在前現代生活中也運用到了，不同的是它得到更多的休息。

來摩押前，我曾與瑞秋．卡普蘭交談過，她在安娜堡充滿著植物的大學辦公室工作，與丈夫在環境心理學的世界仍然備受尊敬，兩人聯手指導出幾十個全球首屈一指的研究人員，這本書不時會提起他們的研究成果。什麼讓大腦休息？我問她。「柔性魅力。」她說。就是你觀賞日落或凝視雨滴時的情況，她說。最能讓人恢復精神的景觀，是那些達到有趣但又不太有趣的最佳位置的景觀，它應該吸引我們的注意力，而不是要求我們的注意力。風景也該符合我們的審美觀，並且提供一點神祕感。幸運的話，在室內也能找到這些條件，只是它們在大自然環境中很容易出現。

卡普蘭夫婦將他們的假說稱為「注意力恢復理論」（Attention Restoration Theory，ART）。一開始，他們對這個理論進行定性測試，發現受試者在觀看大自然照片或從事戶外活動後，表達了更清晰的思想和更少的焦慮。二〇〇八年，史蒂芬．卡普蘭和他的研究生馬克．伯曼（Marc Berman）合作，進行更多的實證檢驗，發現短時間觀看大自然圖片（與城市場景的圖片相比）可讓受試者的大腦至少部分「恢復」[13]，尤其是在認知表現和執行注意力方面。瑞秋．卡普蘭認為，增加在大自然中的時間，這些影響只會越來越大。

羅傑．烏爾里希，我們上一章簡單介紹過的腦電圖研究者，是卡普蘭夫婦早年的學生。卡普蘭夫婦發表了注意力恢復的觀點，烏爾里希則是為減壓理論（Stress-Reduction

---

12 Olmsted's 1865 Report to the Congress of the State of California as quoted in Roger S. Ulrich et al., "Stress Recovery During Exposure to Natural and Urban Environments," *Journal of Environmental Psychology*, vol. 11, no. 3 (1991): p. 206.

13 The Kaplan/Berman cognitive study: Berman et al., "The Cognitive Benefits of Interacting with Nature," *Psychological Science,* vol. 19, no. 12 (2008): pp. 1207–12.

Theory，SRT）進行論證。值得指出的是，ART和SRT之間的區別，主要是一個時間問題。兩個理論都認為大自然讓我們更快樂、更聰明，在卡普蘭夫妻的ART理論中，第一站是大腦的注意力網絡。大自然場景——比如我沿著獵人溪往上走——以柔性魅力讓我們沉浸其中，幫助我們自上而下的直接注意力機能休息。隨著精神恢復，我們就會變得更放鬆，可以更順利地完成思考任務。另一方面，SRT和威爾森的親生命假說認為，接觸大自然會立即降低我們的焦慮和壓力，我們就能更清晰地思考，振作起來。烏爾里希向我解釋了他與卡普蘭夫婦在知識上的分歧：「拿到博士學位後，我們在概念思考和研究方法上分道揚鑣，他們的工作繼續圍繞認知發展，我的研究方向是大自然對於情感、生理和健康方面的影響。」烏爾里希用血壓計和情緒量表影響了日本人，卡普蘭夫婦的注意力觀點則一般而言在美國人之中更具影響力。

「我們怎麼可能想得到一切會往哪個方向發展呢？」瑞秋問道，她非常驚訝，她和史蒂芬所生下的生物，居然長出了長長的尾巴。ART和SRT都仍然保留著大量的研究空間，什麼構成柔性魅力？我們透過哪些感官系統注意那些改變我們心情的場景？如何定義大自然？這些反應發生的速度有多快？

以下是摩押隊的主要假設：在這樣的地方逗留數日，讓執行網絡休息，看看雲朵在無邊無際的天空中飄過，你的大腦發生了好事。

「三天後會有一種感覺，哦，有什麼東西不一樣了。」保羅・阿奇利說。

史崔爾補充說：「忽視它，那就太愚蠢了。到了第四天，你會更放鬆，你會注意到細節。在野外的頭幾天有一種新奇效應，你背著新背包，裡面有各式各樣的裝備，但之後新鮮感消失了，而吸引你的注意力是那種新鮮感，所以現在你的注意力沒有被吸引住，這是一種使用大腦其他部分的能力。就像公牛隊對陣猶他爵士隊那一次，麥可．喬丹得了流感，但你又不可能不叫他上場，因為他那麼厲害。結果他連拿了三十八分，他根本不用動腦。」他的執行網絡根本沒有隆重登場，他的表現反而更好，純粹靠著直覺在場上馳騁。我們早已知道，運動員和藝術家很容易進入心流狀態，「我們其他人可以透過大自然進入那個境界」——這樣的想法非常誘人。

保羅說：「打倒額葉！」午飯後，他沿著山路蹦蹦跳跳往回走，他的補水袋管子拖在脖子後。「支持小腦！」

當天晚上，葛薩利在屋頂火坑邊上調製馬丁尼。如果說克萊瑪是摩押隊的耆老，那麼葛薩利就是摩押隊的神童。他四十六歲，早生的華髮與年輕的面孔格格不入，不協調到有時會被問是否染髮的地步。

「染這個顏色？」他指著自己的頭哈哈大笑。葛薩利性格外向樂觀，毫不掩飾自己對科技的熱愛，非常與眾不同。他認為科技不是我們的詛咒，反而可能是我們的救贖。從相機到腦電波監測儀，他輕鬆俐落地使用各種設備，他在加州大學舊金山分校有一座價值數百萬美元實驗室，裡面高畫質螢幕有八十五吋那麼大。他正在那裡測試專為提高成人認知能力而設計的「神經學」電動遊戲，他相信這樣的遊戲有助於預防失智症，治療過動症，甚至讓所有人都能更順利同時處理多項任務，而他可是有數據背書的。既然我們活在這樣的世界，不如提高我們的能力吧。

儘管如此，身為自然攝影師和冒險家，他仍然熱愛沙漠。昨天他得到了垂直全景的靈感，今天在獵人峽谷又迸出另一個洞察力火花。他在假營火旁告訴我們：「我今天有了非常豐富的心流體驗。我走在沙地峽谷中，史崔爾從我前面走掉了，我發現只有我一個人在拍沙漠裡的花。我讓自己接受了周圍的刺激，那刺激自下而上，在環境中移動，渾然一體。通常情況下，不自上而下對我很難，但我也沒有嘗試，卻接收到了美麗突出的東西。我意識到攝影是多麼自然、舒適和流暢。我總是在思考自上而下與自下而上的相對關係，我通常以衝突來表現，基本上是對認知控制的衝突，但我領悟到的是，因為它與心流有關，當大腦的這些部分處於完美的平衡時，它就會發生。我已經多年沒有這種感覺了，這種感覺真的非常棒。」

他還沒說完呢，因為他自上而下的分析模式現在火力全開，神經科學家葛薩利回來了，而且親身體驗到了卡普蘭的注意力恢復理論。這位喝著馬丁尼的皇后區科技迷是卡普蘭的盲目信徒：「大自然有恢復精神的能力，因為它解放了大腦自上而下的部分，讓大腦得以恢復。我不認為只有在大自然中才會發生這種事，但我認為大自然有一些特別之處，這就是有意思的地方。大自然有這種不完全獨特但更為強大的能力，以不同的方式吸引你的注意力。從演化的角度來看，大自然對我們來說是一種強大的自下而上的體驗。」他停頓了一下，然後笑了起來。「雖然很多人在大自然中就會變得怪怪的，這種事我看過不知道多少次。」

露絲·安·阿奇利突然開口：「我昨天爬上魚鰭岩時沒有恢復的感覺，我不喜歡高的地方。」

麗莎·福尼爾為這條路線道歉。

史崔爾說：「總是會有個體差異。」這時，我不禁想起伍迪·艾倫的話：「我熱愛大自然，我只是不想沾上它一丁點。」

福尼爾正在思考。「大自然在很多方面都很新奇。你沉浸其中，你變得充實。」

懷疑論者戴瑞說：「也許重要的是積極的探索。」

「沒錯！」年輕的副教授級研究員傑森·沃森（Jason Watson）說。他也是被這種大自然效應迷倒的注意力科學家，在夜晚的半月下，他的害羞消失了。「這就是卡普蘭所說的神祕感。」沃森告訴我們，他最近做了一項研究，大致證實了卡普蘭的神祕元素。他和同事向數百名受試者展示大自然景象的圖片，有些是可以預測的平坦小徑，有些是蜿蜒小路，或者部分朦朧不清的風景，這類圖片會迫使觀眾想在拐角偷看。受試者看圖片的時間很短，只有幾秒鐘長，但他們對神祕場景的印象較為深刻。換句話說，神祕會提高認知記憶。

露絲・安認為這是一個很好的轉折點。「好，那麼我有一個問題：我們現在應該做什麼樣的研究？」

「我更想了解的是創造力。我們可以做認知測試，但我們也需要生物標記。」史崔爾說。

亞特・克萊瑪幫忙找出一個完美的生物標記：神經生長因子BDNF，在運動過程中，它會像植物營養液在大腦中噴灑。接觸大自然會釋放出一些類似的可見分子嗎？直到最近，在現實世界或更複雜的實驗室條件下，我們還是很難看到大腦內部。若干研究顯示，在大自然中，前額葉皮層的血紅素濃度（血液和氧氣的指標）會下降，那麼血液改流去了哪裡呢？答案仍然有爭議。至少有一項核磁共振研究（使用大自然的照片）顯示，血液進入了大腦的某些部分，如島葉和前扣帶皮層，這些部位與快樂、同理心和不受約束的思想有關[14]。相比之下，同一批受試者觀看城市圖片時，更多的血液流向指示恐懼和焦慮的杏仁核。

史崔爾想知道大腦恢復時是什麼樣子，你能看得出來嗎？與使用照片的實驗室相比，在現實世界中看起來有什麼不同嗎？經過一番討論，葛薩利提議使用腦電圖（EEG）測量腦電波，尤其是「額葉中線θ腦波」，他的實驗室已經發現這是一種衡量執行中心參與程度的可靠方法。如果θ腦波在大自然中平靜下來，那可能是他在這條山路上經歷的證據：少了自上而下，多了自下而上，少了執行網絡，多了預設網絡——代表大腦額葉得到了休息。

「我喜歡這個點子！」葛薩利說。

他們繼續討論新的難題：史崔爾喜歡田野數據勝過實驗室數據。他希望讓人在真正的大自然中戴上腦波電極帽，而不只有在空調房間裡看照片。可是克萊瑪和葛薩利更喜歡可以控制的實驗室環境。克萊瑪離開摩押時，將計畫做一個研究，讓受試者在實驗室跑步機上走路，並且觀看虛擬現實的城市影像和大自然影像，再看看他們的創意是否有所不同。我做了筆記，提醒自己要追蹤結果。

講起在外頭做研究的情形，史崔爾說：「毫無疑問會一團亂，你可以在實驗室研究這個問題，但是為了達到在大自然的效果，你就必須在大自然裡做。大家都說我們無法在現實世界測量駕駛和分心的結果，因為變數太多了，但是我們還不是辦到了。」史崔爾會帶著幾個實驗點子離開：在植物園做步行研究，測量創造力；在荒野讓一組人測量腦電波。這個我也得去瞧一瞧。

葛薩利還有另一項研究計畫。從他自己在小徑進入「心流」的卡普蘭時刻，他明白

---

14 Tae-Hoon Kim et al., "Human Brain Activation in Response to Visual Stimulation with Rural and Urban Scenery Pictures: A Functional Magnetic Resonance Imaging Study," *Science of the Total Environment*, vol. 408, no. 12 (2010): pp. 2600–2607.

大自然可能是有幫助的，它改善的不是我們享受大自然的方式，而是我們利用科技的方式。他說：「我的實際願望是了解如何發揮最大的腦力，假設我在開發一套增強認知能力的軟體，要是我定期在虛擬環境中插入恢復期會怎麼樣？我熱愛健身，健身時，組間必須休息。每個人都知道，你不能讓電動遊戲轟炸大腦幾個小時，不然只會越打越爛。所有的休息都是一樣嗎？我要去試試大自然的。」

阿奇利夫婦很快也會進行實驗，看看員工在戶外集體解決問題的能力是否優於在室內。

我得繼續密切關注下去。這趟旅行對我闡明了一些關鍵的問題，在我前進的過程中，這些問題必須牢記在心。如果大自然環境可能改變我們的情緒大腦和認知大腦，不同「劑量」的大自然會如何影響我們？大自然帶來的好處之中，有多少是源於大自然，而非只是因為我們把城市和工作場所的壞東西拋諸腦後？根據我對我們感知系統的認識，我們在家可以如何改善常態生活呢？

為了科學，我在學習，你必須有耐心。但耐心也許能讓你得到回報，就像葛薩利在洛磯山國家公園守候美國三趾啄木鳥的經驗。月落前，他在筆記型電腦中找出幾張照片給我們看。這隻啄木鳥很忸怩，好不容易才肯從樹洞中探出黑白條紋相間的小腦袋，但葛薩利已經準備就緒——相機早在他的手中。

「為了這個小混蛋，我苦等了六個鐘頭。」他說。

無論聚散，這群人將從多個角度來研究大自然和大腦之謎。當晚結束時，保羅．阿奇利說了一番很動人的話——無疑是受到了夜空、酒精和他注意力網路上新雷射焦點的啟發——「就像許多根手指都指著月亮，儘管每個人的視角都不同，如果你看著這些不同的指頭，最終也能找到月亮在哪裡。不會只有單單一項證據，科學不是這樣運作的。」

這些和其他逐漸浮現的研究，將構成理解大自然在優化人類潛能方面之角色的下一個先驅，許多研究將仰賴大腦成像。有了更多是什麼讓大腦快樂並保持穩定運作的線索後，這些情報可以輸入到公共政策決策、城市規畫和建築設計中。這些研究對學校、醫院、監獄和社會住宅有深遠的影響。想一想，更大的窗戶，更多的城市樹木，規定躺在草地上的時間，一分鐘的鳥鳴休息。按照葛薩利的探索，我們甚至可能找出讓大自然變得極為宜人又十分有效的劑量，我們甚至幾乎不會注意到它。當然，這是經典的西方手法——操縱環境，連嘗試都不用，就能感受大自然。

至於我，我會尋找一種融合東西方的手段。在韓國，我幾乎是找到了。這個國家把一種無處不在的健康哲學包裹在感官上，尤其是建立在日本研究成果基礎上的嗅覺。這是切入第二部的好地方，讓我們來看看身邊的大自然所帶來的直接好處吧。

Part 2

身邊的大自然：最初的五分鐘

Nearby Nature: The First Five Minutes

3

生存的氣味[1]

The Smell of Survival

「我已經記不清有多少次，我和父母一起去旅行，他們天還沒亮就把我挖起來，因為我就是必須得看他媽的日出。」[2]

——韓國作家洪又妮（Euny Hong），《歐巴當道憑什麼？》（*The Birth of Korean Cool*）

朴賢洙（音譯）不像正在接受化療的人。他四十一歲，一頭黑髮，走起路來誰都追不上，但他更喜歡慢慢來。見到他之前，我吃了一頓基本的鄉村午餐：八種泡菜，一盤切得整整齊齊的自製豆腐。豆腐是好東西，軟綿綿的，吃起來不費力，有點像同時吃進空氣和泥土；泡菜則是相反，味道像鞭炮一樣微妙，每一片白菜、芝麻葉、蘿蔔和神祕的蔬菜，都抹上了大量的辣椒、蒜泥和鯷魚魚露。我泡菜淺嘗即止，豆腐卻吃得太多了。如果說韓國菜的精髓是平衡口味，那我顯然是倒向一邊了，因為美國人往往如此，我們喜歡容易入口的淺色食物。我覺得必須走快一點，但就是快不起來。

首先，是茶。朴賢洙嚴格來說不是森林護管員，更像是一個巡查員兼薩滿。值得注意的是，這幾乎就是他的官方工作內容。他是韓國山林廳的「新品種」雇員：森林療癒師。為此，他甚至通過嚴格的入學考，進研究所攻讀。他並非一直渴望從事這一職業。和許多韓國人一樣，他的職涯始於一份競爭激烈的企業工作：在首爾以南幾小時車程的一個城市，擔任醫院門診部總經理。在三十四歲那年，他卻診斷出得了慢性骨髓性白血病。他和妻子育有三名幼子，他在住家附近的樹林尋求平靜和恢復，效果非常好，便決定一生要在檜木林中度過。在這裡，在他的山間小窩，他站在韓國將大自然醫學化計畫的最前線，這個計畫從大自然的直接感官影響開始。

朴賢洙在長城休養林遊客中心停車場迎接我和翻譯，帶我們走進遊客中心。這棟嶄新建築以金黃色木材建造，散發著令人愉悅但略為刺鼻的檜木氣味，聞來很像松脂與聖誕樹結合的濃烈氣味。朴賢洙為會議室的矮桌子道歉，問我是否能夠盤腿席地而坐。當然可以！我說。不是每個美國人都四肢僵硬到絕望地步。我們喝茶，茶是用夏天這裡採收的安息香花泡的。二十分鐘後，我絕望地換了個姿勢，再次殷殷盼著約定好的散步。

---

1 作者註：本章部分內容最初以不同形式發表於 Florence Williams, "This is Your Brain on Nature," *National Geographic*, January 2016.

2 Euny Hong, *The Birth of Korean Cool: How One Nation Is Conquering the World Through Pop Culture* (New York: Picador, 2014): p. 61.

他告訴我們，每個月這裡有兩千到三千名遊客，包括每天會有三至四組特地為某種治療而來的人，從癌症患者、過敏兒童，到準媽媽，以及介於這之間的人。根據不同的療程，參與的民眾可能會做一些活動，像是引導冥想、木器製作和茶道。但這一切的核心是在檜木林中散步。是的，請！

我從桌子爬起來，關節喀喀作響。我搖搖晃晃走進生理室，和所有的參與者一樣，活動前後我要快速記錄壓力，雖然我的活動只有散步、快速噴一點檜木露和幾分鐘的深呼吸，因為我像往常一樣太忙了，沒有時間做整套的放鬆。在韓國的這一週，我的行程排得滿滿的，有森林要參觀，有科學家要拜會，今天可以說是「時差和豆腐的迷你恢復計畫」，我的翻譯瑟琵雅比我還要忙，因為她必須記錄每一次交流，同時回覆電子郵件，為我安排當週後面的訪問。她今年四十四歲，有一個十幾歲的兒子，自己也需要去樹林走走，「我很少運動，佛羅倫絲。」她神色憂慮地說。

我們先量血壓，再將手指插入塑膠夾式傳感器數分鐘，傳感器測量我們的心率變異，目的是讓韓國山林廳收集所有紀錄，建立一個大型數據庫進行研究。而民眾也能追蹤自己在不同時間、不同森林與設施中的數據，以便判斷每週到樹林散步一趟是否足以維持較低的血壓，或者是否最好嘗試在養生法中添加更多的樹葉橡果拼貼畫。這一切的規模非常符合韓國人雄心勃勃的風格，三星戰勝了蘋果，韓流音樂K-Pop以美國衍生的流行音樂模式主宰亞洲，韓國的森林療癒步道和科學也要超越日本。在韓國，森林浴稱為

삼림욕。

雖然長城目前是韓國僅有的三處官方自然休養林之一，但未來兩年內將設立三十四處休養林，代表大多數主要城鎮都會有一座。這片森林以檜木為主，被認為是這個系統中的明珠。我終於得以一探究竟了。我們往步道出發，先沿著一條寬闊的土路穿過樹林，然後拐入一條細心維護的窄徑。步道繞過九百公尺高的祝靈山，我們經過一個路牌，上頭說森林的空氣含氧量比城市或建築物更高，不過我好奇增加的含氧量會不會被增加的海拔高度和稀薄的空氣所抵消。

朴賢洙穿著看似很舒服的寬鬆毛式中山裝，胸前掛著一個木頭圓形名牌。他一邊優雅地走著，一邊講述這片土地的歷史。如同二戰後韓國大部分地區，這裡的山腰曾經一棵樹也不剩。首先是一九一〇年開始占領韓國的日本人，他們為了木材砍伐森林。戰後，人民搜刮剩下的東西作為取暖燃料。時代的氛圍很絕望，當時韓國人均GDP為一百美元，比西非迦納還低[3]，三分之一的韓國人無家可歸[4]。少了樹木做水土保持，泥土滑動，淤泥堵塞溪流。重新植樹的工作在一九六〇年代認真展開，檜木因為生長快速，又有抵禦害蟲的神奇能力，受到韓國人的喜愛。長城休養林目前百分之八十八的樹種是檜

---

3 Hong, p. 2.

4 Daniel Tudor, *Korea: The Impossible Country* (North Clarendon, VT: Tuttle Publishing, 2013), Kindle location 171.

木，它們都已經長成大樹。

昆蟲對檜木為何不感興趣？原因引起了韓國山林廳的注意。檜木氣味宜人，走在長城休養林，彷彿穿過一大缸如詩如畫的舒緩薄荷膏。無論這些樹是否顯著增加了我們的氧氣供應，感覺上它們確實辦到了，清理了我們的鼻竇，為每一個細胞注入森林精華，是一種促進健康、提振活力的好東西。作家羅伯特・路易斯・史蒂文森（Robert Louis Stevenson）有段話是這麼說的：「那空氣的品質，那從古老樹木散發出來的氣息，如此奇妙地改變了疲憊的精神，讓人煥然一新。[5]」他的嗅覺非常靈敏。D. H.勞倫斯（D. H. Lawrence）也一樣，曾經寫道（應該說是誇張地描述）：「松樹的香甜令人振奮，發出挑釁……永恆的銳利鋒芒……我意識到它幫助我改變，這太重要了。我甚至意識到，從樹上傳來的能量顫悠悠地穿過我的生命，我變得更像樹，更多的刺，更有松脂味……[6]」

顯然不是只有亞洲有檜木，也不是只有亞洲人才喜歡檜木。檜木耐腐，色調溫暖，氣味芬芳宜人，全世界都愛。在古埃及，檜木被用來製作木乃伊棺，檜木甚至被認為比黃銅更耐用，所以柏拉圖的法典刻在檜木板上。豐富多彩的琥珀色樹皮，高入雲霄的綠色大樹，長城休養林讓人感覺很舒服，幾乎有一種宗教集會的氛圍。在日本森林漫步時，我看到多種硬木、檜木和其他原生種常青樹，但長城幾乎只有一種樹種。

以我的理解可能是亞洲人的自然概念中，折衷之道也很好，不必實現愛默生式的純潔才會被認為是神聖的。我詢問朴賢洙野生動物的情況，他坦承這裡沒有什麼大型哺乳動物，大多數不是被獵殺了，就是因為棲息地貧脊，被逼去了北韓和南韓之間的非軍事區。那裡的生物資源豐富得令人驚訝，幾十年來，一般人不許進入這個長約兩百六十公里、寬四公里的緩衝區，使它成了國際和平公園的首選之地，只要南北韓雙方能達成共識。

森林缺乏生物多樣性，但他們藉由感官樂趣和越來越多的人類醫療用途來彌補。朴賢洙說：「這裡有兩百五十萬棵樹木。」一層薄霧從樹林冉冉升起，由我們所聞到的氣溶膠組成。在大氣層中，這些氣溶膠有增雨作用，能夠幫助森林調節濕度。不過朴賢洙是療癒師，所以有嚴格的醫學鑑賞力，他說：「芬多精可以抗菌。」他引用日本宮崎的研究繼續說，彷彿背誦過很多次：「它們能減少百分之五十三的壓力，降低百分之五到七的血壓。土壤也有療效，可以抵抗病毒，土臭素對癌症有好處。」我後來得知，雨後泥土會發出怪味就是因為土臭素。如同許多芬多精，它是一種萜烯，屬於芳香烴家族，是天然樹脂的主要成分（順便說一句，萜烯也是啤酒花的重要成分，讓黑啤酒具有豐富

5 From *Essays of Travel* (London: Chatto & Windus, 1905), p. 170,http://www.archive.org/stream/e00ssaysoftravelstevrich#page/n7/mode/2up, accessed 6/17/15.

6 From "Pan in America" and cited in Tianying Zang, *D.H. Lawrence's Philosophy of Nature: An Eastern View* (Bloomington, IN: Trafford Publishing, 2011), p. 7.

的風味和香氣）。

土臭素來自土壤生物，特別是許多抗生素的關鍵的鏈黴菌。根據英國皇家化學學會，就算只有一絲這種濃烈的氣味，我們都能聞到。如果在一座游泳池中摻入七滴土臭素，我們依舊可以察覺到，這種敏感性可能反映出一種重要的演化適應，因為它能讓我們口渴的祖先找得到水源，這也解釋了它的存在何以有助於我們放鬆；駱駝可能比我們更愛它。二〇〇七年，英格蘭諾里奇科學家基思・查特（Keith Chater）對天藍色鏈黴菌進行基因組測序，認為駱駝可以在幾公里外的綠洲就聞到土臭素，為了回報土臭素提供導向服務，駱駝會讓一些孢子搭便車到下一個水坑。土臭素是生存的味道。

如今韓國和日本在森林氣味科學方面領先全球，這不令人意外。他們有日本李卿的「自然殺手」細胞研究成果，還有年輕的生理學家恒次祐子的研究。恒次曾任日本森林總合研究所木材工業研究部主任研究員，她給五十二名嬰兒噴灑日本檜木的主要成分：蒎烯和檸烯，結果蒎烯讓嬰兒每分鐘心跳立刻減少四下，而檬烯和對照組則沒有什麼差異。

我在日本醫科大學李卿的實驗室時（讓實驗對象住旅館三個晚上，房間噴灑檜木精油的那個人），給我示範了這種東西的即時效果。套上血壓計臂帶，他轉開森林靈藥的蓋子。「這很毒的！」他呵呵笑了起來。「很好，但很毒。」當我深深吸氣，油有一種像瀝青的刺鼻味道，很奇妙。我們把蓋子蓋上，再次測量我的血壓，下降了十二個單位。

我看著李卿，他高興地點頭，「效果非常好，比吃藥還管用！」

另一方面，在韓國由政府資助的森林研究所，科學家提煉精油，研究它們對過敏的影響、殺死葡萄球菌的能力。他們的發現包括：針葉樹精油可以對抗過敏性皮膚病（以低濃度塗抹在皮膚上）；降低皮質醇濃度，緩解壓力（吸入）；減緩哮喘症狀（吸入）。檜木油的主要成分是樟腦、松脂、蒎烯、蛇麻烯、檸烯和檜烯，取決於季節和取樣的樹木部位。蛇麻烯對治療哮喘似乎特別有幫助，萜烯則是有助於抵抗細菌感染和壓力[7]。

我沒有什麼要積極護理的感染，但走了幾分鐘後，我感覺這是我這一天最清醒的時候。我們在一條木棧道上停下來，棧道橫跨一片長滿茱萸的小濕地，連接步道兩端較為乾爽的部分。朴賢洙指出一株香茅和一顆日本雪松，它們也有抗感染的功效，所以受到重視。他要我們閉上眼睛深呼吸，然後他帶著我們做了幾個緩和的伸展動作。瑟琵雅把筆記本插到風衣的夾縫中，我們將手臂高舉過頭，放下後又再舉，同時緩緩呼吸。鳥兒嘰嘰喳喳，風輕拂高處枝枒，光線和秋天涼爽的空氣交錯。朴賢洙叫我們看看小徑旁平

7 “The Forest and Human Health Issues in Korean Forest Policy and Research,” topic paper, Korea Forest Research Institute, Oct. 27, 2014.

靜的水塘。「看看湖面，看看樹木的倒影，這對大腦很好。假裝這是你的心，深呼吸，你在上面看到的樹可能是真的，也可能是假的，只是倒影，這就像你的思想一樣。一個抑鬱的人看到憂鬱症，那可能是一種幻覺。那其實並不存在，你可以把情緒和思想分離開來。」

也許是翻譯之故，但事情似乎已經脫離可量化的科學領域，進入更複雜的境界。是神祕主義偏離了科學，讓它變得可疑？還是它更像一個入口，讓科學家有了一個西方人並不總是感到舒服的切入點？或者兩者都有一點？我不確定。

三年來，朴賢洙日復一日在這片樹林中用心走路。「我百分之百肯定對我有幫助。」巡查員的病情逐漸好轉，他說：「一開始確診時，我有各種的恐懼和焦慮。我現在很快樂，焦慮是零，人從大自然中了解到自己可以治癒。現在我的責任是做大自然和人之間的橋樑。」他非常感激白血病改變了他的人生方向，不過很難說是什麼確實幫助了朴賢洙和許多湧入這些地方的人，是運動嗎？朴賢洙戴著計步手環，規定自己日行一萬五千步，大約是十公里的距離。他還相信森林能治癒他，而信仰的力量可能會超乎你的估量。

信仰也可能有傳染力。朴賢洙是令人感動的老師，想幫助其他人擺脫壓力，轉向比繁重工作和課業更有意義的事。他沒有強迫自己的孩子去上幾乎每個孩子都去的補習

班——韓文叫學院（학원）——很多孩子放棄運動玩耍，無精打采到補習班，不過是去混時間罷了。他讀中學的大兒子現在就讀一所「木業學校」，學習森林管理知識。

朴賢洙告訴我，他認為韓國進入了「壓力峰值」。這是一個很有意思的看法，韓國脫離了貧困，歷經一連串的獨裁統治，成了全球最富有的民主國家之一，現在是世界第十四大經濟體[8]。百分之九十八的韓國人有大專或大學文憑[9]，這個比例高得難以置信，全球排行第一。然而，這種流星般的成功也付出龐大的代價。韓國人每年平均工時為兩千一百九十三小時，是經濟合作暨發展組織（OECD）中最高的數字，根據該國最大的雇主之一三星公司的調查，逾百分之七十的人表示工作讓他們情緒低落。

再者，問題不局限於勞動人口。根據報導，百分之九十六的高中生睡眠不足。二〇一一年一項調查發現，百分之八十七．九的人「前一週」感受到緊張壓力。日本、中國和美國的青少年所報告的數字只有一半。根據延世大學的研究人員，韓國學生是所有工業化國家中最不快樂的學生。在一個精神疾病被高度污名化的國家，韓國人的自殺率是全球第一高[10]。

---

8 作者註：根據世界銀行最新排名，資料出處為 http://databank.worldbank.org/data/download/GDP.pdf, accessed June 2015.（編按：截至二〇二一年，韓國以GDP一．六三兆美元，成為全球第十大經濟體。）

9 Tudor, Kindle location 1954.

不過，他們目前在安全和物質方面取得某種程度的成就，有人便開始積極尋求更快樂的生活。韓國人熱愛SPA水療和化妝品，這類產業蓬勃發展起來，另一方面，韓國人也越來越嚮往韓國歷史深處的神祕山林。佛教在四世紀傳到這裡，與朝鮮半島相信「萬物有靈」的古老薩滿教完美融合。在韓國，山神是最強大的神靈[11]，樹木長久以來也被尊為人類和村莊的守護者[12]。

然而，到了十四世紀，朝鮮統治者發現，源自中國的儒家思想有一套利於發展民族國家的政治哲學，中心思想包括組織嚴謹的階層地位、社會義務和牢固的工作倫理。現在，兩個對立面之間存在著一種不安且不平等的低盪關係：一邊吹捧技術、競爭和階層制度，另一邊是與大自然相關的「精神無處不在」的基礎。

洪又妮在她的《歐巴當道憑什麼？全方位解析韓國文化產業崛起的祕密》中解釋了「身土不二」（신토불이）這句古諺[13]。與身結合的不是靈，而是土。她寫道：「這是一個比儒家思想或任何有組織的官方信仰更早的概念，也是為什麼這個想法與今日的首爾格格不入——擁擠的摩天大樓，罕有開放的空間。」

大多數韓國人難以接受心理治療的觀念，但是仍然非常重視傳統的薩滿教治療師，也就是巫俗人（무속인）。據估計，多達百分之八十的韓國人以某種形式大致信奉薩滿教，但通常也自認是基督徒、佛教徒或無神論者。

於是到今日所演變成的情況是，森林步道開始擠滿了臉色蒼白的城市週末難民，跟瑟琵雅及我沒有什麼兩樣。悠悠哉哉走了大約一個半小時後，我們繞回遊客中心，勇敢地再把手臂塞進機器，快速進行生理檢查。我發現我的血壓略微下降，從111/73降到107/61。到目前為止，大自然得一分。瑟琵雅的血壓卻高了幾個單位。我的心率變異數據顯示，在九十分鐘的步行後，沒有太大的改善。朴賢洙坐下來和我們一起查看韓文圖表，圓點分布在坐標軸上，不知道是什麼意思。看過瑟琵雅的數據後，朴賢洙告訴她，因為她不習慣運動，這次散步實際上給她帶來了生理上的壓力。「你需要多動一動。」他說。這似乎是一個合乎邏輯的處方，醫療從業者不總是這麼說嗎？

至於我，朴賢洙說，我的整體壓力水準看起來很健康，不過我的圖表顯示交感神經系統和副交感神經系統失衡了。我知道如何藉由運動和活動來增強身體系統，但不乏利用更多的練習來遏制它換句話說，瑟琵雅和我似乎是相反。他說：「冥想可能對你有好處。」比較壞的消息是，心率變異機器神祕地讀出了我的血管厚度，我的血管有一些變厚的跡象，在任何時候，「變厚」這個詞用在身體上都不是好兆頭。血管會隨著年齡增

10 Tudor, Kindle location 1939.
11 Hong, Kindle locations 740, 757.
12 Tudor, Kindle location 498.
13 Hong, Kindle location 726.

長而自然增厚，變得更僵硬，更沒有彈性，更難將氧氣輸送到需要的地方，也更難對神經系統進行微調。「你必須控制你的飲食。」他說。好吧，再給我來點泡菜。

如果讓一個對幸福有相當激進觀念的人去制定國家政策會怎樣呢？答案可能會像不丹一樣，不丹國王和他已退位的父王騎著自行車，在山區上上下下，臉上掛著沾沾自滿的笑容，他們鼓勵民眾也這樣做。或者可能看起來像新加坡，李光耀生前擔任新加坡總理長達二十五年，實施免費教育，興建合宜住宅，種植逾百萬棵樹木。答案也可能會越來越像南韓，而笑顏逐開的是一位頗具影響力的學者：申元燮。

為了了解韓國以森林改善健康的承諾，我前往新工業城市大田市參訪韓國山林廳。在那裡，我很高興遇到以前到日本研究森林浴的連絡窗口李宙營，他已經從日本被挖角到韓國做研究，現在在該機構人類福利部門工作，一個森林機構居然設置了「人類福利」單位！實在了不起，不久以前，全世界森林機構的主要工作只是為方便砍伐森林。兩年前首次見到李宙營時，他在日本的山坡上趕蚊子，摘下我額頭上的傳感器。現在他一身時尚的西裝，置身於一棟充滿粉紅色辦公室隔間的現代高樓。（不知道粉紅色的功能是什麼，但我忍不住要跟各位報告，首爾市最近花了一億美元，規畫出粉紅色女性專用停車位，此舉本應讓女性感到高興，但車位畫得更長更寬，害得許多人非但不覺得高興，還覺得這暗示她們駕駛能力不足，感到被羞辱了。）

李宙瑩帶我穿過粉紅色迷宮，來到山林廳廳長申博士寬敞的辦公室外間。申廳長和我握了握手，用一只精緻的杯子請我喝茶。他像個孩子，心情愉快，像是不太相信自己能坐上這個職位的好運氣。他當上山林廳的高階主管，並非經由一般木材管理的晉升途徑，而是因為他「與森林互動對認知功能的影響」和「森林經驗對自我實現的影響」等主題的心理學研究。在多倫多大學時代所發表的論文中，他研究國家戶外領導力學校贊助的五週野外課程對學員的改變，結果令人鼓舞。申博士深受史蒂芬・卡普蘭和瑞秋・卡普蘭在密西根大學的研究影響，後來在全球唯一開設森林療癒學位課程的忠北大學擔任「社會森林學」教授。他說，在早期的研究中，「我們常常討論如何客觀衡量益處，以及什麼是最好的生物標記的問題。」

努力顯然得到了回報。申博士的官職，以及這個國家的新計畫，都確實反映出韓國是多麼認真對待大自然之於健康的新證據。目前「國家森林計畫」的目標是「實現全民福祉的綠色福利國家」。正如申博士所指出的，幸福現在是國家指標之一。這項推廣運動的成效顯而易見：國家森林的遊客人次，從二〇一〇年的九百四十萬，增加到二〇一三年的一千兩百七十萬，占全國人口的六分之一（大約在同一時期，美國國家森林的遊客人次下降了百分之二十五）。山林廳現在提供五花八門的服務，森林產前課程、森林幼兒園、森林葬禮，從搖籃到墳墓，所有的服務都包辦了。甚至有「快樂火車」，將小惡童送到國家森林裡待上兩天，讓他們學乖。在美國，為了放鬆心情，男人結隊狩獵，暢飲傑克丹尼威士忌。在南韓，他們練習下犬式，創作花草拼貼畫。當週，在楊平的山陰自然修養林，我撞見一個替患有創傷後壓力症候群（PTSD）的消防員舉辦的森林療癒活動，在林子裡，消防員練習雙人瑜伽，用薰衣草精油互相按摩前臂。

森林療癒力的相關數據不斷出現。韓國研究人員的發現包括：在森林待兩週後，患乳腺癌婦女能增強免疫力的殺手T細胞增加了，而且維持十四天之久；在大自然中鍛煉（相較於在城市中）的健身效果更好，更有可能堅持鍛鍊下去；在森林產前班，未婚孕婦憂鬱和焦慮的症狀明顯減輕。

申博士告訴我，現在有兩方面缺乏更好的證據，一是個別疾病，二是真正給予幫助的特定大自然特質。他問道：「森林中最能帶來生理效益的主因是什麼？什麼類型的森林更有效？另一個問題是，我們如何提高民眾的興趣？還有，要討論如何將森林益處應用於醫療和保險領域。」山林廳估計，森林療癒可以降低醫療成本，創造新就業機會，有利於當地經濟。

山林廳除了選定數十個官方休養林興建設施以外，還將在小白山國立公園附近耗資一億美元打造森林療癒綜合園區，包括水上中心、戒毒所、「赤腳花園」、草藥園、露天平臺、吊橋和五十公里長的步道。很難不把那想成是迪士尼與夏令營的結合，因為有一點是毫無疑問的：儘管韓國人或許渴望意義，但他們終究是實用主義者。這裡的大自然復興運動主要與消費主義有關，只不過是醫療消費主義。森林開發由公私合營，房地產和度假村投資將帶來利潤，商店則販售植物相關產品（檜木沐浴油，誰想買？），回去上班上學時，民眾會比離開時更有效率。

在一個就叫「療養學」的度假村，我瞥見了這個多姿多采的未來。度假村位於山陰休養林附近，一派田園風光，一抵達，便有人為我送上一套紫色連身褲，讓我住宿期間穿著，有點全包式南法普羅旺斯米拉瓦爾（Miraval）酒莊奢華度假村的味道，也有點惡名昭彰的新新監獄的感覺。我和其他穿著連身褲的人一塊，赤腳攀登森林步道，等待按摩，自己收拾自助餐盤。大廳商店是檜木聖地，販賣霧化加濕器和包裝精美的甘油肥皂。最後，我買了一條芬多精牙膏，味道好像用臼齒咬碎耶誕花圈，但這不是讓我猶豫要不要把它放進嘴裡的理由。我很難接受一件事：芬多精基本上就是殺蟲劑，這一點你從名稱（phytoncide）就看得出來，字根cide就是「殺」的意思。我想像螞蟻爬上樹，以痛苦扭曲的姿態死去，同時向牠們的親人發出告別信號。起碼這個地方看來是能從某種品牌重塑中受益。我們確實想用這些東西來刷牙，走在「芬多精殺蟲劑」步道上嗎？說實話，我對整個芳香療法也抱持著懷疑態度，因為它的主要信徒，起碼在美國，也傾向於崇拜水晶和畸形的鞋子。

不過這些化合物的真實故事更加複雜，也更為有趣。在探尋大自然中到底是什麼與我們的思想融合的過程中，我發現氣味是一個被低估但效力強大的要素。視覺往往獲得所有的讚譽，但正如法國文豪普魯斯特所知道的，沒有什麼比氣味更能刺激大腦的情緒神經元。氣味立即進入原始大腦，而大腦中的杏仁核正在等著下達「戰或逃」的指令。掌管情緒的杏仁核與儲存記憶的海馬體有高度聯繫。當我們在匱乏環境中尋找食物和水時，敏銳的嗅覺非常重要。

人類的鼻子可以探測一兆種氣味[14]，實在非常驚人，包括許多我們甚至沒有意識到自己正在探測的氣味。很多人知道，女生宿舍的室友會生理週期同步，原因正是她們用鼻子探測彼此的信息素。女性的嗅覺比男性敏銳，在懷孕期間更是如此，因為她們必須對難以捉摸的危險保持警惕。作家黛安・艾克曼（Diane Ackerman）在《感官之旅》（*A Natural History of the Senses*）中提到，母親光憑氣味就能分辨出自己的嬰兒，做父親的卻不能。我的嗅覺是我最敏銳的感官，無論這是好是壞，我的鼻子會比我丈夫的鼻子更早發現危險，比如不該燃燒的東西正在燃燒，這時我的心臟會跳得非常快，而這正是一種典型的恐懼反應。

我們都聽說過馬和狗聞得到恐懼，事實證明人類也能。為了證明，研究人員收集了首次嘗試跳傘的男人的內衣，然後找來一群受試者，交給他們跳過傘或沒做過可怕事情的人所穿過的汗衫，只在聞到跳傘員汗味的受試者中，研究人員測量到壓力賀爾蒙升高[15]。他們聞到了恐懼，然後感受到了恐懼。對群居動物來說，探測恐懼是一項很有用的技能。

但可悲的是，我們靈敏的嗅覺可能正在衰退。斯萬特・帕博（Svante Pääbo）[16]是瑞典古遺傳學家，最為人所知的成就是對尼安德塔人的基因組進行測序，發現他們與早期亞洲人交配（產物：除了非洲人以外的所有現代人）。[17]根據基因證據，他認為我們正在快速喪失嗅覺，我們有一千個涉及鼻腔接收的基因，但超過半數由於突變不起作用。在野生猿猴中，只有大約百分之三十的嗅覺基因失靈。據推測，這種突變在人類身上持續存在，因為失去某種嗅覺能力不再會影響到我們的生存。也許除了機場的肉桂捲，我們不再靠著鼻子覓食了，甚至寧可不去體驗城市生活中的諸多氣味。我們冷藏食物，但不冷藏垃圾。曾經引以為豪的這個超級能力正在逐漸衰退。

我們自然不再是過去那種靈敏的動物，我們馴化的動物也一樣。在一般智力測驗表現上，狼超越了狗。在頭骨大小和覓食智慧方面，家貓與野貓則有一些有趣的差異。這提出了一個頗受爭議的問題：那我們呢[18]？我們在自我馴化嗎？哈佛大學靈長類動物學家

---

14 Caroline Bushdid et al., "Humans Can Discriminate More Than 1 Trillion Olfactory Stimuli," *Science,* vol. 343, no. 6177 (2014): pp. 1370–72.

15 Lilianne R. Mujica-Parodi et al., "Chemosensory Cues to Conspecific Emotional Stress Activate Amygdala in Humans," *PLoS ONE*, vol. 4, no. 7 (2008), published online, e6495.

16 編按：二〇二二年諾貝爾生理學或醫學獎得主。

17 Spring Harbor Laboratory's DNA Learning Center website: http://www.dnalc.org/view/15149-Human-smell-receptors-Svante-Paabo.html, accessed Nov. 2014.

理查・藍翰（Richard Wrangham）認為，隨著人類演化成更龐大的社會群體，我們的攻擊性自然會減弱，我們的大腦容量和肌肉結構在上一個冰河時期達到頂峰，我們的牙齒越長越小，我們的遠距視力越來越弱。自一萬年前定居村落從事農耕以來，人類就變得越來越虛弱，毫無疑問，在某些方面也變得越來越愚蠢。我們在動態野外環境生存所需的快速放電感覺神經元可以說是鬆懈了。當然，有些事我們做得更好，比如平穩繞過交通圓環，利用手眼協調發送簡訊。科學家發現，倫敦計程車司機記下城市大街小巷時，他們的海馬體也會增長。每個人的大腦都在適應現代生活，甚至年復一年繼續適應，不過這反映的是靈活，而不是演化。我們現在的生活和我們現在的大腦不相稱，主要受害者是我們舊石器時代的神經系統。這也難怪，當某樣東西聞起來很香時，我們會很開心，彷彿瞬間穿過了衣櫥。

氣味有權力支配我們，因為鼻子是通往大腦的直接通道，所以有些藥物會經由鼻腔給藥。特定大小的分子通過鼻子進入，會繞過血腦屏障，直接進入灰質。這條捷徑對藥廠來說很方便，但在一個充滿污染的世界，可就沒那麼有用了。科學家早知道，來自柴油等源頭的顆粒物會導致心血管和肺部疾病，進而縮短壽命。黑碳——從廢氣和其他燃燒反應（如火和爐灶）中噴出的懸浮粒子——每年在全球造成兩百一十萬例的過早死亡[19]。長期以來，科學家一直認為肺是污染的主要目標，直到最近才意識到鼻子原來直通大腦；二〇〇三年，在廢氣瀰漫的墨西哥城，研究人員發現流浪狗出現奇怪的腦部病變[20]，鼻子與大腦之間的邪惡關係這才曝光。

多叫人不安，因為我們周圍到處都是懸浮微粒污染物。這很可能是去森林會讓我們感覺更好、認知更靈活的一個重要因素。在都會森林創造的潮濕微氣候中，樹葉會吸附懸浮微粒污染物。樹下土壤中的有機碳則黏結空氣中的污染物，還有助於在暴風雨中清潔地表水。二〇一四年一項研究估計，美國樹木每年清除一千七百四十萬噸的空氣污染，為人類健康帶來價值六十八億美元的好處。

我很好奇我的社區動態如何變化。赴韓國前，從哥倫比亞大學拉蒙特－多爾蒂地球觀測所，我借了一個攜帶式微粒黑碳監測儀（aethelometer，裝置名稱來自希臘語的「被煤煙燻黑」），用魔鬼氈黏在斜紋背心口袋裡，一個細細長長的手臂傳感器像俏皮的寵物猴從衣領探出頭來。我戴著它在華盛頓特區繞了三天，如往常一樣工作、走路和開

---

18 Razib Khan, "Our Cats, Ourselves," *New York Times*, Nov. 24, 2014, accessed Nov. 2014.

19 Tami C. Bond et al., "Bounding the Role of Black Carbon in the Climate System: A Scientific Assessment," *Journal of Geophysical Research: Atmospheres,* vol. 118, no. 11 (2013): pp. 5380–552.

20 Calderón-Garciduеñas et al., "Air Pollution, Cognitive Deficits and Brain Abnormalities: A Pilot Study with Children and Dogs," *Brain and Cognition,* vol. 68, no. 2 (2008): pp. 117–27.

車。哥倫比亞大學的史蒂夫・奇魯德（Steve Chillrud），也就是觀測所暴露評估儀器核心副主任，幫助我把數據整理到我手機中即時GPS追蹤器分析結果。不出所料，我在華府環形公路I-495上行駛時，即使在非尖峰時段，也能測得每立方米六千奈克的高讀數。但更令人震驚的是，我在孩子學校停車場測到同樣高的數值，汽車和巴士在那裡閒置空轉，等著接聚在外面的學生。百分之十九的美國人住在「高流量」道路附近[21]，而大多數城市不會監測這些交通設施的空氣品質。

儘管確切的原因尚未釐清，無論收入高低，住得離這些道路越近，罹患自閉症、中風和認知能力下降的風險就越高。許多科學家懷疑，這與引起組織炎症和改變大腦免疫細胞基因表現的細小微粒有關。「當我在柴油公車後面時，我會屏住呼吸。」神經生物學家蜜雪兒・布洛克（Michelle Block）說，她在維吉尼亞聯邦大學研究污染對微膠細胞影響，這又是一個在林中消磨時間的理由。

如果一些經由鼻腔進入的分子對大腦有害，那麼當然有一些可能是對大腦有益的。幾千年來，我們知道氣味會影響我們的情緒、行為和健康。芳香療法，或專門用香味幫助治療病人，可以追溯到古埃及。埃及豔后克麗奧佩脫拉，好聰明的一個女孩，據說用玫瑰花瓣引誘馬克・安東尼到她的床上[22]。至於傳奇色彩沒那麼濃的例子，好比零售商店和消費品製造商，他們也知道利用鼻子和大腦的連結，以研究這些東西的學者的行話來說，令人愉快的氣味會引發「接近行為」[23]。如果一家店聞起來很舒服，我們會走進去逛一逛[24]。在一項研究中，參與者要是聞到柑橘的味道，會更努力把午餐吃光。就連玻璃清潔劑也會改變我們的行為。兩間房間，一間噴有味道濃烈的清潔劑，一間無氣味，被分配到前者的參與者，更願意為某運動捐款當志工[25]。據推測是「乾淨清潔」的氣味讓我們充滿了理想抱負。誰會知道，玻璃清潔劑竟然是美德的味道。

當我們說我們聞到春天的氣息時，其實聞到的是樹木的氣溶膠。如果空氣溫度上升，木材和樹葉內部的生化反應也會變得活躍。常綠森林在仲夏時節氣味最濃，而這也是害蟲最忙碌的時候。松樹中的「赤松素」和柏樹中的萜類化合物都能刺激呼吸，也是

---

21 作者註：Gregory M. Rowangould, "A Census of the U.S. Near-Roadway Population: Public Health and Environmental Justice Considerations," *Transportation Research Part D: Transport and Environment*, vol. 25 (2013): pp. 59–67. 該研究還提到，在全國範圍內，「交通流量和密度越大，非白人居民的比例越高，家庭收入中位數就越低。」此外，居民居住在大量道路附近的郡縣，往往沒有在同樣地區安裝空氣品量監測器。

22 Diane Ackerman, *A Natural History of the Senses* (New York: Vintage Books, 1995), p. 36.

23 Paula Fitzgerald Bone and Pam Scholder Ellen, "Scents in the Marketplace: Explaining a Fraction of Olfaction," *Journal of Retailing*, vol. 75, no. 2 (1999): pp. 243–262.

24 Rob W. Holland, Merel Hendriks, and Henk Aarts, "Smells Like Clean Spirit: Nonconscious Effects of Scent on Cognition and Behavior," *Psychological Science*, vol. 16, no. 9 (2005): pp. 689–93.

25 Katie Liljenquist, Chen-Bo Zhong, and Adam D. Galinsky, "The Smell of Virtue: Clean Scents Promote Reciprocity and Charity," *Psychological Science*, vol. 21, no. 3 (2010): pp. 381–83.

溫和的鎮靜劑，使我們放鬆下來。[26]

雖然芳香療法是世上最受歡迎的焦慮替代療法，但在大型臨床試驗中尚未出現很好的研究[27]。二〇一二年一項文獻綜述發現，大多數研究都顯示出有益的效果，但很難梳理出其中安慰劑效應的力量。儘管如此，作者總結說，這是「一種安全而愉快的干預」[28]。之後，一項大型研究發現，在英國國民保健署醫療服務系統中的癌症患者，百分之八十的人報告說，使用「鼻吸香氛棒」時焦慮明顯減少了[29]。這不光只是安慰劑效應，但作者群不知道氣味如何發揮作用。其他研究報告說，薰衣草和迷迭香等氣味會使受試者的皮質醇濃度下降，加快心臟的血流速度（這是一件好事）[30]。

如果你相信某件事能讓你感覺更好，有時候它確實會讓你感覺更好。想像力有強大的治療力。此外，如果幫助我們的未必是大自然，而是因為少了另一樣東西呢？走在清新的檜木林中，嗅著清香，我不禁感到好奇，這些神祕森林帶來的好處，是否只是因為我不在城市裡的結果。如果空氣污染對我們危害至深，那麼離開城市，即使只是坐在農村停車場的鋁製棚屋裡，相比之下也會帶來相當多的好處。不管人是否知道他們社區污染究竟有多嚴重，他們的心理似乎都知道。在一項針對四百位倫敦人的調查中，每平方公尺增加十毫克的二氧化氮污染，「生活滿意度」就會明顯下降——在零至十分的量表中，分數下降了零點五分[31]。

如果污染少一些，我們感覺會更好，那麼噪音、人潮、討人厭的干擾，有時還有科技的減少，同樣也能讓我們感覺更好。對於世上網路最發達的國家南韓來說，科技減少是一件非同小可的事；這裡百分之九十以上的家庭可以使用高速網路。截至二〇一三年，這個國家擁有世上最快的下載速度，比排名第二的日本快上百分之四十，比世界平均速度快六倍。電玩在韓國非常風行，甚至成為一項觀賞性體育運動，巨大的體育場擠滿粉絲，看著面色蠟黃的參賽者現場打電玩。

二〇一〇年，一名年輕的韓國男子連續打了五十小時的《星海爭霸》後倒地猝死，

26 Mi-Jin Park, "Inhibitory Effect of the Essential Oil from Chamaecyparis obtuse on the Growth of Food-Borne Pathogens," *Journal of Microbiology*, vol. 48, no. 4. (2010): pp. 496–501.

27 Yuk-Lan Lee et al., "A Systematic Review of the Anxiolytic Effects of Aromatherapy in People with Anxiety Symptoms," *Journal of Alternative and Complementary Medicine*, vol. 17, no. 2 (2011): p. 106.

28 Lee, p. 107.

29 Jacqui Stringer and Graeme Donald, "Aromasticks in Cancer Care: An Innovation Not to Be Sniffed At," *Complementary Therapies in Clinical Practice*, vol. 17, no. 2 (2011): pp. 116–21.

30 Toshiko Atsumi and Keiichi Tonosaki, "Smelling Lavender and Rosemary Increases Free Radical Scavenging Activity and Decreases Cortisol Level in Saliva," *Psychiatry Research* ,vol. 150, no. 1 (2007): pp. 89–96, and Yumi Shiina et al., "Relaxation Effects of Lavender Aromatherapy Improve Coronary Flow Velocity Reserve in Healthy Men Evaluated by Transthoracic Doppler Echocardiography," *International Journal of Cardiology*, vol. 129, no. 2 (2008): pp. 193–97.

31 George MacKerron and Susana Mourato, "Life Satisfaction and Air Quality in London," *Ecological Economics*, vol. 68, no. 5 (2009): pp. 1441–53.

韓國政府便禁止未滿十六歲青少年在午夜至早上六點之間玩某些遊戲。根據韓國國家資訊社會局的數據，四十歲以下的韓國人有百分之八沉迷於遊戲無法自拔，九至十二歲的孩子中，這個數字則上升到百分之十四。政府因此特地投入數十億韓元，宣導長時間沉溺螢幕的壞處，包括成績差、睡眠不足和家庭衝突。另一方面，成年人的症狀略有不同，一項針對五百名上班族的調查顯示，使用手機會導致懶散的姿勢（百分之三十二・七）、視力惡化（百分之三十二・五）和手指疼痛（百分之十八・八）。「上癮」一詞引起爭議，但問卷調查可以幫助辨識痛苦的跡象。猝死是一則警訊。

也許數位排毒（digital detox）不可避免終究要進入這個國家的公園和森林，沒有人比金珠允（音譯）更樂見這種情況。和朴賢洙一樣，她也是韓國山林廳新培訓的療癒師。身為母親，她理解韓國年輕人和他們努力奮鬥的家人所面臨的壓力。幾年前，金珠允發現她十四歲的女兒因為壓力過大而開始拔頭髮，她告訴我：「從此以後，孩子的事排在第一順位。」每個週六，金珠允在首爾首都圈北漢山國立公園替十到十二歲的兒童上數位排毒課程。一個秋高氣爽的日子，我前往公園，見到數百個韓國人身著漂亮戶外服裝，像螞蟻一樣，沿著公園山路而行。走到一處相對僻靜的小樹林，我看到七個男孩像蜥蜴一樣，一動不動躺在綠松石色瑜伽墊上。金珠允要他們聆聽大自然的聲音。

「你希望遊戲打得更厲害，就要讓眼睛休息。」她告訴他們。男孩的母親在一旁徘徊流連。免費課程為期十週，這是第二週，這群母親確認兒子有強迫性行為後（不是打

《英雄聯盟》一類的遊戲，就是用智慧型手機傳簡訊），透過首爾市政府，替孩子報名了這項課程。為什麼十歲的孩子會有智慧型手機？我不懂，但那已經是發生的事了。

我看得出來，金珠允的森林課程不只為了孩子，也是為了那些壓力沉重的母親。課程巧妙地結合了遊戲、知覺活動和信任練習。金珠允要所有人圍成一圈，每個人拿著一根肩膀高的樹枝，然後在她的一聲令下，衝到旁邊那個人的位置，在鄰居的樹枝掉下來之前及時接住。然後，他們會改變方向，圓圈圍得更大，奔跑的速度更快了。一開始，男孩看起來百無聊賴，但很快就和他們的媽媽一塊大笑，跌跌撞撞衝向她們。接著，金珠允要求母親們戴上眼罩，讓兒子引導她們。

「我給你們一個機會照顧你們的媽媽，因為媽媽一直都在照顧你們。」她向男孩子解釋：「你們要帶她去的那條路不安全，有很多石頭、很多樹枝。」他們小心翼翼走了一會兒，然後交換位置，戴上眼罩的兒子要麼在母親旁邊，要麼就在母親前面。金珠允對媽媽們說：「通常父母會按照自己的意圖拖著孩子走，跟隨的人根本沒有權力，即使意圖是好的。不要說太多，放輕鬆。如果前面有一棵樹，孩子會感覺到，所以不用太擔心，讓孩子們帶領。給他們一些空間。」

之後，金珠允和她的助理帶著男孩走過濕滑的河床。她告訴我，這是挑戰他們，不是獎勵他們。要與多人電動遊戲對抗並不容易，但她順利讓男孩全神貫注。媽媽們走在後面，經常停下來自拍。如果她們的目的是妖魔化智慧型手機，那麼她們並沒有樹立良好的榜樣。不過，我了解到，就像淨化排毒飲食可能導致厭食症，這裡的目標並不是戒除科技，完全不用電子裝置是不切實際的，見了這群韓國孩子，我換了一種角度理解這一點。對這群孩子的許多人來說，電動是他們唯一能玩的遊戲，當然也是唯一沒有成年人監督的遊戲。

「他們在學校不許到外面玩。」一位媽媽告訴我。首爾有壯麗的公園，但不多，而且距離很遠，操場經常鋪了柏油，既狹小又封閉。孩子放學後要補習，幾乎沒有時間做運動。他們的情況比美國的同齡孩子還要糟糕，但我必須承認，我們有許多孩子永遠失去了課間休息、自由玩耍和沒有大人陪伴的時間，情況沒有好到哪裡去。難怪他們會在一個非常遙遠的星系中相遇。

金珠允希望幫助這些家庭，讓親子之間找到相互尊重的權力平衡，使科技和人際互動處於均衡狀態，也為青春期前的焦慮、精力和好鬥情緒找到更健康的宣洩出口。她相信戶外時間可以提供這些幫助。「在大自然，他們必須動用所有肌肉和感官，他們發展身體感覺，他們會害怕，但也會培養出自信。他們會發展出更多自己解決問題的能力。」

科學支持她的觀點。兩項韓國研究調查了十一至十二歲符合「邊緣型科技成癮」條件的兒童，研究人員發現，每次去森林旅行兩天後，皮質醇濃度就會降低，自尊心也有顯著改善，這種益處持續了兩週。該研究的主要作者、忠南國立大學森林環境與人類健康實驗室的朴范鎮（音譯）教授表示，在森林的時間也會使他們感覺更快樂，不那麼焦慮，對自己的未來更樂觀。參觀過金珠允的課程後幾天，我前往韓國森林基金會首爾辦事處，與朴教授見面喝綠茶。

「自尊心強的孩子成癮的可能性較低。」他告訴我。基於這項研究結果，他建議青少年每兩週到大自然中待上半天左右的時間。「這項研究的理念很簡單。」他解釋說，對這些孩子來說，「水果不會比垃圾食品好吃，在森林的時光也不會比打電動有趣。我們不能讓他們停止打遊戲，但隨著年齡的增長，我們會走到一個判斷的引爆點，就是我們需要吃更多水果，而不是垃圾食物。只要在森林待一段時間，他們就不能玩遊戲，只要在森林玩耍本身就是一種樂趣，就可以讓這個引爆點提前到來。」

朴范鎮讚賞透過工作和學校課程將公民帶入森林的國家計畫。韓國人在城市密集生活的時間已經夠長，至今已有兩三代人了，他們不見得知道在森林要做什麼。在師徒制的儒家文化中，森林護管員、嚮導和指定的空間都是有意義的——這片山坡是用來療養的！這是一個純粹的休閒場所！在這個平臺上紮營！朴范鎮指出，許多韓國人對回歸大地沒有任何渴望，因此儘早抓住孩子，讓他們學會在大自然感受到輕鬆尤為重要。說來有趣，昆蟲學家E. O.威爾遜認為青春期之前是制約學習親生命的最佳時機。

朴范鎮說，推廣森林運動越早越好，他擔心對大自然的喜愛會一代一代減少。「兒童和年輕一代沒有真正體驗過大自然，有許多人認為森林很髒或很可怕，我們現在不改變他們的心態，以後就沒機會了。」現年四十歲出頭的朴范鎮在城市長大，少有時間從事戶外活動，由於他所學到的東西，他常常帶著自己的兩個孩子去健行，這是他們的「蔬菜」，他們乖乖地吃下。

對朴范鎮來說，大自然從某些角度來說是一個消極空間，是躲避禍害的避難所。即使是在城市裡，大自然也是反城市的。「城市是一間人類動物園，我認為學校也是人類動物園。」朴范鎮繼續說：「我們不能放棄城市和學校這些體制，森林是我們這些活在人類動物園的人類的唯一出口。」

如果韓國人能夠學會熱愛大自然，也許誰都可以。

4

鳥腦

Birdbrain

「大多數的人從來不聆聽。」[1]

——海明威（Ernest Hemingway）

整個夏天，我試圖找到一個安靜的地方。我花了一些時間，在不同的環境戴上攜帶式腦電波儀，想知道哪些地方能讓我處於大腦狀態的聖杯，即禪宗大師、沖浪者和詩人所推崇的「心如明鏡」境界。我要的是α波。當α波的電流主導大腦某些部分時，這代表了你不因小事分心，不為解決問題或飲食計畫（我的煩惱）而煩惱。養育子女——任何類型的照顧——都是一連串細小而無休止的決定，太多時候我承擔著整個家庭的執行

---

1 From Hemingway's letter of advice to a young writer, reported in Malcolm Cowley, "Mister Papa," *Life*, Jan. 10, 1949, p. 90.

功能，幾乎都聽到自己的大腦在跺腳，想要消除搗亂的α波。那是油炸大腦的聲音。

撇開日常煩惱不提，環境噪音會阻止α波的出現，因為我們不是注意到干擾，就是積極抵抗自己去注意干擾，這也是工作。在家附近的城市公園散步時，我無法達到α區，連在緬因州一條綠樹成蔭的鄉村道路上也到達不了，可能是因為附近的施工噪音，那噪音最後還把我惹火了。後來分析軟體讀取我的腦電波時，回傳了這樣一條訊息：「這顯示在這種狀態下你積極地處理訊息，也許你應該更常放鬆！」

連軟體也要吼我。我想吼回去，但這麼做不對，在氣頭上是不會有α波的。

而令人氣惱的事實是，這個世界正在變得更喧囂。

你聽得到嗎？「噪音」是不需要的聲音[2]，人類活動所造成的噪音量，大約每三十年會增加一倍，比人口成長還要快。在一九七〇至二〇〇七年間，美國公路交通量增加了兩倍[3]，根據美國國家公園管理局的數據，美國四十八個州百分之八十三的土地距離公路不到一公里，這個距離足以聽到車輛聲響。以飛機來說，這些數字甚至更驚人：自二〇〇二年以來，客機的班次增加了百分之二十五[4]，每天有三萬架商用飛機在天上飛[5]。二〇一二年，美國聯邦航空管理局預測，未來二十年航空運輸量將增加百分之九十[6]，這個數字太驚人了。一般來說，人類活動會使背景噪音增加約三十分貝[7]，人造聲景甚至還有個名字：anthrophone。

上述這類統計數字讓華盛頓州音響工程師戈登金亨普頓（Gordon Hempton）非常沮

喪，決定在全美尋找碩果僅存的安靜之地。據他統計，在全美國大陸，只有不到十幾個地方，在黎明時分起碼有十五分鐘聽不到人為噪音，這是一個低到可笑的標準，但仍然那麼遙不可及。亨普頓發現，全美最安靜的地方，是奧林匹克國家公園霍河雨林中的一處。如果你想聽一聽沒有我們的地球聲音，可以到北緯四十七度五十一．九五九分，西經一百二十三度五十二．二二一分，海拔二〇六公尺的地方，有一根長滿青苔的木頭，上頭有一塊紅石頭標記。但記得早一點到，因為到了中午，即使在那裡，每小時也會聽到十幾次飛機飛過的聲音。噪音可能是美國最普遍的污染物。

---

2 Kurt Fristrup, senior scientist, National Park Service, from a talk at the AAAS conference in San Jose, California, Feb. 16, 2015.

3 Jesse R. Barber et al., "Conserving the Wild Life Therein: Protecting Park Fauna from Anthropogenic Noise," *Park Science*, vol. 26, no. 3 (Winter 2009–10), p. 26.

4 作者註：從二〇〇二年開始，美國運輸部 TranStats 網站提供航班數量等其他數據，網址為 http://www.transtats.bts.gov/Data_Elements.aspx?Data=1, accessed June 2015.

5 From the National Oceanic and Atmospheric Administration, http://sos.noaa.gov/Datasets/dataset.php?id=44, accessed 6/16/16.

6 FAA Aerospace Forecast Fiscal Years 2012– 2032, quoted in Gregory Karp, "Air Travel to Nearly Double in Next 20 Years, FAA Says," *Chicago Tribune*, March 8, 2012, accessed Feb. 2015.

7 Fom the National Park Service, see graphic at http://media.thenewstribune.com/smedia/2014/05/17/16/18/1nMD0K.HiRe.5.jpg, accessed Feb. 2015.

搬來華盛頓特區以前，我從來沒想過飛機噪音。我在紐約一棟公寓的十一樓長大，在那裡城市的聲音大多朦朧模糊，很有魅力：一閃而過的墨西哥街頭樂隊，遠方的救護車，夏天的暴風雨。在西部，飛機較少，而且距離更遠。但是，我現在住的街坊，是全城最吵的地方之一，這要歸功於沿著波多馬克河呼嘯進出雷根國家機場的飛機。從清晨開始，噴射機以大約每兩分鐘一架的頻率從上空飛過，平均分貝在五十五至六十之間，但有時飆升得更高（六十分貝足以蓋過正常的講話聲；超過八十分貝就會損害聽力）。[8]

我搬進來時就知道這一點，鄰居向我保證，我一定會學會忽視飛機，他們說：「過了一年左右，你就再也聽不到它們了。」但兩年多過去了，我還是聽得到飛機聲，那聲音令我抓狂。在屋外吃東西很難，也不可能開著後門講電話。我去河畔散步，飛機和例行的維安直升機不時掠過，我感覺身處在軍事區。我往上一看，可以看清機身上的標誌，有時甚至分辨出邊疆航空公司尾翼上的主題動物，是野馬！這是華盛頓特區觀賞野生動物的方式。

還有一些景觀美化競賽造成的討厭聲音：除草機、割草機、吹葉機，軋軋軋，嗒嗒嗒。還有——如果我非常不走運並在趕稿——圓鋸機。這些都是近距離的折磨，而且未必是新近才有的。維多利亞時代歷史學家湯瑪斯．卡萊爾（Thomas Carlyle）在倫敦書房替普魯士國王腓特烈大帝寫傳記時，不會聽到引擎聲，但雞狗馬車卻吵得他火冒三丈。他一氣之下，花了一大筆錢，找人在閣樓蓋了一間隔音房。這間房間蓋得密不透風，差點要了他的命。他點了一支菸，就被煙燻得昏過去，幸好女傭救了他。[9]

加拿大作家查爾斯．蒙哥馬利（Charles Montgomery）在《是設計，讓城市更快樂》（*Happy City*）一書中寫道：「生活在客機飛行路線之下，不利於快樂……但我們未必會對環境刺激做出合乎邏輯的反應。」沒錯，合乎邏輯的反應是回去科羅拉多州。我的鄰居也不完全是錯的，人會習慣聲音，至少有幾分習以為常。我們都聽過這樣的故事，有人說如果太安靜他們就睡不著，或者沒有噪音就無法工作。有些作家使用手機應用程式，在居家工作時複製出咖啡店的聲響。我就認識一個紐約人，他現在住在鄉下，但晚上會虔誠地播放紐約第十四街的錄音——包括警笛在內的種種聲響——以便入睡。

我一直希望這種適應噪音的過程會發生在我身上，希望我習慣城市聲音，甚至受到城市聲音的薰陶——但這種事並沒有發生。我甚至了解到徹底習慣有點像是妄想，只因為你不再注意到某些聲音，並不代表你的大腦沒有多多少少對它們作出反應。科學家和監管機構曾經對噪音污染感興趣，因為它對聽力損失的威脅確實存在，而且受到影響

---

8 From the 2013 Annual Aircraft Noise Report of the Metropolitan Washington Airports Authority, http://www.mwaa.com/file/2013_noise_ report_final2.pdf, accessed Feb. 2015.

9 I read about Carlyle's attic in Don Campbell and Alex Doman, *Healing at the Speed of Sound: How What We Hear Transforms Our Brains and Our Lives* (New York: Hudson Street Press, 2011), Kindle location 566.

的人年齡越來越小。但是，即使音量大幅降低，噪音帶來的風險也遠遠超出我們的耳道。在幾項有趣的研究中，受試者在飛機、火車和交通噪聲中睡覺，同時接上心電圖監測器。無論他們是否曾經醒來，他們的交感神經系統都對聲音做出明顯的反應：心率加快，血壓上升，呼吸也更為急促。在一項持續三週的研究中，受試者沒有顯示出適應了噪音的生物跡象[10]，而在另一項持續了數年的研究中，生物效應反而變得更糟。

從演化的角度來看，這種潛意識的警覺是有道理的。睡覺或冬眠的動物仍然必須保持對危險的反應能力。在動物世界中，物種經由演化失去視覺（如蝙蝠和海底那些真的很醜的魚）或嗅覺（如海豚，或越來越多的人類）的情況不罕見[11]，但脊椎動物透過演化失去聽覺？這種例子倒還沒聽說過。聽覺是我們主要的「警報」和「定向」感官，不只告訴我們有東西在那裡，還告訴我們它從哪個方向來。聲音也會引發我們最強烈的驚嚇反應。

當然，大自然不打算讓我們的神經系統每六十秒就處理一次轟隆隆的噴射機。響亮的人為噪音對我們會有什麼影響呢？這對我們來說不是好消息，對鳥類、鯨魚和其他野生動物來說也一樣，人為噪音顛覆了牠們的繁殖和覓食習慣。許多鯨魚死亡事件由海軍聲納造成，聲納的振動確實可以導致頭顱爆炸。在優勝美地國家公園的偏遠地區，百分之七十的時間可以聽到飛機聲音，讓周圍的噪音提高了約五分貝，這足以使獵物物種聽到掠食者靠近的距離縮短百分之四十五[12]。實驗室實驗則顯示，當雌性灰樹蛙聽到交通噪音時，就算找得到呼喚交配的雄蛙，也需要更長的時間才能找到[13]。而且，牠們還不能在汽車後座聆聽浪漫音樂。

聲音的設計讓大腦得以快速處理，聲波經由空氣傳播，與耳膜碰撞，耳膜根據音量和振幅來回擺動。神經細胞接收到這些擾動，發送信號至聽覺皮質、腦幹和小腦，這些部位合力處理恐懼、覺醒和運動[14]。至於愛爾蘭哲學家喬治．柏克萊（George Berkeley）率先提出的那個老問題：「假如一棵樹在森林倒下而沒有人在附近聽見，它到底有沒有發出聲音呢？[15]」嚴格來說，答案是沒有。除非有知覺的大腦解釋空氣或水中的分子振

10 Barbara Griefahn et al., “Autonomic Arousals Related to Traffic Noise During Sleep,” *Sleep*, vol. 31, no. 4 (2008): p. 569.

11 Barber, p. 26.

12 Barber, p. 26.

13 Barber, p. 29.

14 作者註：想詳細知道聲音在大腦中如何傳送，請參閱 Daniel Levitin, *This Is Your Brain on Music* (New York: Penguin Group, 2006), pp. 105–6.

15 Levitin, p. 29.

動，否則聲音並不存在[16]。大腦將撞擊耳膜和耳廓的分子轉化為對聲音的心理概念。鳥會聽到樹倒下的聲音，魚也會聽到，但除非振動的分子被處理成音調，否則沒有所謂的聲音。

聽力的演化遠遠早於發聲，最終成為有用的溝通方式。我們很難知道是聽覺還是視覺在演化中先出現，但一般認為魚類在數億年前還沒有視覺之前，已經發展出對振動敏感的纖毛。除了乳腺以外，哺乳動物的複雜三骨中耳也是我們的標誌特徵。在子宮中，我們就能未見其人先聞其聲。出生時，聽覺也是我們發育最完整的感官。由於聲波透過骨骼和大腦進行振動（例如，小提琴音符的頻率會導致聽覺皮質的神經元恰好以該頻率放電），聽覺是我們用整個身體去感受的一種感官。

只有當聲音信號通過我們的緣腦，額葉皮質才會參與，比方說，把巨大的隆隆聲解釋為一架熟悉的DC-10，而不是一隻會咬人的獅子。不過，在這之間的百萬分之幾秒內，壓力反應已經開始了。史丹佛大學神經學家羅伯·薩波斯基（Robert Sapolsky）指出，大量的輕微壓力隨著時間緩緩滴下，也能累積成慢性壓力，因此即使像睡眠時聽到的飛機聲這種無害聲音，也會在壓力槽中累積。

流行病學和病例對照研究壓倒性地支持這一觀察。許多研究在歐洲進行，那裡高密度社區圍繞著繁忙的機場，研究人員很容易取得適用的健康記錄。在一項針對兩千名四十歲以上男性進行的研究中，環境噪音超過五十分貝，高血壓發病率會增加百分之二十[17]。在另一項針對四千八百名四十五歲以上成年人的研究，夜間噪音每增加十分貝，高血壓發病率就會上升百分之十四。健康專家研究波恩機場周遭近百萬居民後發現，生活在噪音超過四十六分貝的婦女，與生活在低於四十六分貝噪音中的婦女相比，服用高血壓藥物的可能性高出一倍。世界衛生組織（ＷＨＯ）認為，歐洲每年有數千人死於高背景噪音引發的心臟病和中風。

在慕尼黑，研究人員在一座國際機場開通前後的兩年多時間裡，對數百名兒童進行追蹤調查，也觀察了對照組（生活在離機場不算太近、條件相仿的兒童）。在航班開始起降後的六個月和十八個月，在嘈雜環境中的孩子，壓力荷爾蒙腎上腺素和去甲腎上腺素幾乎增加了一倍，他們的收縮壓上升了五個單位（生活較安靜的鄰居孩子的血壓則上升了兩個單位）[18]。

迄今為止規模最大也最引起驚恐的研究中，研究人員對英國、西班牙和荷蘭主要機

---

16 Levitin, p. 24.

17 Martin Kaltenbach, Christian Maschke, and Rainer Klinke. “Health Consequences of Aircraft Noise.” *Dtsch Arztebl Int*, vol. 105, no. 31-32 (2008): pp. 548–56.

18 Gary Evans et al., “Chronic Noise Exposure and Physiological Response: A Prospective Study of Children Living Under Environmental Stress,” *Psychological Science*, vol. 9, no. 1 (1998): pp. 75–77.

場附近的幾千名小學學童進行追蹤調查，研究由歐盟資助，於二〇〇五年在《刺胳針》（*Lancet*）上發表。他們發現噪音對閱讀理解、記憶和過動症有著顯著影響，而且呈線性相關：噪音每增加五分貝，閱讀成績下降相當於落後兩個月，因此，在噪音增加二十分貝的社區，孩子的閱讀成績幾乎等同於落後一年（結果已經根據收入和其他因素進行了調整）。「你無法聽到自己的思考」——這句話是有幾分真。

一篇噪音方面的重要文獻回顧論文的作者曾嚴峻指出：「不同類型的壓力反應可能……對重要身體功能的平衡產生不利影響，影響包括心血管參數，如血壓、心臟功能、血清膽固醇、甘油三酯、遊離脂肪酸、透過增加血漿黏度來阻止血流的凝血因子（纖維蛋白原）……可能還有血糖濃度。[19]」

這些健康影響極為嚴重。坦白說，我很驚訝沒有什麼人知道，而飛行路線的房地產價值似乎也沒有反映出來，至少在華盛頓特區沒有。讀完這些研究報告後，我用手機下載了一個分貝計。為了逗孩子開心，我屋裡屋外跑來跑去測量噪音，結果令人沮喪，差不多就是我讀到研究報告中與高血壓及學習遲緩有關的噪音量。我要了一副降噪耳機當耶誕節禮物，在家裡工作時經常戴著。雷根國家機場限制夜間飛行，但世界上還有許多國際機場沒有這種規定。技術提供了若干的希望：近年來，噴射機越來越安靜，甚至無聲直升機也正在開發中。就算只是降低一個分貝，也會帶來改變。

有趣的是，研究人員也描述聽到這些噪音的另一個結果——心煩。聽起來不太科學，但事實證明它在我們對噪音的反應中發揮著重要作用，因此也是壓力。這是一個簡單的概念：你越是被飛機／火車／卡車給惹得心煩意亂，你的感覺就越糟。壓力不只是一種生理反應，也是一種可以透過心態（心理學家有時稱為「框架」）來調解的反應。這就是為什麼從懸崖邊滑雪進入陡峭的滑道時，腎上腺素會讓一些人充滿活力，既亢奮又專注，有些人則恐懼到膝蓋發軟。

我意識到這對我來說不是一個好兆頭，因為我還會刻意對飛機揮拳頭。但願我不會變得像八十二歲的弗蘭克·帕達斯基（Frank Parduski）一樣，《新科學家》（*New Scientist*）雜誌封他是「世上第一位反噪音烈士」[20]，因為他去騷擾一個摩托車騎士，想讓騎士的「二行程引擎坐騎」安靜下來，結果反而遭到摩托車輾過。但是，如果告知國家公園的遊客，頭頂上方的飛機噪音來自重要軍事演習，許多遊客反映他們感受到的干擾降低了。如果你不介意煽動你的純真本性，那麼這是一個很好的技巧——這不是飛機；這是愛國心。

有若干證據顯示，更內向或神經質的人更容易被噪音惹惱，他們也不太可能習慣噪音。另一方面，噪音越大聲、越擾人，你就越可能感到煩躁，這有點像先有雞還是先有

19 Kaltenbach et al., 2008.

20 Campbell and Doman, *Healing at the Speed of Sound*, Kindle location 2466.

蛋的問題。不管你喜不喜歡飛機，你的大腦仍然需要努力工作才能忽略它們，沒有人能完全置若罔聞。

美國國家公園管理局對噪音污染異常地有興趣，因為它在聯邦政府的授權下運作，應當保護聯邦政府的資源，包括自二〇〇〇年以來的自然聲景。這其實是一項不可能的任務，但生物聲學科學家柯特．弗里斯楚（Kurt Fristrup）說的很好，在噪音上，小管制就能有大改變。弗里斯楚在聽起來相當浪漫的「自然聲音和夜空」部門工作，負責協調該單位的科學工作。我想像工作人員戴著土頭土腦的耳機，穿著夜光T恤忙來忙去，衣服畫著他們最喜歡的類星體。弗里斯楚的研究議程，不只包括記錄人為噪音對遊客和野生動物的不良影響，也包括記錄噪音消失的有益影響：我們為什麼要保護自然聲音？它們對我們有什麼作用？弗里斯楚本打算在哈佛大學攻讀生物醫學工程，不料遭到古生物學家史蒂芬．傑．古爾德（Stephen Jay Gould）和演化生物學家E. O.威爾遜（E. O. Wilson）的半路攔截，意外成了聲音專家，激發出親生命本能。現在他將工程學應用於演化、生存和生態系統健康的概念，他告訴我：「我們都是經由感官與環境互動，所以任何的污染不但會影響我們的生活結構，還會影響我們與其他一切事物的聯繫。」

為了更了解聲音如何改變我們的大腦，也為了弄清楚我對噪音的敏感程度，我斗膽來到賓州州立大學的聲音實驗室，見到了彼得．紐曼（Peter Newman）和德瑞克．塔夫

（Derrick Taff）。這兩個年輕人本來是公園巡查員，後來成了娛樂公園旅遊管理系的社會科學家，與弗里斯楚的團隊一起工作。紐曼一開始也不是研究聲音的，當我們在吵鬧的學校自助餐廳中穿梭時，他向我解釋說，他對公園和人群都很感興趣，正在以紅杉古木聞名的繆爾森林國家紀念公園進行遊客調查。

「我們問遊客，如果公園有一件事需要解決，那會是什麼？」他解釋說：「遊客說他們希望公園更安靜一些。我很驚訝，原來這是一個大問題，但這些都是古老的樹木，帶有原始的感覺，遊客認為這裡應該要是安靜的。後來我們回頭分析他們使用的詞彙，發現都是情緒非常飽滿的詞彙，像是『舒緩』、『平靜』這樣的字眼。這一點對我們來說很有意思，研究就是從這裡開始切入了健康領域。」（這項調查很有影響力：穆爾森林現在開闢了「靜音區」，如同美國鐵路公司Amtrak的靜音車廂，那裡不能講電話，聲音必須放柔和。這個規畫讓背景噪音降低了三分貝，足以讓聆聽面積擴大一倍，所以以前聽到的鳥叫是在你前面十公尺的地方，現在你可以聽到二十公尺外的鳥鳴，那可是多了很多很多的鳥。）

紐曼和塔夫目前在大學的聲學社會科學實驗室（Acoustics Social Science Lab）做實驗，有人注意到實驗室名稱縮寫很像混蛋（asshole），所以把名字改了一下。除此之外，紐曼、塔夫和同事發現，人為噪音不只讓公園聽起來更糟，就連看起來也會更糟。比起沒有聽到噪音的遊客，聽到巨大車輛噪音的遊客對公園景色的評價低了百分之三十八（摩托車聲音影響最大，其次是雪地摩托車和螺旋槳飛機）[21]。這與我們的直覺恰好相反，原來聲景也能影響風景。想一想，我們錯過了多少美景啊。（在城市中則是相反的效果，聽到鳥鳴聲，我們會認為城市環境更有吸引力。[22]）

紐曼和塔夫改變方向研究人類健康後，決定與約書亞・史密斯（Joshua Smyth）合作。史密斯是賓州州立大學生物行為健康心理學家，他所感興趣的不是聲音如何擾亂你的心理，而是如何能讓你感覺更好。聲音能成為干預或舒緩壓力和憂鬱的良藥嗎？這個問題對紐曼和塔夫有很大的吸引力，因為自然聲音是公園需要在為時已晚之前妥善保存的資源，如果自然聲音對我們有好處，他們想要了解好處是什麼。他們熟讀大自然有助心理健康恢復的相關文獻，認為聲音是大自然中極有潛力但未被重視的一部分。

為了釐清聲音這一塊資訊，並看看它對我的影響，史密斯讓我參加他目前正在進行的實驗。首先，他幫我接上心率監測器，實驗過程中，我會一直戴著。然後他讓我填寫「溫氏噪聲敏感度量表」，量表問了一堆我對各種類型噪聲（從音響到街道交通等等）的態度問題。我的分數是五・二分，成人的平均分數是四分，大學生的平均分數是三・五分，因此我在噪音敏感方面落於第八十八個百分位，這不奇怪。但在一個簡短的性格測驗中，我被認為不太神經質，隨和程度中等（毫無疑問，從搬到華盛頓特區後，我變得更神經質，更不合群）。

接下來，我把唾液吐進試管，檢查測試前的皮質醇濃度。好玩的部分來了，為了判斷自然聲音是否有助於「恢復」受試者的心理，史密斯必須先給他們施加壓力。公開說話和數學考試是很多人最怕的兩項任務，所以我拿到了一支筆、幾張紙，被告知要準備一則簡短的演講，說明為什麼應該雇用我從事我夢想的工作。準備到一半時，我的筆記突然被拿走，而且被要求站起來，對著一面大鏡子說話，鏡子後面坐著一群不露臉的裁判。在五分鐘的演講中，我被打斷好幾次，並被告知要大聲一點。後來我發現，這種痛苦的考驗叫做「特里爾社會壓力測試」（Trier Social Stress Test，經常包括了心算，通常是反覆從一個四位數中減去13一類的數字）。我想特里爾一定是什麼虐待狂，終其一生都在努力把人嚇得屁滾尿流，結果卻發現這項測試原來是以德國特里爾大學命名的，測試一九九三年在那裡制定。這個測試非常有效：我明知沒有「裁判團」，仍然表現出典型的反應，心率在演說過程中從六十多增加到九十多，皮質醇濃度（後來發現）從六·七mmol/l上升到十二·一mmol/l。將皮質醇稱為壓力荷爾蒙的說法太過簡單，但較低的濃

---

21 David Weinzimmer et al., "Human Responses to Simulated Noise in National Parks," *Leisure Sciences: An Interdisciplinary Journal*, vol. 36, issue 3 (2014): pp. 251–67.

22 Marcus Hedblom et al., "Bird Song Diversity Influences Young People's Appreciation of Urban Landscapes," *Urban Forestry & Urban Greening*, vol. 13, no. 3 (2014): pp. 469-474. 另一個有趣的事實是，聽到別人的聲音會削弱公園遊客的記憶。See Jacob A. Benfield et al., "Does Anthropogenic Noise in National Parks Impair Memory?" *Environment and Behavior*, vol. 42, no. 5 (2010): pp. 693–706.

度確實通常代表著較低的壓力。這種測量方法有多可靠呢？研究人員也是爭論不休（皮質醇除了在一天中會自然變化，也會因生理週期而有所改變，因此研究人員經常以男性受試者來研究）。

接下來，史密斯隨機給予受試者分配三種恢復練習中的一種：觀看十五分鐘有大自然聲音的大自然影片，觀看十五分鐘有大自然聲音以及有引擎或馬達聲音的大自然影片，或者只是坐在一個沒有影片的安靜房間。我的影片開始播放了，是一個拍攝自優勝美地的簡單場景：夏天的草地，幾隻啁啾的鳥兒，一片藍天。但幾分鐘後，我聽到了卡車啟動的聲音，接著又安靜下來，然後再次響起螺旋槳飛機的聲音。我被分配到第二種情境，再次表現出典型的反應：大自然影片開始播放後，我的心率立即降到六十多的基線範圍。當卡車隆隆作響時，我的心率卻每分鐘增加十下，過了一會兒才又降了下來，在看了更寧靜的大自然影片之後，它又陡降到每分鐘五十多下，我幾乎像是死去一般地放鬆了。當二號噪音出現時，我的心率重新上升，不過沒有第一次那麼快。在這部分實驗中，我的皮質醇濃度為八．二，反映了我幾乎恢復但不完全恢復的狀態（記住，我最初的濃度是六．七，演講時是十二．一）。

史密斯還記錄了我的心率變異（ＨＲＶ），這個指標正迅速成為生理壓力測量的寵兒，越來越多的科學家、醫師和體育教練使用它。我在韓國健行前後，也被監測了心率變異，結果顯示我的血管增厚。心率變異理解起來很複雜，尤其當時還得透過翻譯，基本上就是即時測量自主神經系統對環境中微小事件做出反應和恢復的速度。你的心臟就像一名舞者——放鬆時，會像天鵝一樣翩翩起舞，變化很大，這一點是好的。但是當你有壓力時，這種變異性會收縮到一個更窄的範圍，舞者跳著跳著就抽筋了。有些人的心率變異長期偏低，原因涉及到許多與壓力有關的健康，如心血管疾病、代謝性疾病和過早死亡。在演講測試中——以及在巨大的噪音中——我的心率變異變小了。

噪音，至少對我來說，確實是個問題。測試顯示，對一個噪音敏感的人來說，在城市環境中徹底放鬆比較困難，無論城市是否有漂亮的公園和築巢的鴨子。按照史密斯的說法：「你的恢復顯然因為體驗到噪音而被打亂了，至少有一分鐘的延續效應影響到你的恢復。對你來說，在公園散步時，大自然的好處可能因為飛機噪音而抵消，這些噪音破壞了你對美好風景和聲音的體驗，它的壓力是演講任務的一半，這些影響不能輕忽。」

史密斯根據自己的研究，對我們這些敏感型的人提出幾點建議：利用耳機、辦公室絕音建材等方式，設法減少接觸令人討厭的噪音；如果做不到，那就試試改變我們對於噪音的態度——也許可以這樣想：有一天我會搭著那些飛機逃出華盛頓特區——努力體驗正向的聲音和安靜的地方。

他說：「我們應該把聲景想成一種藥，它就像一種藥丸。我們把運動當成一種療法，你也可以把聲音或在公園散步當成處方。每天到公園走二十分鐘，走一輩子，或者你可以把它當成一種急性壓力的干預活動，你有壓力時，就去一個安靜的地方。」

史密斯甚至認為，與許多獲得更多注意的方法（如冥想）相比，這種以大自然為主的短時間干預可以更有效地幫助更多人。史密斯說：「冥想獲得所有的榮耀，這很不合理，有七成的人達不到標準。」也不是每個人都喜歡大自然，但幾乎人人都樂見噪音消失，至少偶爾如此。

我們今日可能崇尚絕對的寧靜，但英國藝評家約翰．羅斯金（John Ruskin）寫道：「寂靜的空氣不甜；只有充滿低沉流動的聲音——鳥聲喳喳，蟲鳴唧唧——才是甜的。」[23]對於大多數人來說，大自然的聲音能夠撫慰人心，有三種聲音尤其突出：風聲、水聲和鳥聲，它們是有益於健康的聆聽三重彩。（根據神經學家暨音樂家丹尼爾．列維廷在《迷戀音樂的腦》〔*This is Your Brain on Music*〕中的說法，最喜歡的音樂和親愛的人的聲音可能最讓人快樂，幾乎吸引了大腦的每一個部分。）

在《人類的由來》（*The Descent of Man*）中，達爾文用了十頁的篇幅描述鳥鳴，六頁篇幅描述人類的音樂，他指出這兩種聲音都源於性選擇，是吸引配偶的欲望[24]。一如往常，他說對了。英國人愛鳥，愛到英國廣播公司BBC每天會播放九十二秒鳥鳴的地步，英國石油加油站最近也開始在洗手間播放鳥鳴[25]。某報報導說：「這麼做的目的是創造一種精神上的新鮮感。」祝他們好運。

「新鮮感」這個觀點似乎有些道理。按照英國聲學顧問朱利安·崔蘇爾（Julian Treasure）的說法，鳥兒在晨間歌唱，所以我們覺得鳥叫與機靈、安全有關連，聽到了鳥叫，那麼這一天世界一切將正常運作。這就是我們在演化過程中聽到鳥鳴的感受，當你聽不到鳥的聲音，那就是出了狀況。此外，鳥鳴是隨機音樂，隨意而不重複，所以我們的大腦不會把它理解成一種語言，而是當成背景配樂。事實上，鳥鳴與人類創造的音樂有些不可思議的相似之處，在某種無意識層面上，它的音域和專業技巧可能刺激著我們的快樂音樂神經元。法國前衛作曲家奧利佛·梅湘（Olivier Messiaen）將鳥鳴融入到作品中，他是如此形容鳥兒：「牠們是我們對光、對星星、對彩虹、對歡快歌聲的渴望。」

褐鶇能唱兩千首歌，牛鸝有四十種不同的音調，一隻求偶的蒼頭燕雀在一季中可能唱上五十萬次。澳洲琴鳥是世上最厲害的模仿者，能模仿電鋸、汽車警報和相機快門聲（這些聲音反映出其棲息地情況並不大理想）[26]。隱居鶇的旋律豐富，在其可識別音高

---

23 Ruskin quote from "Unto This Last" (1862), cited in Jonathan Bate, *Romantic Ecology: Wordsworth and the Ecological Tradition* (London: Rutledge, 1991), preface.

24 On Darwin, I gathered these page counts from Gordon H. Orians, *Snakes, Sunrises, and Shakespeare: How Evolution Shapes Our Loves and Fears* (Chicago: University of Chicago Press, 2014), Kindle location 1877.

25 Denise Winterman, 'The Surprising Uses for Birdsong', *BBC Magazine*, May 8, 2013, http://www.bbc.com/news/magazine-22298779, accessed February 2015.

中，最常在某個遵循泛音音程的基頻倍數上唱歌，發現這一點的研究人員名叫——我不騙你——愛蜜麗・杜立德（Emily Doolittle）[27]，是西雅圖康沃爾藝術學院的作曲家。

鳥類和原始哺乳類從一個共同祖先分化，至今已有三億年過去了，但人腦與鳥腦中負責聽覺、處理語言和創造語言的部分仍意外地相似，與其他靈長類動物相比，人類與鳴禽有更多控制語言的相同基因，這是因為人類和鳥類都演化了這些語言中心，使用相同的古老神經硬體，特別是調節情緒的區域，也就是鳥類弓狀皮質櫟核和人類的基底神經節[28]。大家都知道音樂能觸發情感，但莫札特的音樂能讓我們流淚、顫抖和歡喜（主要是經由中腦獎勵途徑釋放多巴胺）[29]，鳥鳴卻很少受到神經科學家的關注。

儘管如此，我們的「類鳥腦」神經元可能有助於解釋我們與鳥鳴雀噪的原始聯繫。在鳥類和人類中，對語言和音樂的聲音做出情感反應，是交配、交流和生存方面非常重要的能力。給推特（Twitter，原意「唧唧喳喳」）命名的人，可不是隨便亂取名字，利用鳥鳴進行的心理學研究持續證明鳥鳴可以改善情緒，提高警覺。利物浦一所小學的實驗發現，聆聽鳥鳴的學生在午餐過後比沒聽的學生更加專心。在阿姆斯特丹史基浦機場，有間休息室播送鳥鳴、擺放假樹，深受旅客的喜愛。英國顧問崔蘇爾建議每人每日至少聆聽鳥鳴五分鐘。在撰寫這一章時，我一直利用手機應用程式播放鳥鳴，窗外白雪皚皚，我的手機裡卻有活力十足的春鳥啼春。確實有影響，而我的貓咪當然也更清醒了。

英國環境心理學家艾莉諾・拉克里夫（Eleanor Ratcliffe）說：「我所做的就是弄清楚為什麼它會讓人感覺更好。」拉克里夫看起來不像科學家，反而像個高中生，留著一頭紅長髮，穿著牛仔夾克，遮住了左臂上一部分的鸚鵡刺青。她承認自己比較喜歡都市，沒那麼熱愛大自然，但她說的很好，「人未必要身處大自然才會對大自然感興趣。」去年夏天，我在維多利亞和亞伯特博物館的院子與她相約喝茶，博物館是能恢復精神的城市空間的優秀範例。她打開筆記型電腦，鳥鳴的錄音夾在《黑道家族》（The Sopranos）影集和靈魂樂混音之中。

她在實驗室播放鳥鳴，詢問受試者的感受。「我發現最重要的事情是，大家認為鳥的聲音可以提振精神，不過這因人而異，也要看是什麼鳥。」不是所有鳥都受到相同

---

26 作者註：褐鶇等鳥類的傳聞出自 http://www.pbs.org/lifeofbirds/songs/, accessed February 2015.

27 譯註：與通曉各種動物語言的兒童讀物人物「杜立德醫師」同名。

28 作者註：關於鳥類大腦結構與基底神經節的比較，請參閱 Johan J. Bolhuis et al., "Twitter Evolution: Converging Mechanisms in Birdsong and Human Speech," *Nature Reviews Neuroscience*, vol. 11, no. 11 (2010): pp. 747–59.

29 作者註：關於共同演化以及鳥類和人類在基因表達和大腦結構上的驚人相似的資訊，請參閱 Bolhuis, but also Cary H. Leung et al., "Neural Distribution of Vasotocin Receptor MRNA in Two Species of Songbird," *Endocrinology*, vol. 152, no. 12 (2011): pp. 4865–81, and Michael Balter, "Animal Communication Helps Reveal Roots of Language," *Science*, vol. 328, no. 5981 (2010): pp. 969–71.

的喜愛。許多人不喜歡松鴉的沙啞叫聲，也不喜歡烏鴉和禿鷹的嘎嘎聲，拉克里夫就像品酒行家談葡萄，開始一一評論起鳥的聲音。「某些聲音，很輕柔，很高亢，很歡快，很平滑，比吵鬧的和粗啞的更能讓人恢復精神。」她也說：「典型的鳴禽，啾啾啾，綠雀、畫眉、知更鳥、鷦鷯，都有音樂般的高亢顫音，相當複雜，也相當好聽，可能可以幫助我們分散對於煩惱的注意力，但它在分散注意力和過度影響之間取得了平衡。你會要一隻溫馴而不是凶巴巴的鳥。喜鵲就不能幫助恢復精神。」

拉克里夫相信聲音有助於恢復健康和體力，也很開心它終於在研究中獲得若干的注意，但聲音可能不是自然療法中的那個祕密武器。人畢竟是視覺動物，盯著牆壁聽耳機，給我們的幫助有限。儘管如此，聲音帶來的啟示還是可轉化為有創意又有用的做法。鳳凰城地標南方公園每月有一天是「寂靜星期天」，車輛禁止入內。在韓國時，我曾沿著清溪川散步，「川」這個字有點誇大，那只是一道水流，細如鮮果露從樹上流下來，或者指向太空的太空針塔。清溪川曾是一條骯髒不堪的下水道，二〇〇五年被納入時任首爾市長的李明博所發起的綠化計畫中，才從暗溝變成明渠。為了增加水流，他們從十一公里外的另一條河抽水進來反覆循環，兩岸栽種樹木和開花灌木，吸引了蟲鳥。所謂的運河「日光化」，是城市讓某些自然景觀再次讓民眾看見的方式之一，但在首爾主要目的還包括了創造新的聲音景點，對抗中央商務區既有的繁重交通聲景。

在入口處，一道絲滑的瀑布從街面傾瀉，創造出令人愉快的奔流聲。到了下面，我和洪周永（音譯）會合，他是漢陽大學建築聲學的博士生，專門研究利用水聲掩蓋交通噪音。我們沿著近五公里長的水道走了一大段路，一路閃避或散步或慢跑或野餐的民眾，幾個年輕女子站著看岸邊的鴿子。這是一個閒晃的好地方，水岸步道好處很多，其一是盛夏時節比上方馬路涼爽幾度。水流大約只有六公尺寬，不時流經岩石，穿過蘆葦。洪周永向我解釋說，有了這些新水景，路人對交通噪音的感受發生了變化，噪音仍舊可聽可聞，但你不會再去注意它。這裡的交通很吵，超過六十五分貝，但水聲同樣也很吵。他說：「小溪故意設計成聲音非常響亮，但民眾不會認為它吵，因為它是一種好的噪音，他們認為這種水聲最悅耳。」

我想起國家公園管理局柯特．弗里斯楚說過的話，除非我們學會讓城市的聲音聽起來更好聽，否則我們可能失去這種寶貴感官的範圍。他把我們成天戴著耳塞的傾向稱為「習得性耳聾」，為了自己個人的聲景，我們關掉現實世界的聲音，代價是忘記如何傾聽。而且，我們也失去了一個真正恢復精神的機會。

洪周永說：「打開耳朵，就能聽所有難以置信的微妙聲音——這是我們與生俱來的天賦，但這個天賦可能因為世代失憶症而消失。有些人的耳朵永遠沒有機會培養出對這些聲音的敏感度。」

起初，因為耗費不貲——約三．八億美元——且需要改變高架公路路線，首爾的小溪計畫遭到大力反對，現在卻是非常熱門的景點，每天有數千人來訪。當年的市長後來當上了韓國總統。

在緬因州短暫假期的最後一個早晨，我早早起床，趁孩子還在睡覺，偷偷溜出了繼母家。我戴上腦電波帽，跳上皮艇，划到一座小湖上。一邊是鄉村，有船，有碼頭；另一邊是廣袤無垠的白山國家森林。我划著槳，穿過水面三十公分厚的柔軟薄霧。我看不見船槳接觸水面，但聽到了水滴聲，還有遠處河岸的鳥啼。偶爾有飛機從上方飛過，但似乎很遙遠很遙遠。一輛汽車在湖的遠側發動，不算太壞。這裡很寧靜，我的胸膛充滿了薄霧、陽光和鳥鳴，我戴著我驕傲的腦電波王冠，女王般地向前划去。

那個早上的軟體演算報告讀起來像《星際迷航》中的天宮圖：「在大多數人中，當大腦忙於處理和回應視覺刺激時，α節奏會減弱。然而，你的大腦甚至在睜眼的情況下，也產生了大量的α波，表明你的大腦動態受遠程皮質連接的控制，你非常容易進入放鬆狀態。」

哈！我有α波！我終於騙過了機器，讓它以為我是什麼瑜珈修行者。在平靜的湖面上，有那麼一會兒，我的確是。

5

雨箱

Box of Rain

「〔當〕近視已成定局，應開處方建議患者換換環境——可能的話，來趟海上之旅。」[1]

——亨利・愛德華・朱勒（Henry Edward Juler），《眼科科學與實踐手冊》（*A Handbook of Ophthalmic Science and Practice*，1904）

「她答應給我們的房間是南面的，可以看到近距離的景色，而不是這裡對著院子的北面房間，哦，露西！」[2]

——英國作家E. M.佛斯特（E. M. Forster），《窗外有藍天》（*A Room with a View*）

城市生活的嚴重風險之一是其他駕駛人。雖然我們的大腦長期以來一直恐懼蛇和蜘蛛，但對兩噸重車輛的危險卻顯然不太敏感。與其夢見那些在夜間滑行的東西，我們真

---

1 Juler quote from Elie Dolgin, "The Myopia Boom"*Nature,* vol. 519, no. 7543 (2015): pp. 276–78, accessed March 2015.

2 E. M. Forster, *A Room with a View* (New York: Knopf, 1922), p. 13.

該做一做黃色計程車的惡夢，但這麼一來佛洛伊德的信徒就不會有那麼多樂趣了。兩年前，我七十五歲的父親，在馬里蘭州銀泉市市中心步行上班途中，遭到一輛時速五十六公里的汽車撞倒。事故原因可能是走路不專心加上開車不專心，但只有我父親被判定有責任，因為他沒有走斑馬線。

在貝塞斯達郊區醫院加護病房，護理師都在搖頭，這是他們當週看到的第三起行人事故。測速照相越來越多，但光在華盛頓特區，每年就有八百多起這樣的事故，這個數字還在繼續增加。父親斷了七根骨頭，腦部受創，沒人能預測他的恢復情況，甚至究竟能否康復。起初，他看起來還不錯，在被褥漿洗得彷彿太空時代的醫院病房，他依然黝黑強壯，貌似只是走錯了舞臺。只是這種情況很快就變了。他痛苦不堪，無法進食，而且神志不清，還聽不懂別人說的話，只能一遍又一遍嘟囔著「公寓管理費」幾個字。他不知道自己身在何處，一直試圖拔掉各式各樣的管子，然後開溜。用醫院出人意料的行話來說，他「有潛逃危險」。

我已經失去了母親，不想連父親也失去。在加護病房兩週後，他轉到以神經學成就聞名的復健醫院。華盛頓特區聚集了大量醫學研究人員、醫療設施和醫療經驗——從退伍軍人到槍擊受害者——因此這裡是發生腦損傷的絕佳地點。相信如果你早日努力康復，就可以恢復很多功能。

就是這個男人，教我熱愛大自然，教我跳過岩石渡河，教我在爬下巨石時要將身體重心往外傾斜，教我改變風帆的方向，教我穩住獨木舟。就是這個男人，即使在紐約市，也會把我們帶到陰冷的瀝青屋頂上，欣賞橘黃色太陽沉入哈德遜河。每一年耶誕節，他都做一本書給我，主題是那年夏天我們的野外之旅，書中貼著模糊不清的激流、岩石和懸崖的照片。一九七八年那本，題為「那個愛冒險的」，在他的致謝中，他點了我的名字，「這是專門為她而寫的，限量版，僅此一本。」有很長一段時間，翻閱這幾本書對我來說是既痛苦又尷尬，父親的認真，父親的多感，我翻白眼的青春期。但現在讀起來，我發現書中充滿了對我們這個離異家庭的洞見，以及大自然在他的精神世界所扮演的角色。

一九七九年，我十二歲，爸爸和女友的關係問題很多。我們到加拿大和明尼蘇達州邊界，在荒野湖泊上划了好幾週的船。在那趟旅行的照片上，我們坐在湖岸一塊寬大的巨石上，分享著一塊好大的麵包，我腰上掛著我那把新的瑞士摺疊刀。我的父親，正處於他「嗜吃葡萄堅果麥片」階段，皮膚黝黑，筋骨柔軟，留著鬍子，長髮飄飄，上半身打著赤膊。他在那一年寫道：「今年，在與女兒的長途冒險遠行中，我比過去更能找到特別的慰藉。剛開始旅行時，我的腦中仍然充滿有待解決的難題。我不太容易靠近，又暴躁易怒。然而，隨著在旅行遇到了一件又一件的事，我的焦慮變得不那麼嚴重，開始感到某種程度的平衡。我感受到一股平靜，這是我好幾個月來所沒有的感受。我和水是怎麼回事呢？」

父親在維吉尼亞州列治文爬樹長大，負責打點家裡的勝利花園[3]。他一輩子健健康康，時不時在大自然中散步，或從事其他冒險活動。如今，情況改變了，沒有什麼地方比典型醫院病房更加遠離自然景觀。他出事時，我正在為這本書做研究工作，而他要在康復中心住上一段時日，所以我知道應該要求一張靠窗的床。

例如，我偶然看到一百五十五年前南丁格爾（Florence Nightingale）的著名護理教科書，她說：「這是我照顧病人所有經驗的絕對結果，他們對陽光的需求僅次於對新鮮空氣的需求，有一件事很有趣，你可以觀察一下：幾乎所有病人躺臥時都是臉向著光，就像植物總是向光一樣。[4]」我讀過腦神經學家奧利弗·薩克斯（Oliver Sacks）的故事，他在挪威被公牛追趕，從懸崖摔下來，腿部重傷，他把恢復的經驗寫下來（不是所有作家都過著如此刺激的生活），好幾星期後，他終於出院了，能夠「撫摸活生生的植物，在經歷可怕的孤立和疏離之後，我與大自然重新建立一些基本的聯繫和交流。一部分的我活了過來。」即使我的父親無法說出他所看到的物體的名稱，陽光、樹木和鳥聲也許還是能以某種方式接觸他。

氣味和聲音我們研究過了，現在是時候好好認識我們處理周圍世界的最強感官系統：視覺。視覺對我們的情緒和生理狀態也有強大的直接影響。心理學家兼建築師羅傑·烏爾里希（Roger Ulrich）是最早研究有景觀房間對健康影響的人之一，在一九八〇年代中葉，這位研究人員好奇何以人會特地開車經過綠樹成蔭的道路，所以測量了觀看大自然幻燈片的受試者的 α 波腦電波[5]。得到相當不錯的初步結果之後，他對現實世界中的效果感到好奇，於是求助於賓州一家郊區醫院。和薩克斯一樣，他從個人經驗中發現，大自然可以幫助療癒。小時候，他的腎病經常發作，非常痛苦，長期居家臥病期間，窗外的松樹給了他無法解釋的莫大安慰。後來，身為年輕科學家，他想驗證自己的假設：自然景觀可以減輕患者壓力，臨床結果更加理想。他注意到一項一九八一年的研究結果，在密西根州，面向連綿農田樹林的牢房的囚犯（相較於監獄另一側的荒蕪庭院），大致上較少掛病號[6]。

烏爾里希研究了膽囊手術患者超過六年的記錄，有些病人被分配到窗戶能看到樹木的房間，有些只能看到磚牆。他發現擁有綠色視野的病人術後住院天數較少，需要的止痛藥更少，在護理師的記錄中也被描述態度更好。這項研究於一九八四年在《科學》

---

3 譯註：一戰和二戰期間，美國、英國、加拿大和德國都推行過「勝利花園」，鼓勵民眾在自宅或公園開闢菜園，以減輕戰時食物供給壓力。

4 Florence Nightingale, *Notes on Nursing: What It Is, and What It Is Not* (New York: D. Appleton & Co., 1860), accessed at http://digital.library.upenn.edu/women/nightingale/nursing/nursing.html in April 2015.

5 "View Through a Window May Influence Recovery," *Science*, vol. 224, no. 4647 (1984): pp. 224–25.

6 E. O. Moore, "A Prison Environment's Effect on Health Care Service Demands," *Journal of Environmental Systems*, vol. 11 (1981): pp. 17–34.

（*Science*）期刊上發表，引起轟動，被成千上萬的研究人員引用。如果你曾經留意到你的牙醫診療間天花板或牆壁上有一張大自然照片，你要感謝烏爾里希。

從那時起，從學校、辦公大樓到住宅，窗戶研究調查了每一個地方。研究顯示，自然景觀有助於提高員工的生產力，減少工作壓力，提高成績和考試分數，降低城市居民的攻擊氣焰。與感官完全沉浸在檜木林中相比，這類研究衡量的是另一種東西，研究的野心也沒那麼大，它們著眼的是「偶遇的大自然」，也就是不經意間得到的接觸，是去洗衣店途中或在句型結構圖之間瞥見的一抹綠。有的研究規模較小，似乎容易受到混雜因素影響，也許更富有、更健康和更快樂的人一開始就更喜歡親近大自然？然而，最理想的研究規模是要大，並設法排除競爭因子。

心理學家法蘭西絲·郭（Frances Kuo）是密西根大學卡普蘭夫妻又一個學術後裔，目前在伊利諾大學香檳分校主持景觀與人類健康實驗室，興趣在於設計實驗，測試卡普蘭的注意力恢復理論的邏輯。如果我們的大腦因為過多的直接注意力而感到疲勞，如果這讓我們變得易怒，那麼我們不是也更有可能變得暴力嗎？花點時間看看大自然能讓我們減少暴戾之氣嗎？如果是這樣的話，一個簡單的窗景是否足以改變我們？在她的開創性研究之中，有幾項在二十一世紀初進行，她利用芝加哥粗獷派羅伯・泰勒（Robert Taylor）所設計的社會住宅（現已夷為平地），探究景觀、暴力和認知的關係[7]。有的建築面對寸草不生的瀝青街景，有些則是面對著樹木點綴、不大不小的草坪。居民隨機分配到不同的公寓，貧困程度、毒品使用、教育程度和就業狀況都同樣糟糕。這是一個完美的窗景實驗室。

郭和她的同事威廉・蘇利文（William Sullivan）訪問了一百四十五名女性住戶（大多數住戶是單親媽媽），發現面對瀝青窗景的人比面對樹景的住戶更容易產生心理攻擊、輕度暴力和嚴重暴力。在另一項研究中，看著瀝青的住戶也報告自己有更多的拖延行為，認為自己的生活挑戰更嚴峻、更持久。郭和蘇利文知道攻擊性與衝動性有關，因此對泰勒社會住宅的兒童進行另一項研究，發現住在景觀貧瘠的公寓的孩子，控制衝動行為、抵制干擾和延遲滿足的能力較差。這個結果適用於女孩，但不適用於男孩，郭認為這是因為女孩可能待在室內時間更長，而室內的風景很重要。由於這些發現是根據問卷調查，郭和蘇利文希望有一個更客觀的衡量標準，所以接下來轉向警方報告。這些報告

7 Frances E. Kuo, “Coping with Poverty: Impacts of Environment and Attention in the Inner City,” *Environment & Behavior*, vol. 33, no. 1 (2001): pp. 5–34; Frances E. Kuo and William C. Sullivan, “Aggression and Violence in the Inner City: Effects of Environment via Mental Fatigue,” *Environment & Behavior*, Special Issue, vol. 33 no. 4 (2001): pp. 543–71.

與芝加哥另一個社會住宅有關，伊達．B．威爾斯社區的特色是有許多庭院，有的沒有綠色植物，有的是混凝土和綠色植物交混，更有一些鬱鬱蔥蔥，有草也有樹。在兩年時間，他們分析了九十八棟建築，發現綠化程度與攻擊、兇殺、偷車、入室盜竊和縱火的次數之間存在驚人的關聯[8]。與植被較少的建築相比，植被數量中等的建築經歷的犯罪事件總數少了百分之四十二，植被最少和最高的建築之間的對比甚至更為明顯。與綠化程度最低的建築相比，綠化程度最高的建築的財產犯罪減少了百分之四十八，暴力犯罪減少了百分之五十六。

郭認為，不只是綠色植物神奇地讓人進入了安詳和諧的狀態，以伊達．B．威爾斯社區的例子來說，更漂亮的庭院吸引居民走到屋外，互相認識，也可以保持警惕。研究人員也分析了居民使用庭院的頻率，詢問他們對於鄰居的看法。庭院綠化程度較高的居民報告說，他們的鄰居互相幫助，互相支持，有更強的歸屬感，參與更多的社交活動，而且訪客也更多[9]。

郭的這些研究結果獲得其他研究的支持。荷蘭一項針對一萬多戶家庭的研究發現，收入相近的人生活在更多植被的地區，孤獨感較低；另一項辦公室研究顯示，辦公室有盆栽的受試者，比辦公室沒有盆栽的受試者，在被要求分攤五美元時更為大方（盆栽！真應該有人在國會大廳放上榕樹盆栽。）出於某種原因，社會心理學家喜歡研究路怒症[10]，即使在這一方面，樹木景觀讓我們更善良的證據也很明顯[11]。在這些研究和其他研究中，綠色植物似乎會導致親社會行為和更強的社區意識，弗德瑞克・勞・歐姆斯德也有同樣的懷疑[12]。

「我向來不是自然愛好者。」郭告訴我：「當我開始研究時，我個人的直覺並不以為會有這樣的發現。但二十年後，我已經說服自己。」

這些研究指出了身邊的大自然對於健康和行為的真正影響，但並沒有解釋何以只是看著一些灌木——而非完全沉浸在大自然中——就能讓我們更健康、更善良。因此，我

---

8 Frances E. Kuo and William C. Sullivan, "Environment and Crime in the Inner City: Does Vegetation Reduce Crime?" *Environment & Behavior*, vol. 33, no. 3 (2001): pp. 343–67.

9 Frances E. Kuo et al., "Fertile Ground for Community: Inner-City Neighborhood Common Spaces," *American Journal of Community Psychology*, vol. 26, no. 6 (1998): pp. 823–51.

10 譯註：road rage，駕駛人因為道路狀況而對其他駕駛人動怒。

11 Jean Marie Cackowski, and Jack L. Nasar, "The Restorative Effects of Roadside Vegetation Implications for Automobile Driver Anger and Frustration," *Environment and Behavior,* vol. 35, no. 6 (2003): pp. 736–51.

12 Jolanda Maas et al., "Social Contacts as a Possible Mechanism Behind the Relation Between Green Space and Health," *Health and Place*, vol. 15, no. 2 (2009): pp. 586–95. The office plant study is Netta Weinstein, Andrew K. Przybylski, and Richard M. Ryan, "Can Nature Make Us More Caring? Effects of Immersion in Nature on Intrinsic Aspirations and Generosity," *Personality and Social Psychology Bulletin*, vol. 35, no. 10 (2009): pp. 1315–29.

們需要分解圖像。奈米粒子物理學家理查・泰勒（Richard Taylor）該登場了。和烏爾里希一樣，他的探索始於一段有意義的童年經歷。泰勒在英國長大，十歲時偶然發現了傑克森・波洛克的畫冊，深深為之著迷，用「他被波洛克化了」來形容或許更貼切。十八世紀怪醫弗朗茲・梅斯梅爾（Franz Mesmer）假設無生命和有生命的物體之間存在著動物磁場，波洛克的抽象畫似乎也會引發觀看的人某種心理狀態。今日泰勒五十多歲了，以興趣來說，他肯定是走達文西路線——除了在奈米粒子物理學的日常工作，他也是擁有兩個藝術學位的畫家和攝影師——但是他的長捲髮讓他外表更偏向牛頓。他的頭髮實在太過惹眼，他工作的奧勒岡大學曾在一份刊物上把他的頭髮用軟體修掉。大學所在的尤金市不全然以保守著裝標準而聞名，也許行銷部門認為他的頭髮會轉移讀者的注意力。仔細想想，我的高中物理老師正是這個髮型，肯定是流行過吧。

泰勒從未失去對波洛克的興趣——應該始終在著魔狀態吧。在曼徹斯特藝術學院時，他做了一個搖搖晃晃的鐘擺，風一吹來，鐘擺就會噴濺顏料，因為他想看看「大自然」怎麼畫畫，畫出來的成果是否像波洛克的作品（確實像）。他後來進入奧勒岡大學物理系就讀，研究最有效的電力傳輸方式：跟河川系統、肺部支氣管或皮質神經元中發現的分支一樣，多重支路功效最好。當電流穿過電視一類的物體時，電子的行進井然有序，但在可能只比原子大一百倍的新式微型裝置中，電流的秩序被打破了，更像是有秩序的混沌。電流的模式，就像肺部和神經元中的分支，實際上是「碎形」，也就是會以不同的比例重複。現在他正在利用「生物靈感」（bioinspiration）設計更棒的太陽能電板，如果自然界的太陽能電板——樹木和植物——有分支，為什麼不能有人造電板呢？思考問題時，他經常在尤金市的沃多湖划船。

幾年前，泰勒寫了一篇文章描述一個開創性的見解：「我越看碎形，就越想起波洛克的澆築畫。當我看著他的畫時，我注意到顏料在畫布上飛濺，就像電流通過我們的設備一樣。[13]」他利用測量電流的儀器，檢查了一系列波洛克的作品，發現這些畫確實是碎形的，有點像發現了你最愛的阿姨會講一種古老的神祕語言。「波洛克比科學發現早二十五年畫出了大自然的碎形！」一九九九年，他在《自然》發表了這個發現，在藝術界和物理學界都引起了轟動。

一九七五年，貝諾．曼德伯（Benoit Mandelbrot）發現，視覺上看起來複雜或混亂的大量事物其實符合簡單的數學規則，因而率先提出了「碎形」的概念。他證明了碎形圖案經常出現在大自然中高低不平的地方——雲朵、海岸線、葉子、海浪、尼羅河的漲落以及星系團。想理解不同規模的碎形圖案，不妨想像一截樹幹和一根樹枝：它們包含的角度可能與同一根樹枝和一根更小的樹枝相同，也可能與那根樹枝上的葉脈相同，諸如

---

13 Richard Taylor, "The Curse of Jackson Pollock: The Truth Behind the World's Greatest Art Scandal," *Oregon Quarterly*, vol. 90, no. 2 (2010), http://materialscience.uoregon.edu/taylor/CurseOfJacksonPollock.pdf, accessed March 2015.

此類。混亂之中可能存在碎形，碎形也可能創造出貌似混亂的東西。看到描述這些關係的方程式時，我會翻白眼，但對數學家來說，它們清晰一致，而且美麗。亞瑟・C・克拉克（Arthur C. Clarke）將「曼德伯集合」（一種說明這些方程式的甲蟲狀圖）描述為「數學史上最驚人的發現之一」[14]。

真正的碎形圖案在景觀、空間、生物，甚至馬鈴薯黴菌中都很常見，但在抽象藝術中卻很罕見。二〇〇二年，波洛克一位家族朋友的儲物櫃裡，發現了一批先前不為人知的畫作，泰勒被找去確認是否為真跡。事關重大，這些畫若確實是波洛克的作品，價值可是數億美元。泰勒的電腦分析顯示，這些畫根本沒有表現出波洛克的招牌標誌：碎形幾何。於是，這位物理學家斷定它們是贗品——一個引發爭議的大膽評定。不過，後來化學分析證明若干顏料是新近製造的，藝術家當年不可能使用，泰勒的評定得到了證實，他鬆了一口氣。碎形阻撓了有史以來最大膽的偽造陰謀。

泰勒非常好奇，大家這麼喜歡波洛克，是否有科學原因。每個人都會安裝碎形圖案當螢幕保護程式，湧向天文館觀賞迷幻燈光秀，也是出於相同的原因嗎？偉大的藝術作品真的可以簡化為一些賞心悅目的非線性方程式嗎？只有物理學家才敢問這些問題。如果物理學家這個品種沒有被宇宙的起源給難倒，當然也不會畏懼抽象表現主義。於是泰勒做了實驗，測量人在觀看有類似碎形幾何圖形的影像的生理反應。早期的研究由美國NASA資助，他們想利用可以減輕壓力的圖案裝飾太空站（不過有趣的是，他們不要會讓太空人想起遙遠地球的圖片，因為那樣會讓人太傷心）。泰勒測量皮膚電導率，發現看到數學碎形維數（簡稱D值）在一・三到一・五之間的電腦圖像時，從壓力中恢復的能力提高了百分之六十。D值測量的是粗大的圖案（從飛機上看到的海岸線、樹幹、波洛克大手一揮所創造的潑墨）與細膩的圖案（沙丘、岩石、樹枝、樹葉、波洛克的細小滴濺）的比例。碎形維數通常用一到二之間的數字表示；圖像越複雜，D值就越高。

在這項NASA工作後，泰勒又做了更進一步的研究，和瑞典專攻人類審美感知的環境心理學家卡洛琳・哈根霍爾（Caroline Hagerhäll）合作，將一系列自然照片轉換成簡單的地面形態，只有天空映襯出的碎形輪廓[15]。他們發現，絕大多數人較為喜愛D值偏低至中間的圖像（介於一・三到一・五之間）。偏好是否反映了某種精神狀態？為了找出答案，他們用腦電圖測量受試者觀看幾何碎形圖像時的腦電波，發現在同一個維度的「魔法地帶」，受試者的額葉很容易產生難以捉摸但珍貴的α波腦電波，顯示他們處於清醒且放鬆的狀態[16]。即使只是看了一分鐘的圖像，也會出現這種情況。腦電圖測量的是

14 The quote is from a documentary presented by Arthur C. Clarke, *The Colours of Infinity*, directed by Nigel Lesmoir-Gordon (1995), available on YouTube: https://www.youtube.com/watch?v=Lk6QU94xAb8, accessed June 2015.

15 Caroline M. Hagerhäll et al., "Fractal Dimension of Landscape Silhouette Outlines as a Predictor of Landscape Preference," *Journal of Environmental Psychology,* vol. 24, no. 2 (2004): pp. 247–55.

電波，或電頻率，但無法精確映射出大腦的活躍部位。為此，泰勒改用功能性核磁共振造影（MRI），藉由追蹤血液流動，準確找出大腦最賣力工作的部分。初步結果顯示，中間範圍的碎形會活化一些你恐怕已經料到的大腦區域，比如腹外側皮質（參與高級視覺處理）和背外側皮質（負責編碼空間長期記憶），但這些碎形也會影響到副海馬體，副海馬體與調節情緒有關，在聽音樂時也非常活躍。對泰勒來說，這是非常棒的發現。「我們很高興地發現〔中間範圍的碎形〕與音樂相似。」他說。換句話說，眺望大海對我們情感的影響，可能類似於聆聽布拉姆斯的音樂。

依據泰勒的描述，波洛克其實是在抽象作品中描繪大自然，也就是碎形的自然法則。泰勒相信我們的大腦能夠辨識出與大自然世界的親緣關係，而且識別速度很快[17]。波洛克偏愛的維度與樹木、雪花和礦脈相似[18]。泰勒說：「我們用電腦分析波洛克的圖案，將它們與森林比較，完全一模一樣。」這個維度不僅讓我們沉醉，也讓我們參與，讓我們敬畏，讓我們自我反省。泰勒還解釋說：「此外，接觸只需要『環境』—不用直接盯著圖案看。」例如，走在牆上有圖案的走廊，就會受到這種效果的影響。或者，在窗邊工作應當也行。泰勒不知道這些積極的影響能維持多久，但正與醫學研究人員合作，看看讓中風患者接觸碎形是否能夠恢復他們若干的大腦功能。

但是為什麼D值的中間值如此神奇，受到大多數人青睞呢？（複習一下，D值是大圖案與小圖案的比率。）例如，是什麼讓我父親這樣的人在他自製的書中吟哦：「碩大的雨點打在水面，形成對稱的十字圖案，四圍環繞著氣泡。非常超現實，也非常感人。寧靜的視覺效果讓世界的圖案看起來非常不一樣，彷彿以一種嶄新的方式體驗這個世界……不是用文字，而是用圖像。」

大自然中，許多圖案都落於中低數值的範圍，包括雲彩和景觀。泰勒和哈根霍爾有一個有趣的推測，與對世外桃源的浪漫憧憬未必有關。除了肺臟、毛細血管和神經元，人類還有一個系統也分支成碎形，那就是眼睛視網膜的運動。泰勒和哈根霍爾利用眼球追蹤儀，精確測量瞳孔在投影圖像上的焦點位置（例如波洛克的畫作，但也包括其他東西），發現瞳孔使用的搜索模式本身就是碎形。眼睛首先掃描場景中的大元素，然後在大掃描的較小版本中進行微掃描，這個工作是在一個中等範圍的D值中進行。有趣的是，如果你在動物覓食的軌跡上畫一條線，比如信天翁勘察大海，也會得到這種搜索軌跡的碎形圖案，泰勒說這是一種有效的覓食策略。其他科學家發現，這個範圍的D值能

---

16 作者註：更完整的腦電波研究腦論，請參閱 Richard Taylor et al., "Perceptual and Physiological Responses to Jackson Pollock's Fractals," *Frontiers in Human Neuroscience*, vol. 5 (2011): pp. 60–70.

17 作者註：關於藝術與大自然中的碎形，請參閱 Branka Spehar and Richard P. Taylor, "Fractals in Art and Nature: Why Do We Like Them?" *Human Vision and Electronic Imaging XVIII*, March 14, 2013, published online.

18 Taylor, p. 60.

激發我們最好又最快的命名和感知物體的能力[19]，這也正是大腦面對新視覺資訊時的工作，這是一項非常關鍵的任務，因為我們需要迅速評估哪些是友善的，哪些是危險的等等。如果場景太過複雜，比如城市的十字路口，我們不易全盤理解，反過來就會導致一些不適，即使只是下意識的。在與我們一起演化的最常見自然特徵中——比如雨滴落在湖面上——我們的視覺皮層自然感覺最為自在。

泰勒說：「在某種程度上，人的視覺系統天生就有理解碎形的能力，眼睛的碎形結構與所看到的碎形圖像匹配，就會產生生理共振，於是觸發了減壓。[20]」因此，也許我們在大自然中的舒適感，並非源自對生命的天生熱愛，也不是好山好水帶來的生理刺激，而是因為通暢無礙的視覺處理：我們的神經元在內部處理外部刺激（樹）的方式簡單且一致。泰勒不說「一致」，而是用「共鳴」來形容，這非常有意思，因為貝多芬也是用共鳴來描述他離開維也納的束縛到鄉間的感受，我在引言中也用了這兩個字：「能在灌木、樹叢、森林、草地和岩石之間行走，我是多麼高興啊！因為森林、樹木和岩石給了人所需要的共鳴。」早在碎形理論提出之前，貝多芬就已經憑直覺感受到感官和周圍環境之間強烈的緊密關係[21]。

根據這個視覺處理理論，如果我們放鬆的原因不是田園牧歌式的浪漫，那麼解決方法肯定會是。泰勒說，我們需要看著這些自然圖案，但是我們看的不夠多。被越來越多直線型歐幾里得式建築環境所包圍，我們可能失去與「視覺通暢無礙」這個自然減壓方式的聯繫。出於很多原因，將綠色帶回到城市，走出家門，是一件好事。但泰勒已經開始思考公園或眺望窗外以外的解決辦法，他說：「你未必能夠時時刻刻有著一扇看得見風景的窗戶，我們或許能夠操縱、愚弄視覺系統，想出比大自然更好的〔碎形維度〕範圍，清除雜質，讓反應達到最大。」他的話開始聽起來有點嚇人，彷彿感覺到我的反應，他補充說：「我不希望在某個歐威爾式的未來，你在公共空間投射一個完美的碎形，每個人就都得盯著它看五分鐘。但是我們想提供這些資訊給建築師和藝術家，讓他們將碎形融入各種作品中。」

梅斯梅爾認為物體和人類之間存在著一種能量，也許並不是胡言亂語。我還有最後一個問題想問泰勒，因為他在澳洲度假，我透過Skype視訊採訪他。他柔軟的捲髮像一道

---

19 B. E. Rogowitz and R. F Voss, "Shape Perception and Low Dimension Fractal Boundary Contours," in B. E. Rogowitz and J. Allenbach, eds., *Proceedings of the Conference on Human Vision: Methods, Models and Applications, SPIE/SPSE Symposium on Electron Imaging, 1990*, vol. 1249, pp. 387–94), cited in Hagerhäll (2004).

20 Quote from Richard Taylor, "Human Physiological Responses to Fractals in Nature and Art: a Physiological Response," author page at http://materialscience.uoregon.edu/taylor/rptlinks2.html, accessed March 2015.

21 作者註：貝多芬完成《F大調第六交響曲》（標題為《田園》，1808）之後，在寫給他的學生和心儀對象 Therese Malfatti 的信中寫下關於共鳴的這段文字，引用出處：http://world historyproject.org/1808/beethoven-finishes-his-sixth-symphony, accessed March 2015.

奔騰的小溪流洩到螢幕下緣。

「你的頭髮是碎形的嗎？」

他哈哈大笑。「我懷疑我的頭髮是碎形。當然，最大的關鍵在於它會不會誘發觀看的人正面的生理變化！」我認為可能會。

在陽光燦爛窗景優美的雙人病房，我父親確實康復了，一開始進展緩慢，之後恢復的速度則是快得叫人嘖嘖稱奇。他看了物理治療師、語言治療師、職能治療師，還有很多家人陪他聊天，敦促他回話。對他受損的大腦起作用的，顯然不只有大自然。當然，我設法讓他睡在靠窗的床位，代表著他的室友不在窗戶附近，因此沒有足夠的窗戶能滿足所有人的需求，即使有，有時風景也不配合。泰勒說的或許有道理，如果你能從螢幕看見林間空地或碎形瀑布的影片，甚至只是在牆上貼張海報，那不是非常方便嗎？

總之，在奧勒岡州東部，屬於最高安全戒備等級的蛇河監獄恰好就在探索這個構想。在與社會科學家合作的一項獨特實驗中，獄方同意在監獄一頭的健身房播放大自然影片。蛇河牢房無窗，唯一的「戶外」庭院極小，四周圍繞著建築，只能隔著柵欄一窺天空。蛇河是個不易管理的機構，自殺和自殘的囚犯比例高於正常水準，囚犯若是失控，踢吼捶門樣樣都來，工作人員經常把他們「關禁閉」，單獨監禁的囚犯可能是地球上最缺乏大自然的人。入獄時，他們通常患有精神方面的疾病，關久了，病狀變得更加嚴重。

不過囚犯現在每週能在「藍房間」練習舉重幾回，做引體向上，同時觀賞四十分鐘雨林、海洋生物和沙漠日落的影片。設置藍房間兩年多以來，囚犯在想要平靜的時候常常要求進去。蛇河的行為健康部主任蕾妮・史密斯（Renee Smith）說：「我們從獄卒那裡聽到很多故事，他們說覺得可以緩解壓力、促進心理健康和改善行為問題。我們發現他們不那麼愛搗亂，關禁閉的頻率降低，牢騷和尖叫也少了。」

然而，虛擬大自然與真實大自然有多接近呢？華盛頓大學心理學家彼得・卡恩（Peter Kahn）好奇螢幕是否有同樣的減壓效果，便在自家大學進行了幾個實驗。在第一項實驗中，他在無窗辦公室放了播放大自然影片的螢幕，發現確實改善了員工的認知能力和情緒。在第二項實驗中，他把九十名受試者分成三組：一組可以從窗戶看到大自然，一組在播放大自然影片的電漿電視前，最後一組靠近空白的牆壁。他首先用公開演說的任務讓志願者感到痛苦，然後測量每組志願者恢復的速度。綜合來看，實驗顯示真實的大自然景觀幫助最大，觀賞大自然影片有一點幫助（但在第二個實驗中幾乎沒有幫助），而空白牆壁的幫助最小。卡恩最後的結論是，人類可以「適應失去真正的大自然」，不過「我們身心會付出代價」[22]。

卡恩這類研究人員哀歎螢幕迅速且無情地取代真實大自然，但其他研究者，尤其是年紀較輕的，似乎更加務實。有一點值得注意，他們本來從小就很少接觸大自然。戴丘・瓦恰諾夫（Deltcho Valtchanov）說：「由於電動遊戲、3D電視、更大更沉浸式的螢幕和更多的虛擬內容，我們的生活每年都在向虛擬生活靠近。」瓦恰諾夫二十多歲，在加拿大安大略省滑鐵盧大學認知神經科學從事博士後研究，從小打電動遊戲長大。瓦恰諾夫開始研究這個主題，並非因為對大自然或藝術有興趣，而是因為他對大自然的相反面——科技——感興趣。他想確認虛擬實境有用，甚至提高它的地位，證明它可以引發「真實」的神經系統活動。他的大學審查委員會不允許他向人類受試者灌輸恐懼，所以他開始研讀塵封的心理學文獻，想了解什麼能讓人感到放鬆，結果發現的答案是——大自然。這對他來說是一個意外，他並不相信，他自己也不怎麼喜歡大自然。但在他的碩士學位實驗中，大自然對於撫慰受試者非常有效，所以在博士研究中，他決定嘗試解構視覺材料，找出原因，最終目標是讓虛擬實境體驗臻至完美。因為如果能夠達到這個目標，幾個頭戴虛擬實境裝置的書呆子能的事會是無止境的。「你何不逃離你的現實生活呢？」瓦恰諾夫問。「這麼一來，你在自己家的客廳就可以玩得很開心，而且多省錢。你可以去夏威夷，還不用擔心蟲蠅和時差。」

當我獲悉瓦恰諾夫最後開發出一個智慧型手機應用程式，對大自然場景加以評分及分類，甚至合成出大自然場景，我覺得非去一探究竟不可。在安大略省南部平淡無奇的平原上，他剛剛完成了博士研究。我在一個二月天去拜訪他，灰濛濛，風颼颼，我能理解此地的大自然景觀如何激發出虛擬實境的靈感，顯然也激發了各種類型的技術。大多數美國人從未聽說過滑鐵盧大學，不過許多矽谷大師認為這所學校教出了他們最棒的生力軍，甚至超越了史丹佛大學。瓦恰諾夫穿著黑色牛仔褲、格紋紐扣襯衫，下巴留著一小撮鬍子，帶著我穿過心理系館曲折的地下室無窗走廊。我們經過一個小房間，裡面的天花板綴著雲朵，鮮豔的藍色相當逼真，天花板是一家名為「天空工廠」公司生產製造，該公司的信條是「創造大自然的幻覺」。他問我：「家裡用這個來代替燈不是很好嗎？醒來就把天空打開？」

我想是吧，不過話說回來，我還是喜歡從窗戶往外看。不過沒有時間辯論，我們繼續走向「沉浸式虛擬實境研究實驗室」，簡稱為ReLIVE[23]，如果不是諷刺，也算是一種樂觀心態吧。房間用煤渣磚砌成，地面是混凝土，面積大約四公尺乘六公尺。

進了實驗室，他向我介紹他從科學衍生的健康恢復世界，然後替我接上手指電極，測量我的皮膚電反應（GSR，也就是出汗），還接了一個測量心率的紅外線傳感器。他要我心算十三乘以十七，然後再算十二乘以十四，我立刻緊張起來。接著他給我戴上一

---

22 Peter H. Kahn, Rachel L. Severson, and Jolina H. Ruckert. "The Human Relation with Nature and Technological Nature," *Current Directions in Psychological Science*, vol. 18, no. 1 (2009): p. 41.

23 譯註：又有「重生、復活」（relive）的意思。

個有精密追蹤器的3D頭戴式裝置，有點像潛水鏡，但配有陀螺儀與加速度感測器，這個裝置會捕捉我的動作，讓3D影像隨之反應，我的大腦就會完全沉浸在瓦恰諾夫的虛擬天堂中。至少構想是這樣的。

一個大尺寸的三星顯示器突然打開，我發現自己走在一座熱帶荒島上，說是走路，更像是載走載浮。瓦恰諾夫投入無數時間創造這些世界，加入了鳥聲、水流、蟲吟、沙沙的草聲，連我們一躍跳下小坡，也會咚的一聲。移動的感覺很奇怪，瓦恰諾夫控制我的速度和方向，所以我覺得自己被人從前額快速拖著走。

「你會不會覺得自己像是電影《饑餓遊戲》裡管遊戲的人？」我問他，有點期望火焰球會開始朝著我砸過來。

瓦恰諾夫在虛擬空間拉著我走過一條小徑，我的虛擬雙腳嘎啦嘎啦踩在地面，下了山，穿過高大的草叢，最後來到海灘。我開始頭暈了。冷不防，我被拖到水底一會兒，我認為這不應該發生。

我不禁有些驚慌，水裡會有鯊魚嗎？會不會踩到刺刺的海膽？會不會快要變天了？我告訴瓦恰諾夫，我並沒有感覺到真正的放鬆。

「不是所有的大自然都有讓人恢復的效果。」他說：「站在高大的草叢中未必讓人覺得舒服，不過你能聽到大海的聲音嗎？我們要往前面的瀑布走去，那裡有一道彩虹。」

但我無心享受瓦恰諾夫的彩虹。

我覺得我要吐了。

接著，我由於呼吸太過急促，跑去洗手間稍事休息，往臉上潑了幾把冷水。之後，瓦恰諾夫告訴我我早知道的事：我不擅長虛擬放鬆。

「你的GSR沒有下降。」他失望地說：「它留在原來的位置。也許是動暈症的關係。抱歉，這方面的技術會越來越好，你就不會覺得自己是用別人的眼球看東西。」他解釋說，不只有我碰到這種情況。由於受試者想吐，他不得不扔掉百分之三十的數據；這是消費型VR開發和推銷的一大障礙。他說：「動暈症是因為技術老舊，比較好的顯示器不會出現殘影，可以解決這個問題。你快速轉頭時會注意到邊緣糊掉了。」

我確實注意到了，討厭。但我也有點暗自得意著，我是少數抵抗到底的人，對我們這種人來說，只有貨真價實的體驗才行。我對虛擬手法的懷疑態度轉移到瓦恰諾夫開發的應用程式。程式名為EnviroPulse，仍處於測試階段。有點像神燈壺，你放入一個圖像，比如窗外的風景，就會跑出一個預測你的情緒的數字。難道我們不能自己預測自己對某種特定景色的反應嗎？顯然不能，瓦恰諾夫回答，雖然語氣很客氣。若是可以的話，我們何必建造醜陋無比的城市、郊區、學校和醫院呢？不是我們曲解了這些景觀，而是這就是我們對它們的反應。我們經常直接走過宏偉的景觀，不單因為我們忙，或是因為我們沒有注意，而是因為我們沒有意識到它對我們的大腦能產生什麼影響。瓦恰諾夫的意圖是幫忙，他構想一款類似美食評論網站的應用程式，靠著網友集體評分，推薦用戶中央公園裡最讓人放鬆的地點，或者上班的最佳路線。他說：「與其尋找美食，不如尋找快樂。」

它是這麼運作的：把手機對著一個場景或一張照片，應用程式會透過一連串演算法，判斷它讓人暢快、讓人恢復精神的潛力。瓦恰諾夫解釋，自然圖像裡也有統計數據，碎形只是其中之一。顏色很重要，同樣重要的還有飽和度、形狀（相比直線，我們更喜歡圓形輪廓）、輪廓的複雜度和亮度（我們認為更明亮更飽和的顏色更令人愉快）。多年來，專家都研究過這些視覺屬性的情緒影響力，這些數據為演算法提供了依據。例如，眾所周知，紅色和橘色會讓人興奮或激動（也會使我們產生欲望和饑餓，這一點速食業者非常清楚），而藍、綠和紫三種顏色則使我們放鬆。人類的眼睛設計得很好，能夠立即對顏色做出反應。我們的視網膜有三種感知顏色的視錐細胞，用來識別紅藍綠三色，這些視錐細胞與大腦後部的視覺皮質有「專線」。大多數哺乳動物只擁有兩種視錐細胞（而且無法區分紅綠），但我們身為視覺壟斷者的靈長類動物，在這一方面比較特殊（我們有三種視錐細胞），但也不是十分特別。有一些生物，如鳥類和蝴蝶，有五種視錐細胞，能看到鮮明的紅外線和紫外線。蝦蛄比所有動物都要厲害，有十二到十六個視錐細胞；老天才知道牠們能看到什麼，但那景象肯定如幻似真。

顏色幫助我們發現食物、分辨食物，留意不尋常的事物。我們覺得紅色格外顯眼，因為我們有較多專門識別這種顏色的視錐細胞。在許多文化中，紅色是繼黑與白之後最早被命名的顏色。紅使人保持警惕與活力，所以我們走在紅色走廊上比在藍色走廊還要快[24]。英國哲學家尼古拉斯・亨弗萊（Nicholas Humphrey）說的沒錯：「如果你想表達重點，用紅色來表達。[25]」拳擊手和武術家穿紅衣參加奧運，更容易獎牌入袋。但有趣的是，粉紅色有相反的效果，會削弱運動員的士氣，降低囚犯的攻擊性（因此稱為「醉漢拘留所粉」），以及安撫精神病患者[26]。在一項研究中，情緒激動的醫院病人看著藍光，亢奮的情緒會逐漸減弱。

依據感官知覺的文獻，瓦恰諾夫的應用程式給藍色的分數最高。捕食者往往不會是綠色或藍色。親生命支持者會認為，我們已經學會將這些顏色與生機勃勃的健康生態系統畫上連結，這樣的系統充滿植物（綠色）、乾淨的水源（藍色）和遼闊的反射（天空

---

24 Peter Aspinall, personal communication, June 2014.

25 Humphrey quote from Natalie Angier, "How Do We See Red? Count the Ways," *New York Times*, Feb. 6, 2007, http://www.nytimes.com/2007/02/06/science/06angi.html, accessed April 2015.

26 作者註：關於色彩心理學的其他討論，請參閱 Adam Alter's aptly named *Drunk Tank Pink* (New York: Penguin Group, 2013).

藍、海水藍）。由於我們都生活在那片天空下，汲取它的供品，這些色調可能會灌輸普世性和共同人性的感覺。同樣，正如藝評家約翰．伯格（John Berger）在《觀看的視界》（The Sense of Sight）一書中所言，「我們發現一塊水晶或一朵罌粟花很美，代表著我們不那麼孤獨了，我們比單一的生命歷程會使我們相信的更深地融入存在之中。[27]」

在色彩中，我發現了文化和科學的豐富交集，深深受到吸引。然而，讓瓦恰諾夫最興奮的則是空間頻率，他相信就是空間頻率——不管碎形的內容——開啟了通往天堂的門。空間頻率捕捉場景或圖像中複雜多樣的輪廓、陰影和形狀，我們喜歡更容易、更快理解的圖像多一些。

在他的應用程式中，與平滑圓潤的線條相比，直線和鋸齒形線的修復效果非常低[28]。瓦恰諾夫說：「城市的鋸齒狀邊緣對你來說不是很好。」但跟泰勒一樣，他相信複雜也有一個甜蜜點，一個既不太忙、也不太無聊的點。在攻讀博士學位時，瓦恰諾夫用了眼球追蹤器來分析人如何看各種場景，發現目光會懶洋洋停留在大自然場景，而城市景觀會引起更多快速的「凝視」和更多的眨眼，顯示眼睛——和大腦——正在更努力地解碼它們。這些地方需要用上我們的注意力。

根據他自己的研究，瓦恰諾夫認為容易處理的場景會觸發大腦釋放天然鴉片。其他研究顯示，我們喜愛的圖像會活化大腦中稱為腹側紋狀體的原始部位（這部位與激發我們行為的深層情感和獎勵密切相關），以及富含鴉片類物質的海馬旁回——就是泰勒在觀看碎形圖像的受試者中發現受到刺激的區域[29]。詩人作家黛安・艾克曼描述對日落的渴望時，寫下了「視覺鴉片」幾個字，這個隱喻其實不如她所以為的深[30]。瓦恰諾夫認為，大自然之所以讓我們快樂，因為我們腹側視覺通路的神經機制被調到一個中等頻率的範圍，像是一個清晰的無線電信號，快樂的分子收到信號，就開始流動了[31]。

這就是瓦恰諾夫想用他的應用程式瞄準的大腦區域。為了向我示範如何利用程式，我們上網找了一大堆的圖片。我們把手機對著照片，影像會出現一小條像溫度計的色帶，可以從綠色（良好）移動到白色（中性），然後繼續移動到紅色（壓力）。應用程式還會給圖像的修復力打一個零到一百之間的絕對分數，並按照這些顏色編碼。有些評

27 The John Berger quote comes from Diane Ackerman's *A Natural History of the Senses* (New York: Random House, 1990), p. 177.

28 作者註：有關觸發修復的視覺屬性更全面的描述，請參閱 D. Valtchanov and C. Ellard, "Cognitive and Affective Responses to Natural Scenes: Effects of Low Level Visual Properties on Preference, Cognitive Load and Eye-Movements," *Journal of Environmental Psychology*, vol. 43 (2015): pp. 184–95.

29 作者註：其他使用功能性磁振造影的腹側紋狀體和副海馬體研究還有 Xiaomin Yue et al., "The Neural Basis of Scene Preferences," *Neuroreport,* vol. 18, no. 6 (2007): pp. 525–29.

30 Ackerman, p. 255.

31 作者註：想更了解瓦爾恰諾夫的視覺空間理論，請參閱 Deltcho Valtchanov, "Exploring the Restorative Effects of Nature: Testing a Proposed Visuospatial Theory," diss., University of Waterloo, 2013.

定的等級在預料之中。森林溪谷：非常綠。湖泊：同上。城市十字路口：紅色。簡單的建築：中性。藍色天空下的上海天際線：中性。但當我把手機靠近一片雪地，就是你在洛磯山脈旅遊手冊上看到的那種，兩側還有白雪皚皚的山峰，應用程式居然顯示出紅色。

「怎麼回事？」我問。

「嗯，山陵參差不齊，而且是白色的，樹木看起來是死的，因為是冬天。」

「但它很美。」我說：「在這樣的地方滑雪時，我絕對猶如置身天堂。」

「這個應用程式沒有考慮你的活動或腦內啡或大腦的氧氣，我只是在分析環境的表面價值。根據威爾遜的親生命假說，人對枯樹有強烈的反應。」

「但這些還沒有死，只是現在是冬天，很漂亮啊。」

「漂亮和心理價值之間是有區別的。」他在圖像前調整我的手。「如果你把鏡頭往上移一點，照到更多的藍天，分數會提高。」他聳了聳肩。「我並沒有說它是完美的。」

泰勒、瓦恰諾夫和其他人證明，大自然影像——即使透過螢幕——也能在我們的大腦中引起快速正面的反應。但是，如果大自然，真正的大自然，是視覺系統構建的真正目的，也許我們應該讓目光停留在大自然上。因為當我們困在室內盯著螢幕時，我們的眼睛並不快樂。我的眼睛變得乾澀，開始疼痛。我眼睛痛，去看眼科，醫師一副歡迎「加入俱樂部」的樣子。「你看太多了。」她告訴我。「看太多？」我突然覺得自己像是拋媚眼拋到別人心裡發毛的那種人。「你不眨眼！」她說。我眨了眨眼。我又眨了眨眼，感覺好奇怪。她說：「我們整天盯著螢幕，眨眼次數會減少。每個人都一樣。」她開了一些眼藥水給我，叫我想到時就連續眨眼二十次。

除了乾澀，由於缺乏戶外空間和光線，我們的眼睛也開始發生奇怪的事。有一條線索是來自中國的研究，該起研究發現在中國較富裕的城市地區，近視率是農村地區的兩倍。在上海，高達百分之八十六的高中生需要戴眼鏡。最近在俄亥俄州、新加坡和澳洲的研究也發現，近視患者和非近視患者的真正區別在於他們的戶外時間。陽光會刺激視網膜釋放多巴胺，多巴胺反過來似乎又能防止眼軸拉得太長。室內光和室外光是完全不同的兩種東西，即使在陰天，室外光也比室內光亮上十倍，光譜也要寬上許多。教育工作者爭先恐後想出解決辦法，包括在教室上方安裝全光譜室內燈和玻璃天花板。

有一個更好的辦法：出門走走。

將大自然各個部分拆開逐一檢查的理智衝動，我覺得是既有趣又令人不安。我知道這是科學的典型工作方式：要了解一個系統，你就必須了解它的各個部分，找出它的機制，在新領域插上你的旗幟。詩人會認為這太荒唐，不僅只是柏樹的氣味，鳥兒的歌唱，或者綠色的顏色能在我們的大腦中打開通往健康的通道。我們是全感官生命體，或者至少我們曾經被建造為全感官的人，難道不是只有當你打開所有的門——字面上以及比喻上——真正的魔法才會發生嗎？

要做到這一點，你需要的不只是看著螢幕或在大自然中的短暫片刻。確切地說，你需要一個月五小時。

Part 3

一個月五小時

Five Hours a Month

6

你可以蹲下來，摸一摸植物

You May Squat Down and Feel a Plant

「雨和流水的微弱低語仍在，
它有相同孤獨而完美的溫柔音符。」[1]
——芬蘭作家朵貝．楊笙（Tove Jansson）

很久以前，芬蘭森林住著小精靈，如果有人吵吵鬧鬧，或者不尊重森林，他們就會施展魔法。人被施了魔法後，會經歷一種叫metsänpeitto的狀況，翻譯出來就是「被森林蓋住了」，在這種「森隱」的狀態下，他們會突然發現自己迷失方向，一切都很陌生，彷彿著了某種魔，產生出幻覺，經歷超自然現象。

基督誕生很久很久以後，在波羅的海和北海之間的北方地區，異教信仰仍舊根深蒂固，直到十九世紀，還有許多森隱的記載，而且與其他宗教經驗一樣，婦孺的經驗較多。一九三〇年，芬蘭名詩人V・A・科士根尼米（V.A. Koskenniemi）寫詩歌頌這種經歷。那首詩是記者兼活動家馬可・萊帕寧（Marko Leppänen）的最愛，在赫爾辛基群島某小島上，他以鏗鏘有力但難以理解的芬蘭語為我大聲朗讀。

「森隱不一定是壞的。」萊帕寧解釋。他身材高大，皮膚光滑，穿著綠色羊毛衣服站在一棵矮松旁。「森隱是迷失在美之中，可以體驗到自由、與自然結合以及歡樂。這首詩字裡行間透露著這一點。」

有點像吃了迷幻藥的森林浴，非常芬蘭。它也與大自然的短期窗景效應相反，代表了對森林力量更深的屈服。在芬蘭，許多健康專家認為，現代需要完全沉浸在大自然中，即使只是偶一為之也好。他們想要確認一個問題：健康的老百姓需要多長的時間在戶外才能保持神智清醒。

野生景觀能改變心態，還有促進健康的效果——萊帕寧覺得這個觀點真是太吸引人了，希望與每個到小島上採訪他的人分享。瓦蒂奧薩里島是一座嶔崎的小島，位於赫爾辛基城市邊界，波羅的海有許多森林覆蓋的錐狀岩島，它是其一。在冬天，民眾會直接

---

1 Jansson quote from *Moominvalley in November* (New York: Macmillan, 2014), p. 26, first published in English in 1945.

走過海冰到小島上（幾乎年年都有人失足溺死）。在一個陽光明媚的五月天，我前往小島，冰已經融化了，所以我們搭著橡皮艇快速航行。

萊帕寧模樣不老，其實已經四十四。他是這個小島的非官方管理者、祭司兼發言人。在蕨類、松樹和陡峭海崖之間，島上坐落著十幾幢房子，如棋盤分布的花園，還有一條歸功於萊帕寧的自然步道。瓦蒂奧薩里島被認為是一個異常的自然保護區，在各種景觀中擁有異常豐富的木本植物物種。萊帕寧說：「整座島只有八十三公頃，感覺卻不止，很多人在這裡迷路，但迷路了幾個小時後，他們似乎很快樂。我認為迷路對健康有影響。」

二十世紀初，諾基亞（Nokia，當時是一家木漿和橡膠公司）有一位總經理非常喜歡瓦蒂奧薩里島，便辭了工作移居島上，還蓋了一棟屋子，命名為Quisisana，拉丁語的意思是「治癒的地方」。為了提升小島有益健康的特質，創造更多保護此地不被大規模開發的動力，萊帕寧從芬蘭森林研究所和赫爾辛基市湊了一些資金，設置了一條「健康自然步道」，沿途有路標、推薦的練習和說明。

這條步道不是典型的公園健身小徑。我們的第一站是一塊灰色巨岩，小島曾沒入水中，這塊石頭是從冰川掉下來的冰川侵蝕物。萊帕寧說，這塊遠道而來的岩石提醒我們移動和運動的重要，算是一個抽象概念的登階機。我們再走幾步，來到一個戶外小教堂，石頭祭壇、木十字架和樹皮貼邊的長椅提醒我們在大自然中的精神信仰。接下來，我們仔細觀察一棵突變的松樹，它不往上長，卻是向外長，而且只有半截人高。萊帕寧叫它「塔皮奧之桌」，以芬蘭森林之神命名。他說：「這可以當成我們的祭品，象徵感恩。心存感激有益健康，我們今天可以謝謝自己，因為我們參觀了這片森林！」我們再走到一座石砌迷宮，面積差不多是個大客廳，是當地人在一九九九年蓋的，不過這是對一個古老的島民傳統致敬。沒有人真正知道老祖先蓋迷宮的原因，但對萊帕寧來說，它們代表著神祕、遊蕩和玩耍。

這時，我突然意識到，成年人眼中的芬蘭，與我女兒在波德讀的華德福幼兒園並無二致，都有異教儀式、木雕工藝和中土世界的象徵（事實上，據說英國作家J・R・R・托爾金受到芬蘭創世史詩《英雄國》的影響，在史詩中，世界是從一顆潛水鴨蛋的裂縫中誕生。）和我一塊健行的人甚至停下歇息，圍成一圈吃點心，他們沒有開始唱歌，也沒有找樹枝做頭飾，但我總覺得他們快要這麼做了。

對芬蘭人來說，在大自然中進行戶外活動，不是像美國人那樣是向大自然或對自己致敬。美國人崇拜我們的生命清單，我們為征服過的山峰編目，替荒野的原始景象拍照，這主要是一種個人經驗。然而，對芬蘭人來說，走入大自然是要表達一種緊密結合的集體身分。在大自然中，他們可以盡情享受他們對採漿果、摘蘑菇、釣魚遊湖和北歐式滑雪的民族主義癡迷。他們不觀賞麋鹿，而是學著老祖宗吃麋鹿肉。這些事他們三天兩頭常常做。

根據大規模調查，芬蘭人平均每週在大自然進行二到三次的休閒活動。百分之五十八的芬蘭人採摘漿果，百分之三十五的人越野滑雪，通常是在北極的黑暗中，或是大型城市公園的燈光下。百分之七十的人常常健行，相比之下，歐洲和美國的平均比例約為百分之三十。百分之五十的芬蘭人騎自行車，百分之二十的人慢跑，百分之三十的人遛狗，而我特別喜歡這個：百分之五的人口，也就是二十五萬人，參與遠距滑冰。總的來說，超過百分之九十五的芬蘭人經常花時間在戶外休閒活動上。

芬蘭人可能處於一種發展停滯的狀態，或者我們其他人在某種程度上過度發展了。無論這是好是壞，我們早早放下花環，表現得像文明成年人一樣。在西方國家中，芬蘭的城市化進程非常晚，這是非常獨特的。

「直到一九六〇年代，才有大批人口終於進入城市。在那之前，我們是森林人。」我們走在柔軟的森林小徑，萊帕寧說：「我們沒有機會逃離大自然，城市非常薄，你今天仍然可以感受到，我們現在其實走在首都範圍，距離市中心只有七公里，但說距市中心有數百公里，你可能也會信。這是一個原封未動的自然景觀，如果我們幾代人都生活在城市環境，情況可能會不同。」對他來說，文明就像春天海冰，不但透明，還能感覺到冰下的野性脈動。

與土地僅相隔兩代，而且是個少有移民的國家，這代表著幾乎每個人都有一個祖父母還住在農場或森林中。那些爺爺奶奶仍然在鄉下屋子生活，即使搬到了城市，在鄉下也還有一間不大不小的度假屋。芬蘭有五百萬人口，有兩百萬棟避暑別墅，所以幾乎每個家庭在大自然中都有田園靠山。這是中產階級的房地產天堂。

芬蘭在全球幸福指數中得分很高。許多人認為那是因為這裡收入差距不大，但或許也是因為人人都能獲得讓他們快樂的東西——到處都是湖泊、森林和海岸線，再加上國家核准長得離譜的假期和午夜的太陽。（當然，也有另一面，那就是嚴酷漆黑的冬天，芬蘭人喝多就愛搗亂，除非他們去滑雪。）

和許多芬蘭X世代一樣，萊帕寧追逐著蝴蝶長大，十一歲就獨自在樹上過夜，而與他同齡的美國小孩則在郊區錯層式住宅打小精靈遊戲，唯一的「苔蘚」，是粗毛地毯的顏色。

在不久以前，芬蘭人在情感上和經濟上都還仰賴著土地生活。沒錯，芬蘭發明了摺疊式手機和憤怒鳥，朵貝・楊笙以白色精靈嚕嚕米為中心，創作了一套廣受歡迎的漫畫。但這個國家的主要產業是森林產品：綠色能源工廠的可再生燃料和紙漿。芬蘭是歐洲森林最多的國家，樹木覆蓋了百分之七十四的土地。一位來訪的英國記者說的沒錯：「景色有點千篇一律。」這些森林大部分是私人擁有的小面積土地，但不可思議的是，至少以美國人的心態來說，非法侵入的問題幾乎不存在。芬蘭法律根據jokamiehenoikeus（「每個人的權利」）概念運作，因此誰都可以在別人的土地上遊蕩，摘漿果、採蘑菇、挖鼻孔等等，甚至露營生營火都無所謂，唯一不能做的是砍伐木材或打獵。（其他一些激進民主的歐洲國家，比如丹麥、挪威和蘇格蘭，也有類似的「遊蕩有理」法律，但沒有那麼寬鬆。）

對許多美國人，聽起來像是社會主義者接管私人財產（這些法律與蒙大拿等州的「我家就是我的城堡」法律形成對比，在那裡你有權利舉槍射殺非法侵入者）。不過，對芬蘭人來說，jokamiehenoikeus是自由的精髓，因為它代表你可以永遠行走。在一個人人都有遠親關係的小國，「請一起分享」的概念是行得通的。

因此，芬蘭人當然會特別熱愛他們的森林，而且掏出大筆資金來研究森林，就算不為別的，也要證明他們受憲法保護的嬉戲是合理的。不過他們確實有其他動機，而且其中一些我們可以理解：芬蘭人報告說，隨著他們遷入城市環境，壓力、抑鬱和肥胖的程度越來越高。一份提到遠距溜冰的全國休閒調查還指出，在過去十年中，幾乎所有類別的戶外活動頻率都下降了，毫無疑問，取而代之的是在屋內盯著明亮的設備。即便是芬蘭人也抵抗不了它們啊。

這個國家需要做出幾個選擇。如果在森林的時間能夠證明可以減少醫療成本，改善心理健康，促進健康，那麼城市規畫者可以利用這些資訊，反對赫爾辛基的開發計畫在瓦蒂奧薩里島一類的地方鋪路。即使我們認為芬蘭人是地精異類，也可以從這裡的研究人員的發現中學到一些東西。

麗莎・蒂維寧（Liisa Tyrväinen）是赫爾辛基一家芬蘭語意思是「樹皮」的餐廳的常客。她曾經是生態學家，但不想再覺得規畫者和政策制定者不把自己的研究當作一回事，所以最後讀了一個經濟學博士，研究森林和公園等景觀如何大幅提高房價。她帶我參觀赫爾辛基的公園時說：「大自然對於芬蘭的政治家意味什麼，關鍵在於如何評估大自然。」她對一項日本研究產生了興趣，該起研究指出森林對人類健康有具體的生理影響。芬蘭正在努力找出如何管理其廣袤森林以造福人類和工業的辦法。在這樣一個國家，健康這一塊如果是真的，那麼似乎可以成為國家試算表中另一個有用的欄目。保護自然區域到底是否值得？「我需要更多的數據，我不想抱樹推廣環保，做出垃圾研究。」蒂維寧說。

目前蒂維寧在芬蘭國家資源研究所（政府資助機構）主持一個研究部門。她訪問了日本，然後邀請森林浴研究人員到芬蘭，向她提供建立類似實驗的建議。她對日本的做法有一些意見，想調整實驗設計。宮崎和他的同事主要是在小範圍內研究日本年輕男子；蒂維寧不但要擴大研究範圍，而且要控制得更仔細。例如我觀察過的日本實驗，用麵包車載一組人，幾小時後開到公園，另一組人直接前往市中心，最後血壓和皮質醇濃度較低的例子歸因於「大自然」，但可能只是因為車程中有更多時間可以放鬆。

蒂維寧為一系列名為「綠色健康研究計畫」的研究，爭取到近一千六百萬美元的經費。在她從日本得到啟發的研究中，所有參與者在麵包車上的時間都一樣長，而且包括更多女性、更多成年人和上班族。另外，日本團隊研究核心城市與核心自然，蒂維寧想研究城市中人人可以利用的環境：繁忙的街道，有管理的城市公園，更野生的森林公園。有管理的公園類似紐約中央公園修剪整齊景觀優美的區域，比如遊船池塘和周圍的草地。森林公園，也就是赫爾辛基備受喜愛的中央公園，則讓我想起紐約中央公園「漫步區」的深處，但這裡有更大更高的松樹和幾條筆直的林蔭道。

蒂維寧也想測量血壓，因為血壓與壓力和疾病有已知的關聯。「我們有興趣的是長期的生理益處，我們想追蹤這些人。」她正在尋找更精細的資訊。「在日常生活環境中，對健康而言，自然空間的最佳數量、位置、類型和規模是什麼？」

蒂維寧的團隊有興趣的，是什麼讓一般上班族苦惱，什麼能幫助他們。他們的目的不是提高生產力本身，而是降低國家醫療成本，為城市規畫者提供管理綠地的數據。如果她能幫助民眾心裡感覺更好，那也很好，但她是經濟學家，不是社會工作者。在歐洲，百分之六十與工作有關的健康問題，如背痛，與肌肉骨骼有關；但次高的類別（百分之十四）是心理方面，諸如壓力、憂鬱和焦慮等，芬蘭人稱為「工作倦怠症」，對雇主、對政府衛生機構都造成重大的負擔。

當我聽說芬蘭員工的壓力時，不禁啞然失笑。芬蘭人通常每天工作八小時，大約八成加入工會，享有五週假期、養老金和醫療保險[2]，以及一年的有薪育嬰假（男性也跟女性一樣被鼓勵休假）[3]。當我為這本書向海外發送大量電子郵件時，經常收到這樣的回音：收件人在接下來的幾季休育嬰假，不查看電子郵件。若這樣的員工壓力很大，這對美國人來說是個什麼樣的兆頭？有百分之二十五的美國人根本就沒有有薪假。

芬蘭政府資助蒂維寧，因為他們明白一個小國家的勞動力有限。蒂維寧的同事潔西卡・德・布魯姆（Jessica de Bloom）告訴我：「在別的國家，你選擇合適的人來做這份工作，如果那個人做到累壞了，你找另一個人來做就好。在這裡，你會設法讓那個人留久一點，讓他開心。」

因此，日本研究人員給他們的研究對象發下情緒調查問卷，蒂維寧的團隊則決定加入其他可以量化的指標，以評估恢復、活力和創造力，這幾點都與工作的幸福感有關。如果卡普蘭夫妻的注意力恢復理論是正確的，那麼芬蘭人在大自然環境越久，得分就會

---

2 Rebecca Ray, Milla Sanes, and John Schmitt, "No-Vacation Nation Revisited" (Center for Economic and Policy Research, 2013), p. 5, accessible at http://www.cepr.net/documents/publications/no- vacation-update-2013-05.pdf, accessed June 2015;and "Annual Holiday" (Ministry of Employment and the Economy, February 11, 2010), accessible at https://www.tem.fi/en/work/labour_legislation/annual_holiday, accessed June 2015.

3 作者註：芬蘭育嬰假的詳細資訊可參考以下網站。http://europa.eu/epic/countries/finland/index_en.htm, accessed June 2015.

越高。參與者拿到量表後對陳述進行評分，恢復的樣本問題有：「我感覺平靜。」、「我對日常事務充滿熱情和精力。」、「我感到專注，精神抖擻。」關於活力的樣本問題：「我感到充滿活力和生命力。」至於創造力：「我有幾個新想法。」雖然自己回答的問卷不像腦電波和激素濃度的客觀測量那樣迷人或可靠（有時參與者可以猜中研究人員的目的，使結果產生偏差），但在規模較大的研究中，往往相當準確，特別是與其他類型的生理或認知測試相結合。

在一項研究中，蒂維寧和同事詢問了三千名城市居民在大自然的情緒和健康恢復的經驗，發現每個月在大自然環境待上五小時的提升幅度最大。蒂維寧想更深入研究數據，所以在另一項研究中，她的團隊帶了八十二名上班族（大多是女性），分別前往三個不同的地點：市中心、修剪整齊的公園和森林公園。在每個地方，先坐十五分鐘，然後悠閒散步三十分鐘，在坐下和散步前後，研究人員都會收集問卷、唾液樣本、血壓和心率數據。在整個過程中，志願者被要求不要互相交談（以消除社交帶來的正面心理益處）；如果感到快樂，不會是因為交了朋友。

得出的結果是科學家會高呼妙極了的那種結果，成效明顯，線性劑量反應也符合預測。與坐在麵包車中相比，志願者在城市並沒有感覺到心理上的「恢復」，但在公園和森林卻有這種感覺。他們不過是在戶外坐了十五分鐘，就相對較快體驗到了這種改變。而在短暫的散步之後，恢復的感覺繼續增加。在綠油油的區域待的時間越長，感覺就越好，效果略勝於那些在比較荒涼的森林待著的人。但好處不只有放鬆，你可能認為在城市活力會上升，但衡量的結果只有大自然發揮了作用，儘管它用了整整四十五分鐘才發揮作用。在城市，活力和恢復的分數都下降，在公園或森林的參與者感覺比在城市的同伴好上百分之二十。接觸到綠色植物的人，也感受到了更強的積極情緒、更少的消極情緒，受訪者還報告說感覺自己更有創造力。蒂維寧推測，在客觀指標上，所有三種場景的皮質醇濃度都下降了，可能是遠離工作要求的結果。

對城市居民來說，好消息是，只要在城市公園待上十五到四十五分鐘，即使是有人行道、人群和一些街道噪音的公園，也足以改善情緒和活力，感覺恢復了精神。

「我們的實驗結果指出，大型城市公園（五公頃以上）和大型城市林地對於城市居民，尤其是健康的中年婦女，有正面的健康影響。」這項研究的結論發表在《環境心理學期刊》（*Journal of Environmental Psychology*）上。研究結果支持了先前提出的每個月五小時的建議，但研究人員也注意到「劑量－反應關係」：越多的大自然，你的感受會越好。蒂維寧告訴我，想要最確實地提升情緒、抵抗抑鬱：「每個月五小時是獲得效果的最低時間，之後如果能繼續累積到十小時，會達到感覺越來越好的新境界。」

我快速算了一下，每個月五小時代表每週到綠意盎然的戶外幾次，每次大約三十分鐘。要想達到一個月十小時，那麼每週便要有五天在大自然待上三十分鐘，或者像蒂維寧一位同事告訴我的，「每個月離開城市兩到三天，也會產生同樣的效果。」難怪鄉村別墅如此受歡迎——芬蘭的神經系統需要它們。芬蘭人證明了自然療法未必對每個人都見效，因為這些結果反映的是平均數，但在一個輕度憂鬱症患者比例很高的國家，哪怕只是對一小部分人有效，也能替國家醫療系統省下大筆的支出。

況且，在芬蘭，公園和林地是簡單的解決辦法，蒂維寧說：「這裡的大自然對每個人來說很便宜，甚至是不用錢。」

如果說蒂維寧是為了芬蘭的經濟而對森林的價值感興趣，她的合作夥伴卡勒維・柯佩拉（Kalevi Korpela）則是出於一種激勵北歐人黑暗心靈的心願。芬蘭語的健康（terve）源自「堅韌的松樹」一字——能夠抵禦狂風暴雨。芬蘭人飽受磨難：漫長黑暗的冬天，酷寒，多次遭到瑞典和俄羅斯入侵，殖民的集體歷史記憶。從瑞典人身上，他們學到了憂思；從俄羅斯人身上，他們學會了喝酒。芬蘭人自己也是出了名的寡言內向，有些害羞。一項研究發現，在世界許多民族中，芬蘭人最能適應長時間的沉默，他們不愛閒聊。關於斯堪地納維亞的悖論引發了很多討論，像瑞典、丹麥和芬蘭這樣的國家，在幸福指數上排名數一數二，但他們的自殺率也居高不下。

第二次世界大戰期間，柯佩拉的祖父參加了殘酷的冬季戰役，和他那一代許多活下來的人一樣，最後默默承受著內心的創痛。沒有人知道如何與這些心靈受到重創的男人談論他們心中的苦，這些苦反而在一些經典作品中化為永恆，比如芬蘭有史以來最暢銷的小說——韋伊諾．林納（Väinö Linna）的《無名士兵》（*The Unknown Soldier*）。過去二十年中，在坦佩雷大學工作的實驗心理學家柯佩拉，大部分時間都在研究不同環境給人帶來的感受。與二十年前的心理學家不同的是，他對積極心理學——什麼讓我們感覺良好——最感興趣。小時候，父母必須長時間工作，他和哥哥卻在鎮上自由自在跑來跑去，根據這個童年經歷，他知道「地方」對他自己的心靈很重要，對其他人可能也很重要。

坦佩雷本身的地理並不令人印象深刻。瑞典國王古斯塔夫三世較晚（一七七九年）才建立這座城市，它位於赫爾辛基北部，搭火車九十分鐘可到，人口約二十五萬。城市坐落在坦梅爾河一處急流旁，急流現在已經圍成了發電水壩。俯瞰這座城市的是世上第一高蛇丘（蛇形丘）。（我也不知道蛇丘是什麼——基本上是一種冰河冰磧石。）這個地理特徵只有八十五公尺高，不像山，倒像是地質減速丘。芬蘭人非常以這座蛇丘為豪——這件事告訴你，你需要了解這個國家的地形。在這裡，你找不到雄偉的山峰或峽谷，反而到處都是沼澤，該國百分之九的電力來自泥炭天然氣，芬蘭可說是泥炭界的沙烏地阿拉伯。儘管如此，從柯佩拉自己的生活和工作中，還是可以明顯看出人與土地之間的緊密關係。

「十幾歲時，我有時會去樹林裡跑步，然後停在一塊能看到湖的大石頭前。」他說：「我發現這是一種讓自己平靜下來調節情緒的方式，所以就養成了跑過去停在那裡的習慣。」現在，柯佩拉已經成為外表整潔的教授，留著讓人想起佛洛伊德山羊鬍時期的鬍子，他因研究「最喜歡的地方」及其對心理健康的積極影響而聲名大噪。在他的研究中，當他要求受訪者說出他們最喜歡的地方時，超過百分之六十的人會描述一個自然區域，比如湖泊、海灘、公園、花園或樹林。

如果大自然有什麼特別之處，柯佩拉想找出它對我們的情感大腦起作用的速度有多快。如果羅傑·烏爾里希（研究醫院窗口那傢伙）的心理演化理論是正確的，那麼我們對令人愉快的自然景點的反應應該是自動自發的，也許立即就有反應。測量積極情緒和消極情緒有一個傳統方法：給受試者看一些臉部的照片，讓他們對照片中的恐懼、憤怒、快樂和驚訝等情緒進行評分，同時計時這項練習。幸福的人會更快辨認出別人的幸福，但需要更長的時間來辨識恐懼或厭惡。

柯佩拉給一組志願者快速看了各式各樣的場景照片：城市，有樹的建築，只有樹木的廠警，沒有建築的草木區。看過每張照片後，志願者被要求識別臉部照片中的情緒。很有意思，在看過有比較多大自然的場景後，受試者會更快地識別出快樂，但較慢識別出憤怒和恐懼等負面情緒；在看了更城市化的照片後，情況恰好相反——換句話說，看大自然的照片會讓人（瞬間）表現得更快樂。柯佩拉認為這項研究證實了烏爾里希的假設：大自然會影響潛意識層面的快速情緒反應。

我們在第一部討論過，大自然似乎有一些直接的影響：脈搏降低，副交感神經系統開始反應，帶來寧靜幸福的感覺。柯佩拉翻閱文獻，找到了某種「時間—回應矩陣」。由於他的臉部研究，他知道最快的反應：「人看到大自然的影像時，在兩百毫秒內會有積極的反應。」他解釋說：「你看到的照片影響了你的反應，因為照片喚起了你的情緒。」烏爾里希的實驗也與這個矩陣吻合，他先讓受試者看血腥的木工車間影片，接著再看大自然影片，結果發現受試者的心率降低，緊張的面部肌肉放鬆，而皮膚電導率通常在四到七分鐘內會發生變化。日本和芬蘭的研究則是發現，十五到二十分鐘後，血壓降低，循環皮質醇濃度降低，情緒也改善了。在大自然環境中待上大約四十五或五十分鐘，許多受試者表現出更強的認知能力、活力和心理反思。如果柯佩拉能夠將所有這些觀察結果串聯起來，在現實世界的應用中增強效果，那會怎麼樣呢？

他提出了「動力步道」的構想，一種有明確指標的自我引導式自然步行方法，可以發揮大自然最大的有益作用。健行者不需要特別認證的巡查員、上課或廣大的癒療森林，只需要一些風景，最好包括水景，以及戰略指引。二〇一〇年，位於芬蘭中部的伊卡利寧水療中心，讓柯佩拉用政府經費在四周修築步道系統（關於「spa」這個字，別以為是為穿著加拿大名牌運動服飾lululemon的女士提供的專屬領地，你應該知道，在芬蘭，spa之旅是有需要的員工的聯邦福利。這又是一個勇敢面對海冰搬到芬蘭的理由）。

根據柯佩拉和蒂維寧的說法，這條步道立即發揮了作用，現在整個北歐有六七條類似步道。他們調查使用步道的旅人，發現百分之七十九的人說自己的情緒有所改善，走長路線（六・六公里）的人比走短路線（四・四公里）的人改善更多。性別、年齡，說來有趣，還有氣候，對結果並沒有影響。可是他們也發現，大約百分之十五到二十的人就是不喜歡；這些人可能討厭蟲子、天空或者其他別的東西，不管他們的大腦應該要多麼親生命，他們就是無法在大自然中放鬆。

為了親自測試一下，我和柯佩拉開著他的銀色標緻車去了水療中心。說實話，一上路我已經覺得有點放鬆了，也體驗到社會學家所說的「新奇效應」，即新鮮事物能讓我們感覺良好。這就是為什麼我們喜歡旅行，喜歡看《國家地理》雜誌的照片，甚至會一再墜入情海，也是因為新奇效應。我好愛週間不會塞車的芬蘭鄉間。時值五月，我們經過連綿的田地，油菜花、玉米苗、小麥田，途中在一家漆成嬰兒藍的原木咖啡館停下來吃午餐，自助餐的主打菜色是厚切麋鹿肉佐越橘。新奇效應正在全面展開。

抵達水療中心停車場停好車後，柯佩拉拿出血壓機。我靜坐了兩分鐘後測量血壓，我的血壓值已經處於舒緩的區間。我讓柯佩拉自己去享受他的動力步道時間，我自己一人踏上小路。這條路蜿蜒曲折，經過水療中心的燃木桑拿房，繞過一座湖，而且居然還得翻越山丘，跨過峽谷。果然是鄉間散步，宜人愉快，但景色並不出奇，花鳥樹木，幾幢房子，還看到了拖拉機和柴堆。柯佩拉說，獨處是讓某些好處最大化的好方法，尤其是與自我反省有關的好處。當然，芬蘭人會說，在大自然獨處最棒；他們可是出了名的內向。但是，三十年前，心理學家約阿希姆・沃威爾（Joachim Wohlwill）就贊成獨處，他寫道，在孤獨中經歷的自然環境，對精神疲勞或承受社會壓力的人，似乎特別有恢復的作用。我感受到了。當感覺安全時，我喜歡一個人身處大自然中。（基於安全考量，女性往往認為獨自在大自然比男性的壓力更大，這並不奇怪。）

才剛出發，我就看到路上有個標誌，已經到了九站中的第一站。我拿出一張紙，上頭有柯佩拉寫的英文翻譯。第一站是一項認知任務：兩幅線條圖，描繪一個湖畔熱鬧的野餐場景，我要找出並計算兩張圖片之間的所有不同的地方。例如，A圖中有一隻啄木鳥在樹枝上，B圖則沒有啄木鳥。還有一份簡短的調查問卷，要求我給自己的感覺從一分到五分打個分數，這是所謂的「恢復性結果量表」，經常用於心理研究。陳述包括「我感到平靜和放鬆」、「我精神抖擻，保持專注」、「我熱情有幹勁」和「我日常煩惱都消失了」。在健行結束後，我會重複這兩項任務，並比較分數。

再往前走，第二站的指示牌要我看看地面，看看天空，深呼吸，放鬆肩膀。指示說：「感受你的身心變得寧靜。」抬頭時，我看到電線，真叫人洩氣，但我接著想起這條小路為了冬季滑雪所以設有照明，於是又開心起來。

第三站要求健行者傾聽大自然的聲音，「讓你的思想自由奔馳。」還有，「你可以蹲下來，摸一摸植物。」第四站要求我走到附近一個我感到平靜的地方。第五站：發掘你的情緒和心境，諸如此類。最後，從眼前的風景中，找到一種可以當成你自己的隱喻的自然元素。我挑了一棵能夠遮蔽小樹的大樹，我想念孩子，開始覺得有點感傷了。

步行結束後，我重新做了認知測試和問卷調查。如果你的量表得分多了十分，解說牌基本上會告訴你，你需要盡可能多多融入大自然。如果分數不變或變低，就應該回家，轉個什麼歐洲足球賽來看看。我的分數多了五分，代表「這種步行方式適合你，應該改天再試一試。」柯佩拉這麼翻譯。整個練習感覺有點像時尚雜誌後面的性格測驗，「從你最喜歡的零食來看你是什麼樣的人？」或者網路測驗：「你是哪一個布偶？」一九二〇年代，心理學問卷開始流行起來，當時心理學家榮格（Carl Jung）撰寫性格類型的文章，不知道有沒有想到《芝麻街》裡的柯米蛙，但凡是人都會喜歡這些測驗。如果這種測驗能鼓勵大家多出門走走，那就更好了。

我的認知測試分數和血壓測試結果更加模擬兩可。我的「找一找AB兩圖哪裡不一樣」的得分不變，收縮壓下降不少，六個單位，但我的舒張壓卻上升了九個單位。很多因素會影響血壓，包括水合狀態，所以這裡我要打上一個問號。不過，我的心率減少了一下。步行前，我很放鬆，步行後，我也很放鬆。現在，我正在啜飲金盞花茶，品嘗來自一家農場咖啡廳的芬蘭巧克力。我開始懷疑報導大自然的樂趣是否讓我的精神過於穩定，無法成為可靠的研究對象。

然而，對於壓力過大的員工來說，柯佩拉認為經常到綠色空間短暫逗留對緩解日常工作有龐大的潛力。他說，根據他的研究，「三十到四十分鐘的步行似乎足以引起生理變化和情緒變化，可能還能改變注意力。」

每個月五小時的建議，適用於那些需要短暫鼓舞的人，也是抵禦日常倦怠的方式。若你不只是一個精疲力竭的工作者呢？如果你有更大的問題呢？要讓已經嚴重憂鬱的人進入森林和花園，並讓他們在那裡待上一段時間，這就要靠蘇格蘭人和瑞典人了。十二週應該就可見效。

7

享樂花園

Garden of Hedon

「空地。這正是我所需要的。
慢慢地，我的大腦擺正了自己的位置，
進入了幾個月來未使用的空間。」[1]
——英國作家海倫．麥克唐納（Helen Macdonald）

在蓋爾語詩歌〈哈萊格〉（"Hallaig"）中，索利．麥克林（Sorley MacLean）說了一個故事：十九世紀高地清洗期間[2]，有一個人被迫離開他最愛的樹林，前往美國[3]。在蘇格蘭，許多人熱愛這首詩，它的悲劇、感傷和對土地的熱愛，直接觸動了民族的靈魂。生態學家彼得．希金斯（Peter Higgins）告訴我：「每當想起這首詩，我就不禁要流下眼淚，而我其實是英國人。」這裡的風景，如同芬蘭，是一股讓人團結的力量，扎根於伴隨著它長大的人的骨子裡，也扎根在蓋爾語中。weet，是下小雨，williwaw，是突如其來的狂風暴雨，還有wewire，宛如樹葉般在風中飄動，這還只是w開頭的字。來看看這個字有多完美：crizzle，「開放的水結冰時的聲音和動作」[4]？

蘇格蘭以大地為榮，但與芬蘭、南韓等國不同，它是一個分歧的國家。它的分歧不只在於「是否要脫離英國」這個長年問題之上，還有城市貧民脫離了土地，脫離了蘇格蘭深厚的堅韌文化。有些人認為這兩件事是相關的，因此這個國家對大自然的態度多了一抹絕望的色彩，大自然關係著文化的生存和民族的生存，「多待在戶外」，成了恢復失去的健康和理智的重要工具。

這個國家的社會分歧在格拉斯哥最為明顯。一到旅館，我就立刻被旅館下方的落魄氛圍所震撼。愛丁堡處處可見保存完好的石砌建築，大學生到處亂撞，遊客採購花呢，哈利・波特書迷在大象屋咖啡館前自拍，那是J・K・羅琳（J. K. Rowling）過去對著稿子塗塗改改的地方。然而，格拉斯哥市中心讓人回想起一九三〇年代的紐約包里街：大白天露出臂膀的醉漢，在街頭悶悶不樂吸菸的年輕人。在這裡，下層階級主要是白人，吸了毒，精神恍惚，脾氣暴躁。

---

1 "Clearings. That's what I needed": Quote is from Helen Macdonald, *H is for Hawk.* (New York: Random House, 2014).

2 譯註：Land clearances，農戶在地主的壓力下被迫前往他處謀生。

3 In the Gaelic poem "Hallaig": The haunting audio clip of the poem, read in Gaelic, can be found here: http://www.edinburghliterarypubtour.co.uk/makars/maclean/hallaig.html, accessed April 2015.

4 Weet, williwaw, crizzle: All from Robert McFarlane's Landmarks (London: Penguin UK, 2015).

大格拉斯哥地區有些地方面臨著歐盟最低的預期壽命。在一些社區，男性預期壽命是五十四歲，而約二十公里外，男性的預期壽命是八十二歲[5]。該市六成的超額死亡歸於四項原因──毒品、酒精、自殺和暴力。一九九一年至二〇〇二年間，與酒精有關的死亡人數增加四倍，主因是製造業和採礦業在一九七〇年代和一九八〇年代解體，有四代人失業，造成了經濟上的差距[6]。

正是這種分歧，讓在格拉斯哥大學任職的英格蘭人理查・米契爾（Richard Mitchell）一大早就起床。芬蘭和日本的自然研究的對象，是受過教育的中產階級，流行病學家米契爾則著眼於志氣消沉的窮人，他花了數年時間研究預防酗酒和肥胖的有效訊息傳遞，如今關注的焦點則是轉向了環境本身。他長久以來一直覺得好奇，為什麼有些地方能培育出健康的人，有些地方卻不能。荷蘭的研究激起了他的興趣，他開始研究綠地地圖。荷蘭的研究發現，生活在離綠色空間一・六公里內的地方，對身心健康有顯著的好處，包括減少糖尿病、慢性疼痛，甚至是偏頭痛。米契爾想知道這種關聯的主要原因之一是否只是運動。

這個假設不無道理。置身大自然時，我們通常彷彿具備了自驅動力，呼吸著氧氣，將肺部和心臟毛細血管從平日蜷縮在辦公桌前的狹窄空間解放出來，暫時阻止端粒緩緩走上死亡行軍之路。在公共衛生機構中，運動是萬能藥的觀念根深蒂固，凌駕在戒菸和洗手之外的一切之上。

因此，在閱讀歐洲第一波關於大自然療癒力的大型研究報告時，米契爾不禁頻頻翻白眼。這些研究發表於二十一世紀初，認為身邊的綠色植物與許多事情有關，包括延長壽命、減少慢性疾病、出生體重較高的嬰兒等等。用他的話來說，疑雲重重。當最有可能接近大自然的人已經很健康了，已經在運動了，已經相對比較健康了等等，科學家怎麼可以把健康歸因於接觸大自然呢？以米契爾本人做例了：一九八〇年代，在埃克塞特附近的荒野上，他在父母的陪伴下長大，常躲在閣樓讀《國家地理》雜誌，彈奏低音吉他，喜歡玩一種叫「信箱遊戲」的早期戶外尋寶活動。他的父母建議他當科學家，於是他就當了科學家。如果說多風的沼澤地區讓他人生一帆風順，那就像歸功於他最喜歡的火腿三明治一樣荒謬。

除了這些疑點以外，他說：「理解運動比理解自然和樹木更容易。」在運動方面，神經科學是無懈可擊的。運動可以改變大腦，改善記憶，延緩衰老，它也能夠改善情緒，降低焦慮。對兒童來說，運動可以提高學習能力。有些研究顯示，在緩解輕度憂鬱症方面，運動與抗憂鬱藥同樣有效，而且少了不必要的副作用。相比之下，每年導致全

---

5 作者註：格拉斯哥預期壽命的資料來自世界衛生組織：http://www.who.int/bulletin/ volumes/89/10/11-021011/en/, accessed April 2015.

6 Richard J. Finlay, *Modern Scotland 1914–2000* (London: Profile Books, 2004).

球一百九十萬人死亡的「集體身體怠惰」，對我們人類這個物種是新鮮事物，而且越來越嚴重。在前工業時代，我們每天在體力活動上消耗大約一千大卡，現在我們平均消耗三百大卡[7]。

米契爾之所以逐漸改變想法，是因為讀了一些日本研究，這些研究顯示在森林步行能減少壓力，在城市步行則沒有這種效果。也有一些研究顯示，住在公園和綠地附近的人更健康，雖然他們未必會去這些地方運動。但還有別的什麼事，那件事有改變人的生活的潛力。

但他仍然沒有忽視運動的作用。如同本書的架構所暗示，在自然界中的時間似乎有一條劑量曲線，五分鐘很好，三十分鐘的散步更好，把運動和大自然結合起來，效果還會再放大。「也許只是一種添加劑，但也許不只如此。」他說。為了證明給我看，他邀我和他一起去漫步。漫步是全英格蘭最受歡迎的消遣，尤其是喝了威士忌後。

我們在米契爾校園辦公室會合。他的辦公室位於無電梯的小閣樓，他在這裡主持環境、社會和健康研究中心。米契爾長得又高又瘦，上了車就得縮起身體。他開了一小段路到鎮邊。我們準備爬上杜戈因山，它是環繞城市北側一連串火山丘陵中的一座。他穿著登山靴，背著裝滿「防水用品」的背包，還帶了兩根手杖。他盯著我破舊的運動鞋和一堆筆記本、相機和錄音設備。他要借我一根手杖，但我拒絕了。那是一個美麗的六月天，鄉間一片翠綠，這條路線是格拉斯哥最受歡迎的日間健行路線之一，我想走起來應該乾爽而堅硬，畢竟我已經習慣了真正的山。

在蘇格蘭漫步的第一個驚喜來了——根本沒有什麼步道。土地潮濕，長滿植物，小草生長速度飛快，人的腳都來不及踩扁。我們走過莎草、苔蘚、岩石和三葉草，一直線走上去，再一直線走下來。

他說：「這會讓你的心跳加快。」沒錯，我的心跳加快了大約一小時。景色美得誇張，美得奢侈。我們翻過古老的石牆，牆的兩側開滿了粉色毛地黃，羊群在田野吃草，一隻紅隼在天空盤旋。到了山頂，我們遇到一小群童子軍，在他們身後，蘇格蘭柔軟的綠色地毯一覽無遺，一路延伸到附近的西高地。色彩彌漫大地，抹去了道路房舍。

我們吃了幾個三明治，拍了照。下山途中，沒走幾步路，我就滑了一跤，擦破了手，幸好筆記本沒事。米契爾默默送上手杖，這一回我接受了他的好意。我問他為什麼「鄉間漫步」（rambling）在蘇格蘭如此流行。（「健行－hiking」在這裡指的是過夜背包旅行，被認為有點嬉皮味道。）米契爾聳聳肩，說可能是因為這個國家友好古老的自由漫步法律比英國其他地方更寬鬆，允許你任意踐踏私人土地，只要不偷羊，不亂摘

---

7 The kilocalorie figures are cited in Jo Barton and Jules Pretty, "What Is the Best Dose of Nature and Green Exercise for Improving Mental Health? A Multi-Study Analysis," Environmental Science & Technology, vol. 44, no. 10 (2010): p. 3947.

梔子花，不獵殺地主的鹿就好。走路是蘇格蘭最受歡迎的運動，蘇格蘭人每年進行兩百二十萬次短途徒步旅行，一百八十萬次長途徒步旅行[8]。我沒有找到蜱蟲叮咬的數據，不過米契爾說他每年都會從皮膚中挖出兩三隻。

然而，直到前往格倫戈因釀酒廠的路上遇到一對匆匆下山的男女，我才真正理解這種全國性的癡迷。蘇格蘭的山丘是泥炭地，每個地區的土壤、濕度、溫度和暴露程度略有不同。許多正統的單一麥芽威士忌使用周圍沼澤的煙乾大麥，這是蘇格蘭的獨特地方風味。我們經過一條小溪，在蘇格蘭這種小溪稱為burn，這條溪供應格倫戈因釀酒廠用水，然後流向洛蒙德湖。當年羅伯・羅伊（Rob Roy）為了躲避英國人，藏身在湖畔山洞[9]，近一個世紀後，詩人威廉・華茲華斯（William Wordswort）在這裡愛上擠奶女工。

結束山丘漫步後，我們返回閣樓，米契爾給我看了一些色彩鮮明的統計圖表。在他和同事法蘭克・波凡姆（Frank Popham）在《刺胳針》發表的研究中，他們比較了英格蘭的早期死亡率和疾病（六十五歲以下的人口）與鄰里綠地（定義是「具有自然植被的未開發開放土地，包括公園、森林、運動場和河川廊道」）。這是一項巨型研究，蒐羅整理了四千萬人的記錄。米契爾調侃道：「我們相當喜歡把死亡當成結果，我們知道如果他們死了，那就是他們出了什麼問題。」

在綠化程度較高的社區，對收入因素進行調整後，每個人的死亡率都較低。不過，值得注意的是，肺癌死亡率沒有下降，而肺癌並非與壓力有關的癌症，也與預測的一樣，肺癌與綠地無關。然而，心血管死亡下降了百分之四至五，鑑於龐大的人口規模，這是一個很大的數字。但當研究人員具體研究每個收入階層的死亡和疾病時，出現了一些有趣的模式。研究結果顯示，在綠化最少的地區，與收入相關的健康差異最大，窮人死亡率是富人的兩倍。不過，在綠化最多的地區，窮人的情況相對要好得多，開始追上富人的長壽。換句話說，綠化對最窮的人有保護作用，不是提供了更多活動筋骨的場所，就是以其他方式緩衝與貧窮有關的壓力[10]。

在此必須發出標準的警語：這項研究規模很大，也經過仔細分析，但它是一項橫斷面研究，不是病例對照研究，這意味著它捕捉到一個歷史的瞬間，很難肯定說是綠色空間，而不是社區的其他東西造成這些影響。因此，為了了解更多，米契爾後來分析了地圖、鄰里公設（不光是公園，還有交通、商店、文化設施等等），以及三十四個歐洲國

---

8 From "Let's Get Scotland Walking: The National Walking Strategy," government report (2014), http://www.gov.scot/Resource/0045/00452622.pdf, accessed April 2015.

9 譯註：著名的蘇格蘭高地歹徒。

10 Richard Mitchell and Frank Popham, "Effect of Exposure to Natural Environment on Health Inequalities: An Observational Population Study," *Lancet*, vol. 372 (2008): pp. 1655–60.

家兩萬一千名居民的心理健康數據，成果於二〇一五年在《美國預防醫學雜誌》（*American Journal of Preventive Medicine*）上發表。

他說：「只有一項社區服務似乎與精神健康不平等有關：綠色休閒設施。事實上，擁有最好的休閒場所和綠色空間的人，在心理健康方面的不平等程度，比那些擁有最差場所的人低百分之四十左右。[11]」這個發現會讓歐姆斯德興奮不已；最貧窮的人得到的幫助最多！公園似乎確實是一個社會階層整平機；米契爾對這些綠色空間則有自己的說法：它們是「平等的」，是「不平等的破壞者」。

不過一個奇怪的難題出現了。當米契爾將注意力轉向蘇格蘭時，這種模式就不那麼明顯了。窮人裡最窮的人根本無法利用綠色空間，即使周圍都是綠色空間。正如我們看到的，格拉斯哥綠到不能再綠，這個地名的意思就是「親愛的綠色地方」，但社會住宅附近的林地卻被忽視，被破壞，甚至被歹徒占領。公園裡有一種非常受到歡迎的消遣方式，就是把綠色垃圾桶（不是藍色的，藍色的不適合）推進來點燃，然後吸入煙氣。毫不奇怪，這些翠綠色的區域實際上是壓力的來源。美籍加裔記者暨活動家珍．雅各（Jane Jacobs）在一九六一年的經典作品《偉大城市的誕生與衰亡》（*The Death and Life of Great American Cities*）中預見到了這一點，她在書中抨擊大多數城市公園「放大了單調、危險和空洞」。她的解決辦法是把嬰兒通通丟出去，把公園鋪一鋪路。她認為，城市的生命不是公園，街道和人行道才是。（她沒有預見到兒童將從人行道上消失，還有肥胖和慢性疾病以驚人幅度增加。）

另一方面，米契爾看到了公民社區不足之處。這是公共衛生專家可以有所作為的機會，所以他們正在努力。蘇格蘭政府新近接受了一些激進的政策，其中一項是清理林地，以便加強對壓力人群的醫療和心理健康治療。另一項名為「國家步行戰略」的政策，鼓勵社區改善有標誌的小路，組織健行活動，讓人們開始動起來。這可能是一個具有挑戰性的主張，想想電影《猜火車》中的場景，倫頓說：「我們被一群笨蛋殖民了，我們甚至找不到一個像樣的種族來殖民我們，這是一種糟糕的狀態，再多的新鮮空氣也改變不了這一點。」但他們會嘗試改變。

政府為「親愛的綠地」及其他地方制定的指導方針規定，每個人應該出門不到五百公尺就能走到安全的林地。因為要使用綠色空間，就必須靠近它。為了實現這個目標，蘇格蘭掀起了植樹和擴大林地的熱潮，旨在將蘇格蘭的林地覆蓋率從百分之十七提高到百分之二十五[12]。親近自然是蘇格蘭一個新的全國性指標，如果你瞇起眼睛，試著想像一

11 Mitchell quotes on the AJPM study are from his blog: http://cresh.org.uk/2015/04/21/more-reasons-to-think-green-space-may-be-equigenic-a-new-study-of-34-european-nations/, accessed April 2015. The study itself is Richard J. Mitchell et al., "Neighborhood Environments and Socioeconomic Inequalities in Mental Well-Being," *American Journal of Preventive Medicine*, vol. 49, issue 1 (2015): pp. 80–84.

下美國國會通過這樣一個標準，你就能體會到這是多麼了不起。

蘇格蘭對森林的救贖理念非常執著，不管是步行還是其他方式，因此正在資助一個名為「另闢天地」（Branching Out）的計畫，在戶外提供心理健康護理。蘇格蘭森林委員會健康娛樂顧問凱文．拉弗蒂（Kevin Lafferty）邀我去看看活動怎麼進行，這就是為什麼我會和一群前重刑犯和毒蟲在橡樹上捏塑黏土臉。以科學為本的概念是，每週三小時、為期十二週的林地活動，可以減少憂鬱症的症狀，提高社交能力，加強體育鍛煉和自尊。

有時你會遇到這樣的人，他很容易一頭就栽入工作，看起來很滿足，而且能力超群，與工作完美匹配，顯然這是一個更高層次的使命。湯姆．戈德（Tom Gold）和理查．波頓（Richard Bolton）就是這樣的兩個人。戈德在森林委員會休閒部工作，教導另闢天地學員建造掩蔽處等技能，波頓是當地的公園巡查員，受雇於格拉斯哥郊外一個名為卡西頓的大型公共住宅區。驅車前往卡西頓森林的路上，戈德在高速公路上一直讓車窗敞開，我們在高速公路上飛馳時，他說：「對不起，我搞不懂空調。」

戈德人高馬大，體格像伐木冠軍，坐在車裡必須縮起身子，想像他在山中砍樹還比較容易。他說：「我的拿手絕活是野地生活技巧，也就是在不損害資源的情況下讓戶外變得更舒適的藝術。食物、火、遮風蔽雨的地方，你有很多方法可以獲得，同時讓環境保持你發現它時的原樣。這跟生存訓練不同，生存訓練需要偽裝、陷阱、裝備、武器，對環境的態度一般來說沒那麼健康。總之，那很明顯不是我們會教這些人的東西。」他指的是參與的學員，許多人才剛出院。戈德一生大部分時間都在研究心理健康與環境的交集，他先是在亞利桑納州荒野地區負責一個青少年犯計畫，後來進了蘇格蘭一間司法精神病院工作，這兩個機構落於遏制手段光譜的兩端。在亞利桑納州，戈德試圖說服男孩相信，用燧石和鋼鐵生火，比他們的打火機還要可靠。「為了示範，我吸了一根菸，差點當場暈死過去。」他看到男孩有了顯著的改變，只是許多人回家後，也跟著回到了幫派。他說：「我要求那個年齡的孩子不要重蹈覆轍，不要去做朋友都在做的事。」

在精神病院，「誰都不允許走出圍牆。」戈德說：「如果在以大自然為基礎的計畫中能更康復，那也不可能列入考慮。」

他希望另闢天地除了有「綠林好漢」少年冒險營隊的短期效益，也可以提供更多傳統療法的長期行為矯正。自二〇〇七年成立以來，另闢天地已經有大約七百名學員參與，活動包括健行、野地生活技巧、林地技能、步道維護和賞鳥等等，宗旨是幫助學員離開機構後能順利適應更獨立的生活，在促進運動和改善病情最嚴重之學員的幸福感方面特別成功。

---

12 Martin Williams, "Hopes for Forestry Scheme to Branch Out," *The Herald* (Edinburgh), June 4, 2013. http:// www.heraldscotland.com/news/home-news/hopes-for-forestry-scheme-to- branch-out.21253639, accessed May 2014.

「我們稱這是生態療法。」戈德說：「我自己更喜歡用『冒險療法』來稱呼，不過這樣說會讓一些人擔心自己要穿著又濕又癢的工作服被蚊子咬死。」另闢天地提供交通工具，如有需要，也會提供雨靴和防水鞋，以及所有必要的零食。排隊等著參加的人非常多。

我們開下高速公路，來到卡西頓老莊園的馬車房，見到了巡查員波頓。他身材矮小，為人隨和，一副從容幹練的模樣。他解釋說，卡西頓有一萬三千人領取社會救濟金，失業率是百分之三十九，百分之十三的居民有毒品問題，精神健康疾病的發病率幾乎是全國平均數字的兩倍。

不過有生態學背景的波頓認為這些樹林可以提供幫助。波頓帶我們走了一段路進入森林，陽光明媚，枝繁葉茂，但林地的不良歷史痕跡依然歷歷在目。（在這一點上，森林與它的使用者並沒有什麼不同，都保留了一種剛被破壞的氣息。）例如，我不習慣看到樹上有塗鴉。波頓說：「你應該看看之前的樣子。」在這裡工作的三年期間，他清理了雜草叢生的小徑，拖出一百二十噸垃圾，包括一座公車候車亭（以及有輪子的垃圾箱），有人會燒亭子來獲得快感。「難怪他們死得早。」他說。

為了幫助傳達一種安全感，他常常在這裡給學校學生上課。在過去的一年裡，協助組織了一百零八場不同的文化和教育活動，帶領晚間健康步行活動，還贊助公園工作人員的培訓。跟著他一起訓練的社會住宅居民中，有百分之七十的人後來找到長期工作。他就像《仲夏夜之夢》裡的帕克：把每個人拉進歡樂的森林中，相信他們回到家裡一切都會順利。像韓國的森林療癒師，波頓是自然學家，是社會工作者，也是神話製造者——這是一個過去不存在的工作內容，因為這個工作不需要存在。我們與大自然曾經有著熟悉的關係，熟到可以直呼其名那一種；現在我們卻需要專業人士幫助我們重新熟悉森林。很快，我們可能需要老師提醒我們如何面對面交談。就像哺乳顧問，或者YouTube上教我們烤麵包的人一樣，波頓是搶救文化的中間人。

此刻，捏石像鬼就是搶救文化。一小群人，有患憂鬱症的，有犯過輕罪的，還有吸過毒的，都聚集在小徑上，看波頓示範如何用黏土捏出「小綠人」，黏到樹幹上面。戈德和波頓不會知道學員的犯罪和精神背景，他們的任務是目前的工作。波頓一邊快步走來走去，一邊親切地自言自語。「一路走來，我收集了一些小東西、小嫩葉，我可以開始把它們摘下來，利用這些形狀，比如這些梧桐樹的形狀和葉子，喂！這是一片冬青葉子。」他像一隻眼光好的公雞，把葉子從地上撿起來。「臨時藝術有個好處，不喜歡，那就重新來過。你會注意到有些葉子有毛茸茸的紋理，有的很光滑。我要不要再加點顏色呢？」

「要啦！」一位身穿黃色風衣的年長男子扼要地回答他。波頓拂過一棵灑著閃閃發光五彩紙屑的樹，解釋說：「附近有家苗圃用這棵樹當仙子樹，亮粉灑得有點太多了。這是一片椴樹葉，尖尖的地方很可愛。林地可以激發很多靈感。」

大家圍上去，看他用黏土捏出一個尖尖的鼻子，再用蕨類貼出鬍鬚。有的學員看起來一臉兇惡，有的很輕浮，他們的雨衣鬆鬆垮垮歪歪斜斜掛在沒有精神的身體上。對許多人來說，這是他們一整個星期第一次走出家門，但他們都非常配合。這是第六週，課程活動已經過了一半，他們知道該怎麼做。一個二十出頭的男人，矮矮胖胖，留著摩霍克頭，穿著鬆垮的藍色運動衫，告訴我他來不是為了藝術，而是想學野地求生技能。「我喜歡生火和野營。」他告訴我。他小時候和祖父一起做過這些事。他還告訴我，他才剛出院，脖子後頭還看得見傷疤。他很高興能像普通人一樣出來活動。他抓起一把松針，拍到黏土裡面當眉毛。

每個人都似乎很投入。這很有趣。創作臨時藝術既可以與人共處，也可以躲在自己的空間，不用冒太大的風險。我們欣賞彼此捏出的石像鬼，點頭讚許，喃喃自語。學員自己就像石像鬼，不同年齡，不同膚色，不同的心境。準備吃點心了。戈德接手負責，拿出一種叫「凱莉壺」的金屬巨壺。我們看他示範怎麼點燃小樹枝。他先用了一種像弓的工具，很像俠盜羅賓漢在森林中使用的東西，那玩意沒用，他改用燧石和棉球。老實說，用打火機快多了。他終於把燒著的樹枝鏟到水壺四周，水燒開的速度倒是快得出奇。我們喝茶吃餅乾，這是蘇格蘭人的習慣，即使在森林也一樣。許多人拿出菸來抽，這是格拉斯哥人的習慣。他們將拖著疲倦的身軀回家，慶幸自己安然熬過一次戶外社交活動，期盼下週的到來。

對於這樣的計畫，社交這一塊非常重要。戈德說：「經過長期精神健康治療後，要回到主流社會，你不會去皇后街車站看看怎麼交朋友，你要加入一個團體，在團體中，有任何問題，那些非常了解你經歷的人會用溫和的方式處理。」

從航海民族維京人的探險到「外展訓練」（Outward Bound），另闢天地只是「荒野塑造性格」這個歷史悠久傳統的最新化身。外展訓練是美國最著名的戶外教育課程，源於一九三九年，由一位德國猶太教育家和一位對波濤洶湧的大海有著瘋狂懷舊情結的英國人共同創辦。當時戰爭爆發，他們覺得年輕人沒有表現出足夠的抗壓力、領導能力或戶外訓練。英國荒野不多，但可以提供大海、海岸線和綿延數公里的曠野。就心理健康治療而言，歐洲有精神分析的後裔，也有大自然強化健康的水療傳統，所以這兩位可能命中注定在歐洲北部的田園醫院相遇。然而有趣的是，早年美國心理學家本傑明．若許（Benjamin Rush），在一八一二年的論文，就已經率先推廣讓精神病人接受自然療法的構想：「有人說，所有醫院的男瘋子，他們幫忙砍柴、生火、在園子挖土……往往就能康復，而那些地位不允許他們做這種活兒的人，卻在醫院圍牆內痛苦地度過一生。」[13]

他的改革理念幫助美國和歐洲慢慢改變精神病患者的治療。長久以來，佛洛伊德將不健康的壓抑傾向歸咎於城市和文明，那至少是部分原因，但在第一次世界大戰後，治療進入了一段漫長而混雜的中間時期，心理健康護理轉向藥物、氣候控制和管理式照護。從某種程度上說，自然療法正在慢慢地重新流行，在將科學應用於該領域的方面，做的最多的可能是瑞典人。

約翰．奧托松（Johan Ottosson）的經歷似乎是一個很好的起點。二十三年前一個寒冷的冬日，在瑞典南部，奧托松騎著自行車要去上班，途中意外遭到一輛汽車撞倒。他騰空飛了好幾公尺，最後頭朝下落在一塊岩石上。在接下來的六個月，他在北海邊的醫院努力恢復基本技能（他再也不能在沒有幫助的情況下閱讀或寫作）。生活既悲慘又可怕，醫師和治療師都給予了許多協助，但奧托松說真正將他從絕望和悒鬱中拉出來的，是附近的大地和大海。

「我就是覺得很想很想到外面去，我在外面感覺最舒服。」我去瑞典南部找他時，他回憶說：「我和這些石頭有著深厚的感情。有一種說法是這樣的，一個人身體不好，精力不足，就不可能和其他人相處太久，但和動物、植物、石頭和水在一起就沒問題。」奧托松對大自然的療癒力量深信不疑，後來進了瑞典農業科學大學，在工作環境、經濟和環境心理學系攻讀博士，研究的就是這個主題。

他引人信服的論文用第三人稱描述了自己康復過程的更多細節。起初，他只能在岩石中找到安慰。「彷彿石頭在對他說：『我一直在這裡，也會永遠在這裡，我的全部價值在於我的存在，無論你是什麼，你做什麼，都與我無關。』……這個感覺讓他平靜，內心充滿了和諧，他自己的處境變得不那麼重要，這塊石頭在第一個人走過以前就已經存在。[14]」開始好轉後，他把注意力轉向海浪，然後逐漸開始觀察植被，尤其是橡樹。

奧托松的研究非常仰靠二十世紀中葉美國心理學家霍華．瑟爾斯（Howard Searles），瑟爾斯最為人所知的是他對精神分析過程中的移情概念（病人將情感投射到治療師身上）的見解，他也發現大自然可以成為有用的移情對象。瑟爾斯在馬里蘭州鄉間精神病院工作，親眼見證了這種情況，他寫道：「非人類環境對人類的個性發展，絕非只有少許或沒有任何影響，它是構成近幾十年來人類心理存在最基本的重要養料之一……近幾十年來，我們從生活在另一個由大自然生命盎然的作品主導或近在咫尺的世界，轉為生活在一個由科技主導的環境中，科技有神奇的力量，但終歸是沒有生命的。」這段話寫於一九六〇年。

我前往奧托森位於阿納普的校園辦公室拜會他。六十三歲的他患有帕金森氏症，讀寫都要仰賴助理，說話時，上半身像蛇一樣左右輕晃。他到瑞典各地演講，許多人與他分享在大自然中康復的類似故事，他感到很驚訝。不過他非常難過，現代醫療機構差不

---

13 Benjamin Rush quote from Benjamin Rush, *Medical Inquiries and Observations upon Diseases of the Mind* (Philadelphia: Kimber & Richardson, 1812), p. 226, accessed at https://archive.org/stream/medicalinquiries1812rush#page/n7/mode/2up, accessed May 2015.

14 Johan Ottosson, "The Importance of Nature in Coping," diss., Swedish University of Agricultural Sciences, 2007, p. 167.

多已經忘記了若許和瑟爾斯的洞見。「當你在一百年前蓋醫院時，你會把它蓋在一個漂亮的公園周圍，這種事是不用說的。但是大約在一九三〇年或一九四〇年之後，人被當成機器治療，只得到能量和藥物。我們現在才開始要把更全面的知識找回來。」

景觀設計系位於一座古老的城堡式建築中，在奧托森辦公室的走廊盡頭，是派崔克·格蘭（Patrik Grahn）的辦公室，他負責重振瑞典的「園藝療法」——一種利用植物栽培和花園環境的治療策略。是誰啟發了他？奧托森。格蘭不是從零開始，身為景觀設計師，他一九九〇年代初就在密西根認識了卡普蘭夫妻，之後不久研究了瑞典人使用城市公園的理由。他翻出當時令人驚訝的答案——為了心理健康。然後他遇到了奧托森，「他告訴我他所經歷的故事，所以我們動手做了一些研究，我們提出療癒花園的瘋狂計畫，設想它們應該是什麼樣子。」格蘭說，他在拉普蘭長大，沒事就是採雲莓、撈鱒魚、釣鮭魚。

在大學的資助下，他們在附近蓋了一座療癒花園，有玻璃穹頂溫室、水景、花壇、菜圃、小徑和各種小建築。在五月一個陰沉沉的午後，格蘭帶我去了花園，首先映入眼簾的是一個令人愉快的紅色花園廚房，廚房四周有個寬闊的露臺，俯瞰著小片的田野。它的座右銘可能是愛默生的名言：「田野和森林帶給我們的最大喜悅，是暗示人與植物之間的神祕關係，我不孤單，也沒有不被承認。它們向我點點頭，我也對它們點點頭。[15]」根據從奧托森和卡普蘭夫婦那裡學到的東西，加上自己的經驗研究，格蘭認為一個可以發揮效用的花園應該包含一些元素：安全、迷人、自然主義、豐富多樣的物種等等。

外頭很冷，還下著毛毛雨，所以格蘭帶我進了溫室，治療師安娜－瑪麗亞·帕斯多蒂（Anna-María Pálsdóttir）從盆栽摘下幾片葉子，泡了香櫞茶。她解釋說，阿納普的標準治療計畫是十二週（和另闢天地一樣），但這裡的參與者每週來四次，每次三小時。阿納普花園專門治療承受嚴重工作壓力的患者，他們經常請病假，有的一請就是數年（這是一個提供病假的國家）。他們非常憂鬱、嗜睡、反社會，通常還有其他健康問題，大多數人服用五花八門的藥物。當他們來這裡的時候，「他們沒有任何的奢望，只求活著。」帕斯多蒂說。

她描述患者的典型進展情況，與奧托松的康復經歷非常相似。在頭幾週，參與者經常獨自躺在花園裡（吊床上或地上），度過他們在花園的時光。由於這項計畫全年無休，有需要的話，他們還得穿上厚重的雪衣。帕斯多蒂說，由於嚴重的憂鬱症，「許多人感覺不到任何東西，他們自下巴以下幾乎失去了感官接觸。治療包括了讓身體和大腦再次連接，他們與植物的互動能夠訓練他們感受當下，他們會慢慢開始注意，比方說，今天喝的是什麼茶，我現在能夠品味咖啡、享受咖啡。這都有助於他們平靜下來。」

---

15 Emerson vegetable quote from Ralph Waldo Emerson, *Nature* (Boston: James Munroe & Co., 1836), p. 13. A digital version of the original essay is available here: https://archive.org/details/ naturemunroe00emerrich, accessed June 2015.

中年母親塞西莉亞患有嚴重憂鬱症，曾經參與治療，她告訴我：「我在樹籬附近找到了一個吊床，能在我以前的生活之外發現任何東西，真是太好了。我的大腦學會接受鳥、接受風，就這樣而已，那是我記得的第一件事。」

帕斯多蒂說：「我們引導病人使用他們的感官，最後我們會做一些創意活動，像是去摘一朵能夠代表你的感受的花，把你想做成堆肥的東西做成堆肥。我們經常用大自然來比喻好的事物、壞的事物。你可以自己一個人待著，如果你願意，也可以幫忙園藝工作，隨便閒混也都好。」

「正念是與生俱來的。」格蘭補充道。他一邊喝茶，一邊拿出多年來發表的研究圖表。他說，到治療計畫結束時，患者的「症狀下降百分之二十，不過實際的意義比數字更加重要，因為這正是被判定為生病和不生病之間的差別。」根據世界衛生組織的數據，百分之二十七的歐洲人口，即八千三百萬人，在過去一年，至少經歷過一次精神健康疾病。如果可以加快恢復的速度，將會省下一大筆錢。格蘭表示，阿納普百分之六十的患者在一年後重返工作崗位，這個數字高於接受其他類型治療的患者。根據六年的追蹤數據，「節省的成本效益相當高。」格蘭說：「他們從一年看診三十次，降低為十次。」這個計畫非常成功，瑞典政府不但買單，還開始在其他地方推廣，申請參加的民眾非常多。

格蘭目前正在研究這座花園對心靈受創的敘利亞難民和中風患者的影響。瑞典大約有百分之三十的醫療支出用於心理健康，不過中風護理的花費更高。通常的情況下，患者透過大量的重複性語言和職能治療，學習重新連結受損的大腦，但這是一項緩慢且令人疲憊的工作，而這就是花園可以發揮用處的地方。他說：「治療精神疲勞沒有既定的方法，所以我們希望能夠為這群人找到治療方法，我們還希望環境能夠幫助病人找到新的運作方法。言語治療師拿著一顆蘋果說『蘋果』，並且展示這個物體。但在自然環境中，患者可以說，可以聞，可以品嘗，使用所有的感官，所以理論上會是一種更有效的方式，促進大腦的不同部分一起工作。」

這些計畫似乎可以改善心理和認知健康，原因說起來很複雜，絕對不只是與大自然和感官有關。大自然似乎直接對我們的自律神經系統起作用，讓我們平靜下來，但也透過促進社會接觸、鼓勵運動和身體活動，發揮了間接的作用。

在這場歐洲新興公共衛生運動中，芬蘭、瑞典和蘇格蘭的最後一招是，鼓勵民眾走路，還有常常結伴散步，尤其是貧困人口，同時為他們提供安全、有趣和自然的走路場所。研究也建議去一些特別的地方，像是森林和海濱。比起森林，英國人更喜歡沿海地區。基本上，住得離海洋越近，你就越快樂。埃塞克斯大學健康和人類科學學院研究人員發現，如果你住在風景優美的英格蘭西部海岸附近，即使在調整了收入因素後，你運動的可能性也比其他人高九倍[16]。流行病學家伊恩．艾科克（Ian Alcock）說得不錯，如果你想獲得幸福，有一個簡單且符合科學的公式：「結婚，找份工作，住在海岸附近。」

進一步分析研究結果，如果你感到憂鬱或焦慮，在大自然中的社交散步可以改善你的心情，前提是和喜歡的人一起散步；如果你想解決生活中的問題，自我反省，激發創造力，最好找一個安全的地方獨自去[17]。

我發現獨行俠的命運最吸引我，因為我往往就是喜歡自己一個人走路。我喜愛與朋友一塊健行，不過我認為那更像是去閒談。我保護我的獨行時間，正是因為我發現獨自走路對解決個人和非個人的問題有很大幫助。步行加上大自然的特殊協同作用是什麼？在蘇格蘭，我想起了華茲華斯、創造力和想像力的精髓。走路是它的核心。雖然這些話題對神經科學家來說仍然有些神祕，但詩人可以提供一些幫助。

---

16 作者註：關於幸福、健康和海岸線的關聯，英國還有一些很棒的研究，請參閱以下文章：M.P. White et al., “Coastal Proximity, Health and Well-being: Results from a Longitudinal Panel Survey,” *Health Place*, vol. 23 (2013): pp. 97–103; and B.W. Wheeler et al., “Does Living by the Coast Improve Health and Wellbeing?” *Health Place*, vol. 18 (2012): pp. 1198–201.

17 作者註：Other good walking studies include Melissa Marselle et al., “Examining Group Walks in Nature and Multiple Aspects of Well-Being: A Large-Scale Study,” *Ecopsychology*, vol. 6, no. 3 (2014): pp. 134–147, and Melissa Marselle et al., “Walking for Well-Being: Are Group Walks in Certain Types of Natural Environments Better for Well-Being than Group Walks in Urban Environments?” *International Journal of Environmental Research and Public Health*, vol. 10, no. 11 (2013): pp. 5603–28.

8

繼續漫步吧

Rambling On

「散步時，我們自然去田野森林：如果我們只在花園還是商場散步，我們會變成怎樣呢？」[1]

——美國作家梭羅（Henry David Thoreau）

solvitur ambulando（走路即可解決）的概念，自神學家聖奧古斯丁（St. Augustine，西元354-430）以來就存在，但遠在那之前，亞里斯多德就在萊西姆學校的露天矮牆裡一面走路，一面思考授業。一直以來，我們認為在促進健康恢復的環境中行走，不只可以讓身體充滿活力，還能讓神智清醒，甚至迸發出才情、靈感（inspiration的詞源是呼吸）和整體的理智。法國學者斐德利克・葛霍（Frederic Gros）在《走路，也是一種哲學》

1 From Henry David Thoreau, "Walking," in *The Writings of Henry David Thoreau*, Riverside ed. (Boston: Houghton Mifflin, 1893), p. 258.

（*A Philosophy of Walking*）中寫道，這絕對是「比以往發現的任何其他方法更慢的最佳方式」[2]。美國開國元勛傑佛遜在走路時理清思路，梭羅和尼采則像亞里斯多德一樣，走路才能思考。尼采在《偶像的黃昏》（*Twilight of the Idols*）中寫道：「所有真正偉大的思想，都是在行走中醞釀的。」盧梭在《懺悔錄》（*Confessions*）坦承：「我只有在走路時才能沉思。停下來時，我不再思考；我的腦子只與我的雙腿一同工作。」

蘇格蘭顯然很喜歡它的雙重遺產——頭腦和闊步走。蘇格蘭國家博物館牆上，掛著蒸汽機（沒錯，蒸汽機）發明者瓦特（James Watt）在一七六五年的一段話：「那是在格拉斯哥的綠地上……我的腦海有了這樣的想法：蒸汽是一種有彈性的物體，會衝向真空……我還沒有走到高爾夫球場，整個設計已經在我的腦海中成形了。」發明家特斯拉（Nikola Tesla）也曾在布達佩斯公園散步時發明一種革命性的引擎。這兩人並沒有料到運輸引擎將如何加速行人生活的消亡。

梭羅則是預見到運動與自然的爭論，他認為：「我所說的散步和運動完全不同……但它本身就是一天中的工作和冒險。[3]」他還在〈散步〉（"Walking"）一文中寫道：「我認為我無法保持健康和精神，除非每天至少花四個小時——通常比這更多——在樹林中、山丘上和田野間閒逛，完全擺脫世俗的一切雜事。[4]」

在這個主題上，詩人惠特曼（Walt Whitman）是更堅定的傳教士，他告誡男性到戶外邁開步伐，讓自己更完美，更顯男子氣概。他寫道：「對你，文員，文人，久坐的人，有錢的人，閒人，也是同樣的建議。站起來！這個世界（也許你現在用無生氣的厭惡眼光看著它）對你來說充滿了熱情和美麗，如果你以正確的精神接近它！明天一早就出門去！[5]」

若說大自然為他們提供了清晰的腦袋和冒險，那麼對華茲華斯來說，大自然提供了理智本身。在〈丁騰修道院〉（"Tintern Abbey"）一詩中，他說大自然是「我心靈的護士、嚮導和守護者」。詩人的感受值得我們領略一下，因為他是浪漫主義時代蘇格蘭和漫步大自然的最大活廣告（據估計他一生走了大約二十九萬公里，邊走邊寫詩），也因為他經常寫到自己的心理健康與自然的關係——他是第一個全然以現代聲音這樣分享的人。我們不該將華茲華斯斥為凝視水仙的自然詩人。近代華茲華斯的頭號捍衛者是已故耶魯學者傑弗里·哈特曼（Geoffrey Hartman），他認為華茲華斯基本上發明了現代詩歌，加上柯立芝（Coleridge）幫的一點小忙，從而完全拯救了這種藝術形式。華茲華斯

---

2 Gros is quoted in Carole Cadwalladr, "Frédéric Gros: Why Going for a Walk Is the Best Way to Free Your Mind," *The Guardian*, April 19, 2014, http://www.theguardian.com/books/2014/apr/20/frederic-gros-walk-nietzsche-kant, accessed May 2015.

3 Henry David Thoreau, "Walking," Kindle location 54.

4 Thoreau, Kindle location 33.

5 Velsor Mose (Walt Whitman), "Manly Health and Training, with Off-Hand Hints Toward Their Conditions," ed. Zachary Turpin, *Walt Whitman Quarterly Review* 33 (2016), p. 189.

在心理學和認知方面的神經科學直覺讓我非常著迷，今日我們都忘了，詩人就是他們那個時代的哲學家，優秀的詩人改變了歷史發展。

華茲華斯是飽受創傷的孩子，母親在他八歲時過世，父親則在他十三歲時離開人間，他被送到冷漠無情的親戚家。由於經濟拮据，兄弟姊妹分居四方，這些事件絕對造成莫大的壓力，況且又是在詩人心理發展的關鍵時期。哈特曼自己的成長也遵循了類似的軌跡。一九三九年，九歲的他和幾十個男孩從法蘭克福的猶太學校被帶走，送到英國一棟鄉村莊園的別屋生活。他在那裡待了六年，直到戰爭結束，才終於前往紐約與他窮困潦倒的母親團聚[6]。

哈特曼頌揚並總結了華茲華斯的中心主題之一：「大自然為你做了一切準備，讓你有免疫力，或者緩和衝擊。他並不是說那裡沒有衝擊，沒有驚喜，而是說大自然的目的是讓心靈成長，能夠吸收或克服衝擊。」

哈特曼在二〇一六年過世，他過世前的前幾個月，我打了電話給他。他八十多歲，仍住在紐哈芬。二十多年前，我在耶魯大學修過他的浪漫主義詩歌課。我想看看他是否能再次幫助我理解一些資料，不過他最想談的是，在那段孤獨的歲月中，在他自己的衝擊時期，華茲華斯之於他的意義。他解釋說：「我認為，大自然的慰藉，欣賞詩歌以及被鼓勵閱讀的慰藉，特別是閱讀華茲華斯的作品，絕對讓我的流亡生涯稍微變得可以忍受一些。到英國以前，我沒有享受過大自然……因此，去了英國，讀了華茲華斯，改變了我對事物的感受。」由哈特曼來恢復華茲華斯在戰後學術界的聲譽，這或許是必然的結果。

一如哈特曼點醒我的，華茲華斯把感知自我當成感知的核心。大自然之所以有意義，是因為它與心靈「交融」[7]，形成了想像力的基礎。這是寫於一七九八年的長篇自傳體詩《隱者》（*The Recluse*）第一部的中心主題。「個人的心靈與外部世界是多麼地契合：而外部世界與心靈也是多麼地契合。」坐在威河河畔，詩人感歎「和諧的力量使眼睛變得安詳」，使人從「世界的狂熱」中解脫。大自然確實為哈特曼提供了這種解脫，我想在他最後幾個月也是一樣吧。

華茲華斯有時被認為是開創旅遊業的先驅，不過他的妹妹桃樂絲起碼也應該得到同樣的讚譽，她同他一塊走了很多很多的路，還在一八〇三年寫了《蘇格蘭之旅的回憶》（*Recollections of a Tour Made in Scotland*）。這是一本很好的讀物，不只因為它把柯立芝描寫成一個既窩囊又暴躁的人，還記述了一些趣事，比如想把羊頭煮熟來吃，結果羊頭的羊毛燒焦了。桃樂絲．華茲華斯寫道：「蘇格蘭是我見過最偉大的國度，在那裡，一

---

6 Hartman's relocation story is told in Jon Nordheimer, "15 Who Fled Nazis as Boys Hold a Reunion," *New York Times*, July 28, 1983.

7 Wordsworth external mind quotes are from the First Book of *The Recluse*.

個有想像力的人可以創造出自己的樂趣。那裡有許多有人定居的荒野，而人的工作與你發現他們的地方有直接的聯繫。」

這對兄妹都是不折不扣的浪漫主義者，反對工業和商業向田園風景發展。城市曾經給年輕的華茲華斯帶來興奮和革命性思想，不過他後來相信城市象徵著幻滅和停滯，是一種「野蠻的麻木」[8]。喧囂和髒亂非但沒有讓人更有創造力，反而還扼殺了他們的夢想，至少他的夢想。

華茲華斯兄妹與珍．奧斯汀（Jane Austen）同時代，奧斯汀的《傲慢與偏見》（*Pride and Prejudice*）於一八一三年問世，步行是良好教養和健康體魄的表現，這樣的觀念當時正在蓬勃發展，也為女性提供了難得的獨立機會，桃樂絲和奧斯汀筆下的女主角都熱愛散步。散文家雷貝嘉．索爾尼（Rebecca Solnit）在《浪遊之歌：走路的歷史》（*Wanderlust: A History of Walking*）中指出，當伊麗莎白．班納特獨自穿過泥濘的丘陵，前往達西家幫助病倒的妹妹時，她被刻畫得有點不像話，卻又充滿著誘惑力。

到了十九世紀初，步行及矍鑠的步行愛好者，與啟蒙運動、浪漫主義以及由於梭羅和愛默生而萌生的美國民族主義，已經很難分開來了。散步是一種哲學行為，有助於直接體驗神性；散步是一種政治行為，讓受過教育的階層與窮人（他們總是步行，咄！）交融；散步也是一種智力活動，激發思想和藝術。昔時的漫遊者信奉著一種根本的常識。

如今，從企業高階主管到容易分心的「知識工作者」，人人都癡迷於創造力，散步也有了新的面貌。高階主管舉行散步會議，甚至在辦公桌前的跑步機上走路（很爛的點子——去外面實實在在地走路！）。各地的人都沉迷於計步器，規畫社區健走活動。如果他們是我在這本書提到的那種科學家，他們也會隨身攜帶輕便式腦電波儀——或者讓他們的研究對象，以及像我這樣好奇的訪客，走出去為他們做研究。

一九二〇年代，德國精神病學家漢斯・伯格（Hans Berger）率先發明記錄人類腦內電波的方法。伯格年輕當兵時曾經墜馬，他確信自己的大腦在墜馬當下向他的妹妹發送了心靈感應的信息，所以想要查出真相。他也相信，我們可以觀察到大腦將能量轉為血流、電流，最終轉為思想本身[9]。從古怪瘋狂的探索開始，他最後發明了腦電波儀，將頭部電極發出的信號轉換到攝影記錄設備上。他稱這個裝置為「腦鏡」，只是這是說法太過樂觀。這種裝置不能讀取或反映出思想，但是可以捕捉到揭示精神狀態線索的電信

---

8 Savage torpor, from the preface to *Lyrical Ballads*, quoted in James A. W. Heffernan, "Wordsworth's London: The Imperial Monster," *Studies in Romanticism*, vol. 37, no. 3 (1998): pp. 421–43.

9 作者註：想更清楚認識柏格的探索與留給後世的影響，請參閱 David Millett, "Hans Berger: From Psychic Energy to the EEG," *Perspectives in Biology and Medicine*, vol. 44, no. 4 (2001): pp. 522–42.

號。例如，伯格了解到在休息或放鬆時會出現α波，之後又有其他更深入的認識，比如β波表示思想活躍和警覺，γ波在感覺處理過程中占主導地位，δ波則在深度睡眠中產生等等。

不久之前，記錄腦波圖還是很複雜的工作，套上緊繃的頭套，頭套上貼著幾十個紐扣大小的電極，每一個電極再接到一架大型電腦上。戴上這種設備，人好像一顆萎縮的海膽。但現在多虧了無線技術和微處理器，實驗對象可以帶著這些電極去散步，只要不隨意來回甩頭就好（由於這個原因，我們不知道跳舞時大腦是什麼樣子的）。大腦地理區域遼闊，有著數千個神經元，以腦波圖測量平均電輸出，仍然是較為粗糙的方法，但它對環境心理學感興趣的研究人員有著明顯的吸引力。

在二〇一三年一項小型但有趣的前導研究中，研究人員要求十多名志願者在愛丁堡散步二十五分鐘[10]。他們會穿過一條繁忙的城市大道、一座城市公園和一條安靜的街道，步行的志願者戴著一種新奇的攜帶式腦電波儀，加州EMOTIV公司製造的這種儀器，只需在頭上纏幾根塑膠觸角，加上十四個電極，就能將資訊即時以無線傳輸到筆記型電腦，接著EMOTIV運用演算法，處理α波、β波、δ波和θ波的頻率信號，將它們轉化為短期的興奮、沮喪、「參與」、「喚醒」和「冥想程度」。（也就是我在緬因州的湖上戴的裝置。）

蘇格蘭志願者進入公園時，他們的腦電波顯示挫折感和興奮感下降，而「冥想」程度提高。結果與注意力恢復理論吻合，研究人員深受鼓舞，於是現在又啟動一項規模更大的研究，由一百二十名老年人參與，他們稱之為「移動性、情緒和地點」研究。

研究主持人是約克大學的珍妮・羅伊（Jenny Roe），她同意讓我戴上腦電波儀在愛丁堡走一回看看。我在市中心與她的神經科學博士後研究員克里斯多福・尼爾（Christopher Neale）碰面，他稍微整理了我的頭髮，用鹽水輕輕擦拭，然後讓我戴上頭套。「你頭髮好多。」他喃喃說：「這和老年人一起工作不同，他們大多是禿頭。」不過設備終究還是開始傳輸訊號，我們邁開步伐，尼爾走在我前面十步左右的地方帶路。

那是一個美麗的六月天，我們沿著查姆斯街前進，學生、卡車、公車和摩托車，人車繁忙，喧鬧無比。這是件可喜的事，因為我知道噪音會讓我感到壓力，當然我也知道研究的設計（所以我不會是理想的研究對象）。然後我們拐進草地公園，我準備讓自己平靜下來——但我做不到。公園好多人啊，野餐的野餐，慢跑的慢跑，還有一大堆嬰兒車。野餐墊上傳來隆隆的音響聲，一輛公園維修車正從髒兮兮的小巷子倒車出來。噢，不！你們這些人擾亂了我的孤獨！這通常是我在城市公園時的情緒，但在產生愉悅腦電波的壓力之下，這種情緒更加嚴重。看看這些草，我告訴自己，聽聽那些該死的鳥。一

10 Peter Aspinall et al., "The Urban Brain: Analysing Outdoor Physical Activity with Mobile EEG," *British Journal of Sports Medicine* (2013), published online, bjsports-2012-091877.

個人騎自行車橫衝直撞過去，我們離開了公園，走到一條比較安靜的街道，最後來到國家博物館附近。我頭痛不已，尼爾拆下我腦袋上的儀器，答應會把結果寄給我。

幾個月後，我從尼爾那裡拿到我的腦電波分析報告，結果不令人意外，但倒有點令人失望。他寫道：「你可以看到，當你轉移到綠色空間時，你的興奮、參與和挫敗程度都提高了，根據這些結果，與繁忙的城市區域相比，你在綠色空間中更興奮、更投入。有趣的是，你的挫折感持續上升，而且居高不下，也許是因為你在陌生的城市散步，嚴格來說也是『在工作』！」

更有可能的是，我只是像華茲華斯一樣被人群激怒了。總之，就像尼爾說的，我屬於「非典型」。在我們針對老年人進行的較新研究中，使用原始腦電波數據做出來的早期結果看來相當不錯，也更符合我們的假設，也就是在綠色環境中行走有恢復效果。」我想起露絲・安・阿奇利在摩押說過的話，她認為不同的人對「大自然」的劑量有不同的容忍度，住在城市的人，可能會因為一棵樹而欣喜若狂，然後平靜下來，而非都市人需要更大的衝擊。「如果你習慣了科羅拉多州，你會想要安靜而開闊的景色。」她如此預測。大自然就像咖啡因，或者海洛因，你永遠只會想要更多。

看樣子我是被寵壞了。

或者我可能確實是很不適合的研究對象。幾個月後，我去伊利諾州厄巴納，拜訪那個玩攀岩、騎哈雷重機的運動神經學家亞特・克萊瑪。上回看到他時，他在摩押的躺椅上煩躁不安，顯然當時不喜歡坐著不動。當我進了這位六十三歲科學家在伊利諾大學貝克曼先進科學技術研究所的辦公室，這一點就更加明顯了。身為研究所所長的他，擁有一間木板裝飾的辦公室，室內面積大到可以放下一張「跑步機辦公桌」。

我打量著那玩意時，他說：「每天一到一個半小時，每小時二・七到三・二公里的速度。」克萊瑪深邃的眼睛表情豐富，灰白的鬍鬚修剪整齊，貌似體貼地控制住他那容易爆炸的幹勁。他身上的條紋襯衫有點皺，我懷疑他是不是剛剛從那玩意走下來。

克萊瑪學術成績斐然，但最重要的成就是，他發現每天四十分鐘的溫和步行，就可以防止老化的大腦出現認知能力衰退，尤其是在執行功能技能、記憶和精神運動速度方面[11]。為了鍛煉身體，他還增加了一系列額外的建議：擁有良好的基因，持續動腦，保持社交互動。他甚至提倡健走讀書會，我必須說，這聽起來遠不如縮在沙發上吃甜點喝紅酒來得有趣。多虧了他的同事、以前的學生大衛・史崔爾，他開始將大自然視為激發創

---

11 作者註：想了解克萊瑪的運動研究，請參閱 Charles H. Hillman et al., "Be Smart, Exercise Your Heart: Exercise Effects on Brain and Cognition," *Nature Reviews Neuroscience*, vol. 9, no. 1 (2008): pp. 58–65, and Kirk I. Erickson et al., "Exercise Training Increases Size of Hippocampus and Improves Memory," *Proceedings of the National Academy of Sciences*, vol. 108, no. 7 (2011): pp. 3017–22.

造力的一種方式。參加了史崔爾的沙漠會議之後，「我認為研究大自然是很棒的想法，我們可以開始研究大自然和運動的協同效應，我們可以嘗試在實驗室中隔離它。」他如此說道。

克萊瑪對史丹佛大學最近一項研究很感興趣，該研究顯示，走跑步機與在戶外步行都能提高發散性創造力[12]，這是一種擴展性的思考方式，包括腦力激盪，為一個問題找到不止一個的正確答案。該起研究的結果沒有顯示走路能提高收斂性創造力，史崔爾用詞語聯想任務證明外展訓練健行者會有巨大的回報，就是一個顯示收斂性創造力的例子（我們溫習一下這個任務，找到一個能與所有三個詞語有所關聯的詞語：cake/cottage/Swiss〔蛋糕／村舍／瑞士〕——如果你還沒有餓到能自由聯想的話，答案是cheese〔乳酪〕）。但史丹佛大學的研究並沒有研究在大自然行走，「戶外」部分發生在校區街道、小巷和庭院。史丹佛大學也許很美沒錯，但我親自走了一回發現，那裡的人和公務車輛也很吵。史丹佛大學教授丹尼爾・許瓦茲（Daniel Schwartz）和他的博士生瑪麗・奧佩佐（Marily Oppezzo），自然是在一次步行會議中冒出了研究步行與創造力的想法，因為他們在那次步行中迸發了大量的創意。

克萊瑪想研究大自然這一塊，在讓志願者在跑步機上跑二十分鐘之前和之後，都交代他們一些創造性的任務。有些志願者「穿越」一個虛擬實境的公園，有些志願者走過一條城市街道。當然，我也想試試。克萊瑪的研究生幫我安排。從一開始，就是災難一場。前測是建立某個類別的清單，我被指定的類別是「動物」，要在規定的時間內盡量想出最多的動物。我一連想出了好幾個，可能因為我在一座非洲狩獵場住過。當計時器響起時，我正要列舉牛羚、大羚羊、黑犀牛和水牛。問題來了，為了證明大自然能讓你更有創造力，你不應該在前測中拿高分。

走上機器的時刻到了。跑步機面對著兩個巨大的螢幕，上頭播放著走路的3D影片。我以舒適的速度開始慢慢走，但機器在無窗房間發出巨大的颼颼聲，感覺不像是愉快的自然環境。一點都不像。房間很悶，機器很吵，畫質不好不壞的電視影像很刺眼。我逐漸明白了虛擬實境其實是虛多過於實。我把目光從左邊螢幕轉移到右邊螢幕，右邊的畫質非常糟糕，樹木看起來像是蒙上一層核灰。接著一道明亮的閃光乍然亮起，影像晃了一晃，又重新調整。我覺得頭暈目眩，就像上次在實驗室進行虛擬實驗一樣。我揮手示意助手停下，在我覺得要吐以前，他已經把影像切換到2D。之後，我做了單字聯想測驗。

我得分很低。

不過顯然別人也表現得不好。克萊瑪後來告訴我，這項研究「有點失敗」。實驗

---

12 Marily Oppezzo and Daniel L Schwartz, "Give Your Ideas Some Legs: The Positive Effect of Walking on Creative Thinking," *Journal of Experimental Psychology: Learning, Memory and Cognition*, vol. 40, no. 4 (2014).

室技術存在一些問題，特別是「跨多螢幕呈現場景，以及不匹配的聽覺和視覺場景元素。」也許是時候承認了，各位：大自然處理這些元素絕對處理得更好。

在摩押之後的實驗，大衛·史崔爾的運氣比克萊瑪好。他在室外進行了步行研究，很有他的風格。他告訴我：「我們知道野外很混亂，颳風下雨什麼的。但進了實驗室很多好玩的東西都沒了，所以我學會了微笑、忍受、接受後果。」

史崔爾決定利用猶他大學校園附近的紅丘植物園，看看身處大自然對步行者記憶有什麼影響。他也想看看科技的使用如何擾亂記憶——畢竟他是開車會分心的史崔爾。史崔爾和博士生瑞秋·霍普曼把參與實驗的人分成三組，每組約二十人。一組人交出他們的手機，在植物園步行三十分鐘，然後進行識別記憶任務。第二組也進行同樣的散步和測試，但被要求在散步過程中講一通很長的電話，他們的媽媽那天都很開心。第三組是對照組。所有人在散步前進行了記憶測試。第一組不帶手機走路的人，在步行後的記憶測試中平均得分是八十分，打電話的那一組得分只有三十，而對照組得分也差不多。

史崔爾非常開心，他證實了在大自然行走能夠提高認知能力，而邪惡科技的加入則完全抹煞了這些好處。他說：「我們的發現與其他文獻吻合——工作記憶改善了。」他還解釋，結果也符合卡普蘭夫妻的注意力恢復理論。安靜健走的人能夠得到卡普蘭夫妻檔「感覺遠離」的神奇配方，容易接收周圍環境的柔性魅力，有一種與景觀和諧共處的感受，感覺就像置身在廣闊寧靜的空間。相比之下，講電話的人在戶外呼吸新鮮空氣可能會感到放鬆，卻沒有從日常煩惱中解放出來，他們沒有真正讓自己自上而下的注意力網絡休息，他們同時處理多項任務：走路、看、聽，最重要的是**說話**，占去大量的注意力頻寬。提醒自己：需要重新啟動認知功能時，把手機留在家中，或者至少塞在口袋深處。

大約在史崔爾進行實驗的同時，另一個史丹佛大學團隊設計了一項在大自然中行走的研究（說來有趣，這個提供創新育成服務，進而改變了我們與科技的關係而聞名的校園，現在正要在幫助我們擺脫科技上創下名聲）。兩個團隊都不熟悉對方的工作，但有一些很好的互補——這種事有時會發生。博士生葛雷格・布萊曼（Greg Bratman）、生態系統服務專家格雷琴・戴利（Gretchen Daily）和情緒調節心理大師詹姆斯・格羅斯（James Gross）三人合作，隨機找了六十名志願者進行五十分鐘的步行，有的走在帕羅奧圖繁忙街道上，有的到當地綠色空間地標「史丹佛大耳朵」周圍的小徑步行[13]。在步行

---

13 Greg Bratman et al., "The Benefits of Nature Experience: Improved Affect and Cognition," *Landscape and Urban Planning*, vol. 138 (2015), pp. 41–50.

前後，布萊曼測量了他們的情緒、焦慮和反芻思考，他們也接受了一系列嚴酷的認知測試。結果呢？受試者在記憶和注意力的測試中表現明顯更好——還回報說在大自然散步後感覺更快樂。

布萊曼和他的同事推測出一個原因，他們想驗證看看。他的共同研究者格羅斯是反芻思考方面的專家，乳牛會反芻，而我們的大腦也會反芻：細細思索一段不愉快的記憶——套用研究作者群的話——以創造「一種自我指涉思考的適應不良思維模式」。我們可能會一遍又一遍回憶不愉快的交流或糟糕的感覺，直到把自己逼瘋為止。格羅斯等人已經證實，反芻思考與憂鬱及焦慮有關。布萊曼說，當人反芻思考時，大腦中稱為膝下前額葉皮質的部分會被活化，這個區域也與悲傷、退縮和一般的脾氣暴躁有關。

在下一個實驗，他們讓三十八名健康（沒有憂鬱）的城市居民進行一次相當久的步行——這次是九十分鐘——有的又去了綠意盎然的大耳朵，有的沿著交通繁忙的王者大道公路。在步行前後，他們掃描了受試者的大腦。他們也請他們填寫反芻思考測量調查問卷。掃描結果顯示，大自然組的大腦膝下區域血流量明顯減少，而都會組的大腦則沒有減少。問卷調查也顯示，在大耳朵散步後，憂鬱情緒較少，在馬路上散步的人則沒有改變。結果讓布萊曼很興奮，因為它們指出了一種可能的因果機制：某些環境可能提振我們的情緒，基本上是因為讓一些管理自我沉溺的大腦迴路安靜下來。大自然說，世界比你廣大，別自以為是。最起碼大自然會分散我們的注意力，就像父母揮著孩子最愛的絨毛動物，分散哭哭啼啼的幼兒的注意力。正如布萊曼所說，「研究結果顯示，自然體驗對反芻思想的影響與城市體驗有明顯的不同。[14]」

顯然，我該去走一走了。我努力了近兩年，但在華盛頓特區還是覺得不開心，城市的聲響讓我心煩意亂。我們的積蓄快用光了。我丈夫的工作是拯救大自然，很有成就感，可為了讓他從事那份工作，我們不得不離開野外風光，這讓人至今耿耿於懷。那誰來拯救我們呢？我很感激能有更多時間陪伴我的父親，他繼續從腦部創傷中恢復過來，令人欽佩。我們一起在他家附近的植物園散步，或是沿著我家附近的運河走一走，散步時間逐漸拉長。那次事故後，他變得更快樂、更放鬆，走路時經常提起愉快的回憶（而非不快樂的過去）和一些相當感傷的情緒。我還沒有看到任何關於大自然和多愁善感的研究（聽到了嗎，布萊曼？），但這兩者如果有關連也不會令我訝異。有一天，當我們回到我家門前的臺階時，父親向我道謝。「你是我生命中的光。」他說。

「等等！」他的妻子加琳娜抗議，他笑了起來。

「你們兩個都是。」我們三個人一塊擁抱，這個擁抱提醒了我，大自然確實是最好

---

14 From Gregory N. Bratman et al., "Nature Experience Reduces Rumination and Subgenual Prefrontal Cortex Activation," *Proceedings of the National Academy of Sciences*, vol. 112, no. 28 (2015): p. 8567.

的分享。

為了激勵自己多出去走走，我找到一個可以參加的研究——一個使用問卷調查的老式大型研究。

我得知特倫特大學的麗莎．尼斯貝特（Lisa Nisbet）要找九千多人參加五月份的「三十乘以三十自然挑戰」——每天步行三十分鐘，連續三十天。我報名參加了。第一個任務是回答一份相當冗長的問卷，目的是確定我們總體情緒狀態、活力、活動和「與大自然的主觀聯繫」。完成問卷後，我開始散步，通常是沿著C&O運河，但有一次是深夜走在赫爾辛基市中心的公園，有個男人站在空地上甩盪他的老二。

當我們決心每天與綠色植物親密接觸時，大多數人不可避免會遇到挫折。在寫這本書的過程中，不知道有多少次，我遭到兇猛的髒狗襲擊，被騎自行車的人濺了一身的泥巴。有一回，在擁擠的公園小徑上，我的狗撲向另一隻狗，狗鍊拽住我的手，最後弄斷了我一根手指。我被四隻蜜蜂螫過，其中三隻在華盛頓特區。一天早上，我突然憋不住尿意，於是慌慌張張跑進家附近公園漆黑的溪邊灌木叢（請不要發群組信告訴大家），我因此接觸到毒藤，引發皮膚炎。萊姆病是後來的事，在緬因州感染。

每天都要到外面並不容易。在尼斯貝特的研究中，許多人不是決定他們更喜歡空調，就是乾脆不回答追蹤問卷。在堅持下來的兩千五百人中，大多數人像我一樣：四十多歲左右的女性。研究人員喜歡我們，因為我們確實——唉，會實踐我們的承諾，而且我們被教導要幫助別人。但我也得到了回報，幾個月後，尼斯貝特整理完數據後，我有機會和她聊一聊。她說：「參與者在大自然度過的時間越多，他們回報的幸福感就越強。」最有趣的發現之一是，我們似乎非常喜歡待在大自然，到了月底，我們每週的綠色時間增加了一倍，從五小時增加到十小時。一個月過去後，我們也減少了開車、傳簡訊和發送電子郵件的時間。一大進步！時間的重新安排似乎對我們有好處，我們回報的所有幸福感指標都顯著提高，包括情緒和心理平靜，壓力和消極情緒也有所下降。我們睡眠品質稍有改善，還報告說感覺與大自然的聯繫更緊密了一些。

對我來說，這都是事實。我到屋外時間越多，就睡得越香甜，感覺也越暢快，除了被蜜蜂叮得胳膊變成怪獸手臂的時候。但這種不舒服只是暫時的。儘管飛機飛來飛去，人潮擁擠，家附近的公園總是比城裡其他任何地方更涼爽，更有風，氣味也更好聞。我看著新芽長成了嫩葉，我還特意學著用聲音分辨一些鳥，也特別去尋找碎形。我常常走路去看看波多馬克河，只是為了感受水流，讓水（調查中總是評分最高的大自然特徵）對我疲憊的神經元施展魔法。散步的時間往往拉得比規定的三十分鐘還要長。

然而，掏出碼錶，試著感覺到連結，還是讓人感覺有點造作。我想找到在大自然投入更多密集時間的人，真正的大自然。而且，坦白說，我自己也想這麼做，因為現在我已經完全連結了。

該向荒野出發了。

Part 4

荒野大腦

Backcountry Brain

9

克服自己：[1]荒野、創造力和敬畏的力量

Get Over Yourself: Wilderness, Creativit y and the Power of Awe

「凱文：看，那麼多的星星！
宇宙就這樣一直延伸下去，直到永遠！
霍布斯：這讓你不禁要問，
為什麼人類會認為自己非常了不起。」[2]
——美國漫畫家比爾・華特森（Bill Watterson）

大衛・史崔爾總是看不膩他的大學學生捲入荒野的漩渦中，進入一個新的大腦空間。他開了一門進階心理學課，課程名稱為「野外認知」。每年四月，他會帶著修課的學生去沙漠露營探險，當然，還有提升精神。不意外，他會大力阻止學生使用手機。這門研究課程他在猶他大學開了八年，標榜著認識我們的心理體驗如何與環境連結。每年的實地考察是促使他奉行他的「三天效應」理論的部分原因，他的理論是：感官、視角和認知會隨著時間推移而變得敏銳。今年他邀請我去瞧一瞧這個理論如何展現，同時嘗

試他在去年摩押會議中討論出的最新實驗。

天快黑時，我把車開進沙島聖胡安河畔營地，這裡離猶他州塵土飛揚的布拉夫小鎮不遠，史崔爾正要端上用被火烤黑的鍋子煮的墨西哥鐵板烤肉。當時室外溫度只有攝氏兩三度，當天下午，在廣播中所形容的「報稅日風暴」中，學生穿過鹽湖城周圍三十公分高的新雪開車到這裡。現在約三十名大學生和研究助理圍在營火旁，舀起熱呼呼的食物，吃得津津有味。一名學生正在往甜點盤倒雪碧，做出大學生風格的桃子餡餅派，嘗起來好像糖爆炸了一樣。當星星出來，熱巧克力也倒好了，史崔爾宣布，每晚一輪十分鐘的研究報告時間到了，主題包括運動員的城市壓力和青少年手機的使用（教師的煩惱！）。我戴上手套坐下來。對學生來說，這趟旅行將占他們總成績的百分之三十。史崔爾在他的孩子們還小的時候自然是童子軍領隊，他說他相信營火背景比課堂的投影片

---

1 作者註：本章部分內容最初以不同形式發表於 Florence Williams's *National Geographic* story "This Is Your Brain on Nature," January 2016. Calvin and Hobbes quote from Bill Watterson, *The Complete Calvin and Hobbes* (Riverside, NJ: Andrews McNeel, vol.3, 2005), p. 370. Bachelard quote, cited in Michael Pollan, *Cooked: A Natural History of Transformation* (New York: Penguin Press, 2013), p.109.

2 Bill Watterson, *The Complete Calvin and Hobbes*, Vol. 3 (Riverside, NJ: Andrews McMeel, 2005), p. 370. Ellen Meloy quotes from her lovely work of memoir-slash-natural history, *The Last Cheater's Waltz* (New York: Henry Holt, 1999), pp. 7, 107. Ed Abbey's chapter title from *Desert Solitaire: A Seasoninthe Wilderness* (Tucson: University of Arizona Press, 1988).

好得太多。他告訴我：「在這裡，他們的表現真的提高了，火讓他們活起來。」

他不是第一個這麼想的人。一九三八年，法國哲學家加斯東．巴舍拉（Gaston Bachelard）描述火「孕育了哲學」，火吸引我們聚在一起備餐取暖，同時推動了演化，擇選出善於交際、能過群居生活，甚至是讓人感到愉快的人。這個夜晚我們需要溫暖，而我驚訝地發現，一群年輕人看著彼此，凝視著營火的流明，而不是他們的手機流明，是多麼不尋常的畫面。

第二天早上，吃了一頓見不得人的早餐——從好市多買來的果醬夾心餅、馬芬和草莓優格——我們沿著梳脊嶺驅車前往一個沒有標記的路口。這條約一百三十公里長的單斜褶皺山脈在沙漠拔地而起，東側的深壑峽谷曾是原住民阿納薩齊人的家園。八百年前，他們離奇地消失了（很可能是乾旱和戰爭），但許多手工藝品、岩牆藝術和粗糙的石頭屋在乾旱荒地完好地保存至今。

史崔爾領著大家沿著一條沙徑往上走，小路很快就變成了有石標的堅硬石路。天氣逐漸變暖，我們把衣服繫在腰間。一個紮馬尾辮的年輕女子穿著紅色短褲，臀部寫著「猶他州」。幾個學生蹦蹦跳跳走在前面，就麥可．基頓（Michael Keaton）最新電影交換意見。幾個學生不常爬山，落在了後頭。大體說來，這門課的氛圍沒有我想像的那麼「四肢發達」，但也沒那麼「頭腦簡單」，學生穿著沒有那麼高科技感的衣服，鼻環和藍色指甲油比我想像的多。對許多人來說，這是他們第一次來到峽谷之鄉，大多數人出了課堂就沒有交集。

沒過多久，我們來到一棟半毀的屋子，它坐落在懸崖上一個光滑的凹處。陶器碎片散落一地，宗教儀式使用的圓形大地穴仍然可以辨認。洞穴的後牆上，畫著淺紅色的手印和人物。這個地方在絕望之際被匆匆忙忙遺棄了，古老的臥房和祈禱室靜得讓人毛骨悚然。我們繼續往前走，走向一個裸露的山脊頂峰，以及一個名為「行進壁畫」的帶狀石雕。這個令人嘆為觀止的雕刻，被認為可以追溯到西元七百年左右的「編籃時代」，描繪一行隊列緊湊的人從某種出入口遷移過來，這個入口可能是精神上的，也可能是字面意義的入口。它循著一條古老的小道，連接阿納薩齊王國的兩個部分。

在接下來的幾天，我們到類似的地點走一走，比如去看一個稱為「狼人」的藝術家繪製的巨幅壁畫，上頭畫著鴨子、絲蘭，還有可能是燈泡形狀的人頭，也會到名為「分層」和「長手指」的幾個廢墟。我們的知覺正在發生變化，起初岩石藝術難以辨別，後來那些模糊的刻痕開始變得明顯易辨，我們發現了用來研磨的光滑石頭、破鍋子的尖銳碎片。史崔爾會指出一個有千年歷史的玉米芯，或檢查一些陶器，根據黏土和燒製技術，宣布它來自某某時期。在一次露天午餐中，他描述一個部族如何壟斷讓黏土氧化成紅色的配方，死守著祕密，靠貿易大賺一筆。

史崔爾說：「科技總是一把雙刃劍。」他摸了摸一塊波紋精緻的石板，然後傳給大家看。「科技促成進步，但改變了他們的身分，在這裡挖出骨頭的牛仔突然開始發現扁頭的小頭骨，當這裡的人開始種植玉米時，母親們不得不去田裡工作，就把嬰兒的頭平放在提籃上。技術的演變是我們是誰、是墊腳石，發明體現了新的思考和存在方式，我們回不了頭。」他沒有停頓就把話題轉到了自己的科技煩擾上。「回去時，我肯定會收到三四百封郵件，大多數不再有任何意義。」

如果史崔爾想贏得學生的喝采，他辦到了。大多數學生似乎對這些遙遠的發現和戲劇性的岩石裂縫印象深刻，甚至感到驚訝。「我不知道這個會讓我這麼感動。」戴著粉色墨鏡、黑髮亂成一團的勞倫說：「當我看到那個手印時差點哭了，這太不像我了。」

半夜三點動身，我們在路上遇到了一隻大鵰鴞，牠像雕像一樣一動不動棲息在上方的石壁。金髮碧眼的亞米莉亞給人一種姊妹會成員的感覺，她尖叫道：「我以前從沒見過！」早些時候，她向同帳篷的同伴承認，她很想念手機，因為她在等一個可愛男孩傳簡訊給她，但現在她激動到忘我的境界。「各位！我覺得我直到這次旅行才有活的感覺！」

我們在盛開的多刺梨花叢中吃午餐，巴特勒乾河床就是在這裡與緩緩流動的寬闊聖胡安河交會。我們的背後聳立著一道陡峭光滑的金牆，南面和西面是廣闊的河面及周圍隆起的五彩砂岩。史崔爾告訴我們，下游有一幅岩畫，想看只能涉水加上游泳，看完之後還得逆流而返。天氣終於暖和了，幾個學生決定作榜樣，結果直到傍晚時分才回到營地。這趟冒險讓他們興奮激動，得意揚揚，而且對著史崔爾準備的豐盛菜餚口水直流。

在這塊原始簡樸、有時還有些撩人的土地上，他們走過一段充滿感激的歷程。

史崔爾很高興看到學生發揮他們的探索——以及社交——本能。在回營地的路上，他告訴我：「學生已經凝聚在一起，這恰好顯示他們多麼渴望社交互動，渴望聯繫。」我不得不懷疑他是不是在投射他慣常那種「科技毀了年輕人」的偏見，不過越來越多的研究人員，比如麻省理工學院的雪莉．特克（Sherry Turkle），都提供了社交技能磨損的證據。隨著數位互動取代了類比互動，我們的同理心和自我反省能力似乎受到挑戰，甚至萎縮了。特克有一個她承認但沒有強調的快樂解決辦法：多待在沒有網路的地方。到偏遠地區冒險有許多未得到正確評價的好處，其中一個是我們經常被迫互相建立連結。

就在冒險家們回來之前，輪到我接受史崔爾的最新實驗。他的研究生瑞秋．霍普曼把我的頭塞進一個腦電波電極帽，這個裝置比我在蘇格蘭和緬因州湖上戴的荊棘王冠複雜得多，更像是一頂長出十二個傳感器的浴帽，還有六個傳感器緊貼著我的臉，傳感器經由大量電線連接到我身邊的小型攜帶式裝置。我覺得自己像一隻被拴住的刺蝟。我小心翼翼走到聖胡安河畔營地邊緣的檉柳叢，坐到草地椅上，我和學生會兩兩一組在這裡靜坐十五分鐘，不做任何特別的事。不同組的實驗對象坐在不同的地方，像是鹽湖城的停車場邊上，或者有電腦的實驗室，同樣也是什麼事都不做。

這一切是一個精心設計的實地實驗，從前一年的摩押會議發展出來的。史崔爾想找到一種生物標記，可以顯示大腦在大自然影響下的情況。如果像大多數人似乎都認為的那樣，我們的大腦發生了什麼變化，有沒有辦法看到這種變化呢？亞當．葛薩利，我們加州大學舊金山分校來的瑪格麗特雞尾酒調酒師，用測量額葉中線區域θ波的想法引誘史崔爾，因為額葉皮質參與執行任務時，這類腦電波的能量會增加，史崔爾與葛薩利希望，心靈在荒野中受到衝擊會出現相反的情況：θ波安靜下來，可能是代表夢幻般的預設網絡反而被喚醒了。

如果一條河不能怔住我的大腦，那麼就沒有什麼能做到了。在這本書中，我花了很多時間談論樹木，不過我渴望野生的地方時，想的往往是沙漠。愛德華．艾比（Edward Abbey）在辯護荒野的經典作品《沙漠隱士》（*Desert Solitaire*）中，有一章以離這裡不遠的城鎮命名：《岩床鎮與悖論區》。對於這種既混亂又靜止的景觀來說，這是一個完美的命名，岩石乾燥如牛頭骨，但又被鬱鬱蔥蔥的綠色衝擊打破。在乾旱地區，綠色更綠，藍色更藍，一如艾比的描述，「一切都在運動，一切都在行進，沒有什麼是永恆的，沒有什麼會在這永恆的時刻改變。」艾倫．梅洛伊（Ellen Meloy）是比艾比更細膩、更內斂的散文家，她在布拉夫附近生活，過完這一生，她說這個縣有貝里斯那麼大，卻連一個紅綠燈都沒有，「夜，黑如煤，深似水，光線往往亮得難以理解……沒有人確定我們是被孤立的人質，還是四個州中最自由的人。」

當然，終極悖論是，人類既需要荒野，也需要文明，一個會讓我們更容易應對另一個。我在紐約長大，但會夢想夏季野生景觀在眼前展開，而鬆散地串聯起這些景色的，是我和父親泛過舟的河，包括這一條——二十九年前，我們就是從這個營地出發。

這地區的主要水動脈聖胡安河流淌，然後從科羅拉多州的西南山區湧出，加入科羅拉多河再往下約六百一十公里。嚴格來說，它從這裡不再是一條河，而是格倫峽谷大壩創造出的湖，浩渺而平靜。和我們一樣，這條大河從野生狀態完全轉變為馴化狀態，但它沒有逆轉的這一個選項。我戴上腦波電極帽望著大河，在光的映襯下，河面淌著精緻的碎形圖案，混濁的奶茶色河水盪漾著，流淌著，有的河道很淺，有的沿著主河道蜿蜒。

坐在這裡，我感覺這幅浪靜風恬的景象深深觸動了我，但這份感動中同時也摻著另一種天氣系統從西邊襲捲而來的焦慮。我們的手機沒有信號，無法查看氣象預報。焦慮在城市中滋長，荒野同樣也是它的主場——這又是一個悖論。

後來，當史崔爾用荷蘭鑄鐵鍋烘烤墨西哥辣肉餡捲餅時，我問他對於大腦恢復的碎形／視覺理論有何看法。這個理論認為，當我們的視覺皮質找到訊息的甜蜜點時，會觸發我們的愉悅中樞，有助於我們放鬆。他興趣不大。他解釋說，他要證明的是幾個小時或幾天內發生的心態變化，他和他的學生剛剛經歷過的那種改變，輕微的曬傷，放鬆的手腳，自在的笑聲，還有新穎的領悟。

他問：「如果只是視覺皮質，為什麼我看《國家地理》影片不能獲得這種感覺？我沒有這種感覺，我也看不了四天，而那些影片其實很棒。」

「但看窗外幾分鐘可以改善你的心情，降低血壓。」我說，並引用了一些研究，這時史崔爾掀開沉重的蓋子檢查晚餐。

「我感興趣的不是那個，那不是我、艾比、繆爾和梭羅談論的。我要的是更深層的東西，更貼近我們的靈魂，老實講，是我們是誰的本質，是擺脫激烈競爭，跨越冗長的文學。」

他很滿意墨西哥辣肉餡捲餅的乳酪融化狀況，脫下了烤箱手套。「如果我是賭徒，我就賭一件事：在大自然中，前額皮質不會有超載這回事。」

史崔爾確實是個賭徒，因為他來這裡花了一大筆國家科學院的錢添購腦電波儀。我認為當大腦從日常任務的猛烈攻擊退下「休息」時，會為另一樣東西騰出空間，可能是預設網絡——一個刺激白日夢和反思的網絡——但也可能不是。一個難題是，道行最高的佛教禪修者，那些投入數不清的時間才掌握到這種珍貴、平靜又精神清利狀態的人，在禪修時似乎沒有啟動他們的預設網絡。他們正在接觸到的東西不容易映射在大腦中不顯眼的位置，但這些迴路似乎與同情心、身心合一與——我敢說——愛的感覺有關。如果我們的大腦是為了宗教和精神感受而設計，那麼僧侶已經領悟了。

但是，如果繆爾和愛默生，以及在他們之前的十八世紀愛爾蘭哲學家艾德蒙・伯克

（Edmund Burke）的觀點是正確的話，那麼靈性的感覺並不單來自於宗教，也來自於大自然的超然經驗。一七五七年，二十八歲的伯克發表《崇高與美之觀念起源的哲學探討》（*A Philosophical Enquiry into the Origin of Our Ideas of the Sublime and Beautiful*），進入了啟蒙運動的核心。身為世俗主義者，他在愛爾蘭四處遊蕩，感覺——找不到更好的詞來形容——被感動了。敏感而充滿熱情的他，對風景如畫的地方不太感興趣，反而更喜歡有些陰暗的景色，鬧鬼很好，恐怖還要更好。他寫道：「大自然的雄偉和崇高引起的激情，當這些因素發揮最強烈的作用時，是驚奇，驚奇是靈魂的狀態，在這種狀態中，所有的運動都被暫停，帶著某種程度的驚恐。[3]」他喜歡湍急的瀑布，猛烈的風暴，漆黑的樹林。他會是很好的泛舟嚮導。

伯克認為，真正令人敬畏的東西，必須「浩瀚無垠」，而且在理解它的能力遇到若干的困難。這種敬畏也會激發謙卑的感覺和更外向的視角，這些哲學家、牧師和詩人都已經描述得很好。在伯克之前，敬畏被認為是宗教體驗的範圍和基本情感，「敬畏」（awe）一詞源於古英語和挪威語，表示一個人在神面前感到的害怕和畏懼。許多教堂強調音樂、視覺、袍服、建築的高度和跨度，這不是沒有原因的，這些元素讓我們充滿好

[3] From Edmund Burke, *A Philosophical Enquiry into the Origin of our Ideas of the Sublime and Beautiful* (London: University of Notre Dame Press, 1968), p. 57.

奇和謙卑，還有一絲的驚惶。

在將敬畏感從宗教結構中解放出來的過程中，伯克深受康德、狄德羅和華茲華斯的影響，這些人都描述過崇高的力量如何支撐人類的想像力和精神感知[4]。在美國，愛默生接續了伯克無垠和謙遜的主題，在一八三六年著名的〈大自然〉（"Nature"）一文中寫道：「站在光禿禿的地面上，我的頭沐浴在歡快的空氣中，提升到無限的空間，所有卑鄙的自我主義都消失了；我成了一顆透明的眼球；我什麼都不是。」這種世俗的昇華仍然影響著現代環境運動。

後來，愛因斯坦說：「我們能體驗到最美麗的情感就是神祕的情感。」你現在可能正在翻白眼，但愛默生和愛因斯坦說的不無道理。在某些心理學圈子（不可否認，這些圈子的人主要居住在加州），敬畏不單被認為是一種強大的情感，而且可能是所有情感中最狡猾的力量情感。然而，直到最近，關於敬畏的科學研究卻依舊少得令人意外，儘管它被認為與快樂、滿足、同情、驕傲、愛和樂趣一樣是核心的積極情緒[5]。

加州大學爾灣分校心理學家保羅・皮夫（Paul Piff）告訴我：「基本上，敬畏是會讓你覺得震撼的東西。」他解釋說，敬畏有程度之分，從在臉書上看到奇怪的幼兒跳舞影片時的瞬間驚奇，到第一次親眼目睹北極光，宇宙觀因而為之翻轉。一次引發敬畏的深刻體驗，會在很長一段時間內，甚至是永久地改變一個人的觀點。

羅蘭・格里菲斯（Roland Griffiths）是約翰霍普金斯大學精神藥理學家，研究絕症患者攝取迷幻物質後有時產生敬畏的深刻體驗。對他們來說，產生離開自己身體的幻覺、飛越風景、遇見神靈的幻覺並不罕見。格里菲斯告訴記者麥可．波倫（Michael Pollan），他認為這種心靈之旅是一種「反向PTSD」——「一個在態度、情緒和行為上產生持續積極變化的獨立事件，推測是在大腦中。[6]」這就是心馳神迷的太空人從太空看地球時所描述的「總觀效應」（overview effect）。瀕死經驗，或是登山、衝浪、觀看日蝕以及與海豚同游等等較為平凡無奇的經驗，也會讓人形容為令人敬畏、改變人生的震撼。當衝擊力道強大時，大自然的場景和事件能將我們與世上更深層的力量聯繫起來。這些類型的經驗似乎起碼會暫時改變了我們。

為了找出原因，加州大學柏克萊分校的皮夫、達契爾．克特納（Dacher Keltner）和其他兩位同事進行了一些不同尋常的實驗[7]。克特納假設敬畏是一種獨特的情緒，讓我們遠離狹隘的自我關注，轉向集體的利益。為了了解敬畏是否會讓我們對彼此更加慷慨，

---

4 See the introduction by James T. Boulton in Burke, 1968 ed., p. cxxv ff.

5 See Dacher Keltner, *Born to Be Good* (New York: W. W. Norton, 2009), p. 257.

6 Cited in Michael Pollan, "The Trip Treatment," *New Yorker*, Feb. 19, 2015, http://www.newyorker.com/magazine/2015/02/09/trip-treatment, accessed Oct. 2, 2015.

7 Paul K. Piff et al., "Awe, the Small Self, and Prosocial Behavior," *Journal of Personality and Social Psychology*, vol. 108, no. 6 (2015): p. 883.

研究人員詢問了一千五百人，他們在日常生活中經歷了多少敬畏（和其他情緒），然後給一些參與者十張彩券，告訴他們可以免費分送給沒有拿到彩券的人。研究人員發現，比起最不敬畏的人，敬畏感最深的人多送出百分之四十的彩券，那些經歷其他情緒的人則沒有表現得更加大方。

接下來，他們將受試者帶到塔斯馬尼亞藍桉的高大樹林中，要求他們仰望一分鐘，立刻誘導他們產生敬畏。他們讓另一批受試者抬頭看一棟高大的科學大樓。在這兩種情境下，一個實驗室助理皆「不小心」掉了一把筆。即使只是一分鐘的敬畏，看樹的人也更樂於助人，平均而言比另一組人撿起更多的筆。

但在一項最具挑釁性的研究中，克特納和他的同事問參與者，在過去的一個月裡，他們有多少次在同一天體驗到多達二十種負面和正面的情緒，如恐懼、憤怒、快樂、驚訝等等。他們還採集了受試者的唾液樣本，測量他們的IL-6細胞激素的濃度，IL-6是發炎反應的關鍵訊號，這些信號分子是免疫系統的一部分，幫助癒合傷口和對抗疾病[8]。對於健康人來說，IL-6濃度較低較好，長期高濃度與憂鬱、壓力和肌肉修復不良有關。在所有正面情緒中，體驗敬畏是唯一一個預告IL-6濃度將顯著降低的情緒。為什麼會這樣呢？克特納認為，那是因為敬畏讓我們加強了社會聯繫，而社會聯繫反過來又能降低發炎和壓力。敬畏渴望被分享。

並非所有的敬畏都是正面的，然而，即使是真正令人害怕的敬畏——颶風或將你的家鄉夷為平地的那種龍捲風——也有一種非凡的力量，激勵人們互相幫助，為了共同目標而團結整個社群。面對我們不能完全理解的龐大力量時，伸手與人連結是一種演化而得的適應能力，我們就是這樣才能活到今日。

達爾文認為同理心或同情心是人類最強的本能，推動人類的蓬勃發展。藉由互相照顧，我們走過漫長的童年，熬過病痛和食物短缺[9]。柏克萊的克特納認為，我們確實擁有一個字面意義上的同理心，那就是身體的迷走神經。它始於脊髓頂部，觸角延伸到臉部肌肉、心臟、肺臟和消化器官。迷走神經是副交感神經系統的關鍵開關，會在受到驚嚇後減緩我們的心跳，把我們帶回一個調停而不是侵略的地方。它似乎與我們的催產素受

8 Jennifer E. Stellar et al., "Positive Affect and Markers of Inflammation: Discrete Positive Emotions Predict Lower Levels of Inflammatory Cytokines," *Emotion*, vol. 15, no. 2 (2015).

9 作者註：關於達爾文對同情心和一般敬畏情感的更多介紹，推薦讀者閱讀克特納的《*How to Be Good*》。更多的學術摘要，請參閱 Michelle N. Shiota, Dacher Keltner, and Amanda Mossman, "The Nature of Awe: Elicitors, Appraisals, and Effects on Self-Concept," *Cognition and Emotion*, vol. 21, no. 5 (2007): pp. 944–63.

體有關，催產素受體調節神經遞質，有時被簡單稱為「愛的荷爾蒙」，因為它會在性愛和哺乳時流動。在催產素的釋放過程中，迷走神經可能會在上背部觸發一種嗡嗡嗡的觸電感覺，這就像被愛電擊一樣。

克特納認為，迷走神經對愛有反應，對敬畏也會有反應。為了進一步掌握其中的原理，克特納和他在柏克萊的研究生克雷格．安德森（Craig Anderson）邀請我（和一大堆研究對象）坐下來，觀看他們能找到最令人敬畏的影片——從外太空拍攝的地球。太空人如果見到這幅景象，心中會對他們在蒼穹中小彈珠般的家和上面所有的人類充滿了柔情，這種感覺可能近似於佛教徒所描述的物我合一涅槃狀態，一種超然的幸福，特點是向外的熱愛和欲望的消卻。

可惜，在托爾曼大樓一間實用的實驗室，用小螢幕觀賞從太空拍攝的地球畫面，我並沒有接近涅槃境界。安德森讓我戴上心率監測器，把我的手指接上傳感器，測量皮膚電導率（出汗，另一種測量自主神經系統的方法），然後開始播放那段影片，接著又讓我看了一段雄偉山峰的片子，十分鐘左右後，他帶著我的結果回來了。根據他的總體研究數據，我的心率在看著螢幕時確實下降了，皮膚電導沒有什麼改變，安德森用隱藏鏡頭偷偷監測的臉部肌肉也沒有什麼變化。

至於為什麼在觀看壯闊景色時心率會減慢，安德森有一個推論。他說：「讓人感到敬畏的事物往往資訊豐富，非常龐大，而且是我們難以理解的事物。因此，身體基本上會稍微安靜下來，以便吸收環境中的訊息。」

我的迷走神經似乎沒有收到這個照會通知，我甚至沒有體驗到明顯的敬畏跡象之一：豎毛（piloerection，這肯定是科學中最美妙的詞之一），也就是起雞皮疙瘩。坐在一個隔間裡，手指接著電極，我不覺得自己好像在太空飛馳，觀看大自然的影片時，也不像史崔爾在猶他州所說的那樣，彷彿站在寬闊的視野中，感受著生物圈的感官饋禮。也許缺乏由於規模引起的敬畏感，正是虛擬大自然可能永遠無法媲美真正大自然的原因之一。雖然約翰．威廉斯（John Williams）的背景音樂有助於營造氣氛，但伯克的「浩瀚無垠」要素很難在螢幕上模擬。

安德森解釋說，敬畏會激發一些包括好奇心的情緒，因為我們的經歷超出了我們的正常參考框架，我們無法輕易歸納或理解。感到好奇時，我們被拉出了自我，我們從他處尋求資訊，由於恐懼、美麗和神祕交織，這些經歷往往會烙印在記憶中。我可能永遠忘不了第一次看到兒子的臉蛋，或者小時候凝視大峽谷，或者看著北極光在阿拉斯加的天空盤旋，或者在德州開車穿過一場超現實的閃電風暴。

在有非凡個人魅力的人面前，我們也會感到敬畏，如邪教領袖、名流、國王和法西斯獨裁者，他們展露出強大的實力或威力，並且聰明地利用地位排場，在自己身邊營造出一種難以接近的氣氛。敬畏替力量開路。梅蘭妮．魯德（Melanie Rudd）在休斯頓大學研究消費者心理學，她好奇如果將注意力集中在當下，敬畏是否可能擴大我們對於時間的感知，任何能夠擴大時間感知的事都可能是一個偉大的發現，「因為世上許多社會存在著嚴重的時間饑荒，對身心健康、生活滿意度、憂鬱症、頭痛和高血壓有巨大的影響。」魯德這麼解釋。近半數的美國人認為他們每天的時間都不夠用[10]。

魯德誘導實驗對象產生敬畏或快樂的感覺，只有敬畏會讓他們覺得時間壓力減少，報告說自己沒那麼不耐煩，自願花更多時間幫助別人[11]。這些情緒都是在快速干預後發生的，比如看鯨魚和瀑布的影片，顯示影像確實至少能夠引起一些敬畏感。她的研究成果對消費者廣告有很大的影響，看過最近的新車廣告嗎？車子應該正在穿越壯麗的風景，而非被塞在環城公路上。她說：「我們很多消費行為都可以放到體驗的框架中，我們發現身處大自然的效果最大。」

很少有研究關注敬畏和在這個方面的行為，除了皮夫盯著大樹看一分鐘的研究。但如果我們看看手機（不要告訴史崔爾），很明顯人會想要分享敬畏的經驗，所以我們在Instagram上曬出日落的照片，對成群椋鳥的影片按讚，同時品味著又一個很棒的詞：椋鳥群飛（murmuration）。現在我們每天都會透過訂閱的消息和螢幕保護程式來體驗令人敬畏的片刻。與大自然強烈龐大的聯繫，我們曾經體驗過，但也已經失去了，倘若我們花更多的時間在戶外，這些「微休息」也許有助於彌補失去的聯繫，但爾灣的皮夫說：「社交媒體在多大程度上塑造我們的日常幸福感，目前尚未有定論。」

關於敬畏的討論，如同很多討論一樣，其實終究會兜一圈回到我們的科技上，這讓我在沙漠的三天不連線感覺更加重要。我們起了敬畏之心！我們就在這裡現場直播，古老的手印，無數的星星，還有一群書呆子學生，他們將跟著新交的朋友回到城市，以嶄新的方式看待過去與現在。

至於這些是否會從我們的顱內電流顯示出來，初步結果似乎很有希望。史崔爾把竊聽我的河畔休憩結果寄來，結果與他的假設一致。與在城市的兩組樣本比較，一張彩色圖表顯示我的 θ 波能量維持在一定頻率範圍，我的 θ 波信號較低，說明我的前額葉皮質處於短暫休假狀態。只是這張圖沒有告訴我們，能量究竟去了大腦其他哪些部分。儘管身為科學家史崔爾想要像拆開俄羅斯娃娃一樣，一層一層解開這些信號，但他心裡的那個拓荒者明白，有些謎團仍然未解，而這也沒什麼關係。

數千年來，人類或孑然一身，或成群結隊，時時追求著與大自然力量更純樸、更基本的關聯。他們來，因為他們需要什麼，他們繼續再來，因為他們找到了。他們的追求

---

10 J. Carroll, "Time Pressures, Stress Common for Americans" a Gallup-Time Poll from 2008, cited in Rudd, 2012.

11 作者註：關於敬畏和時間感知，請參閱 Melanie Rudd et al., "Awe Expands People's Perception of Time, Alters Decision Making, and Enhances WellBeing," *Psychological Science* vol. 23, no. 10 (2012). For more on awe and generosity, see Netta Weinstein et al., "Can Nature Make Us More Caring? Effects of Immersion in Nature on Intrinsic Aspirations and Generosity," *Personality and Social Psychology Bulletin*, vol. 35, no. 10 (2009): pp. 1315–40.

可能是精神的，是人際關係的，或是情感的，他們的追求具有深刻的人性，錯綜複雜，不太可能用一張條形圖來分析闡明。史崔爾的目光掃著地平線，他說：「在一天結束時，我們走進大自然，不是因為科學說它對我們有什麼影響，而是因為它讓我們有什麼感覺。」

10 大腦中的水

Water on the Brain

「『哎呀，屹耳，你都濕透了！』小豬摸著他說。屹耳甩了甩身子，請人向小豬解釋在河裡待了很久後會發生什麼事。」[1]

——英國作家米恩（A. A. Milne）

「每兩棵松樹之間，就有一扇通向新生活方式的門。」[2]

——約翰．繆爾（John Muir）

第一個抵達愛達荷州鮭魚河主幹流的美國老兵是威廉．克拉克上尉（William Clark），他和梅里韋瑟．路易斯（Meriwether Lewis）分頭尋找通往太平洋的路，但這條河到不了。遠征隊的獨木舟重達〇．五噸，無法通過湍急的激流，峽谷又太過陡峭，就

1 A. A. Milne, *The House at Pooh Corner*, deluxe ed. (New York: Dutton, 2009), p. 101.

2 From Muir's marginalia in his copy of *Prose Works by Ralph Waldo Emerson*, vol. 1 (this volume resides in the Beinecke Rare Book and Manuscript Library of Yale University). Cited in "Quotations from John Muir," selected by Harold Wood, http://vault.sierraclub.org/john_muir_exhibit/writings/favorite_quotations.aspx, accessed April 12, 2016.

算想走旱地繞過湍流也不行。穿著軟鹿皮鞋探索過上游後，克拉克埋怨：「我在一塊石頭上滑倒，撞到了腿，嚴重擦傷。[3]」於是他在一株松樹上刻下自己的名字就走了，那一年是一八〇五年。

後來其他的探險家、尋寶人和遁世者跟來了，他們不畏地勢險峻，在下游以木樁劃定採礦範圍。這條「不歸河」（River of No Return）的確名副其實，只能去不能返。礦工打造巨大的木船，滿載物資，順著危險的激流而下。倘若人船都平安通過了，就把船拆掉蓋成小木屋，在裡面睡上很久很久。

河流環繞的陡峭鄉野之地從來不是人類理想的居地。一九八〇年，美國國會正式宣布隔離措施，指定該河及其四周山脈為美國本土荒野系統中最大的一塊。「弗蘭克·丘奇－不歸路河荒野」，有時簡稱為「弗蘭克荒原」，位於愛達荷州開始變窄的地方，綿延九十三萬公頃，流經的河川鑿刻出一條草木繁茂的長長峽谷，比大峽谷還要深。

二〇一四年夏天，另一群美國退伍軍人穿越峽谷而下，全是女性，全因服役而身心傷痕累累。和克拉克一樣，她們也踏上了美國荒野探索之旅。我很想親眼見證。如果仰望桉樹一分鐘能讓人心胸更為豁達，三天能使他們提升社交能力，心靈更平靜，腦中更有靈感，那麼一週會釋放出什麼來呢？敬畏的反向PTSD（創傷後壓力症候群）效應真的存在嗎？如果有的話，會在最需要它的大腦中出現嗎？

沿著鮭魚河冒險，必須要有勇氣，還要有點腦筋怪怪的，這群由愛達荷州「高遠之地」（Higher Ground）非營利組織贊助的女性，兩個條件兼而有之。團員必須是患有PTSD的退役或現役軍人，當我獲悉該組織願意邀一名記者同行，就立刻報名參加了。

這是高遠之地第一團全女性河流之旅，我們計畫在河上漂流一百三十公里，嘗試皮艇、划小船和槳板等技巧（非強制性），參與「回顧整理」和培養向心力的活動（強制性），一起吃飯，倒在帳篷裡，然後第二天再來一遍。第六天，我們離開大河，搭小飛機從泥地飛回家。我們跟礦工不同，我們要回到文明社會，而且期盼自己有一點不同。

我們的獨木舟在一條土路盡頭下水，下水的前一個晚上，我和這些女團員會合。在沒有紅綠燈的史丹利小鎮，她們聚在一家餐館的露臺吃披薩。小鎮四周環繞著拱形小山，也就是名副其實的「鋸齒山」。看一眼就知道，她們不是平常我們見到那種以河維生的人。這群女性大致上更年輕，種族更多樣化，體格也不太強健。九位退役女兵帶了各種香菸，頂著各式女性平頭，身上穿洞刺青，還有拐杖、矯形帶和手臂夾板等等身體支撐物。她們帶來的藥物，通通加起來，幾乎可以開一家小藥局：抗焦慮藥、抗憂鬱藥、抗癲癇藥、止痛藥、消化藥和安眠藥。還有一隻名叫「少校」的服務犬，黃色拉布

3 Lewis and Clark account from lewis-clark.org/content/content-article.asp?ArticleID=1790, accessed Sept. 2014.

拉多混種，戴著圍兜，上頭寫著「請勿撫摸」；這則警語恐怕適用於每位團員。經過一日奔波，她們眼皮沉重，神情凝重，不打算為了一堆牛仔鎮自拍照而勉強擠出笑容。

休閒治療師布倫娜・帕特里奇（Brenna Partridge）和克莉斯汀・韋伯斯特（Kirstin Webster）發下黑色刷毛夾克，上頭印著這個「分隊」的獨特徽章——HG-714-RA，意思是「高遠之地，七月十四日，泛舟之旅」。（其他高遠之地的營隊通常有男有女，或者全為男性，可能用一週的時間從事飛釣、滑雪或湖泊運動。）

帕特里奇面帶笑容，請我們自我介紹，並談一談參加這次旅行的動機。瑪莎・安德森（她與某些人的名字已做過變動）描述她被人用擔架送出阿富汗的情景，有一段時間她深信自己已經死了，她花了十三個月時間才重新學會走路。她現在憤懣不滿，遭到家人誤解，也不能再從事她喜歡的運動，比如衝浪和騎自行車。她希望找到一些新的活動，結交與她有相仿經歷的新朋友。

三十五歲的卡拉・賈西亞說，她自願參加了二〇〇三年第一次入侵伊拉克的行動，後來以燃料車隊指揮官身分再度前往，從塔卡杜姆穿越戰區。二〇〇五年，她的卡車撞上一枚路邊炸彈，她被炸飛了出去，頭部著地。她的司機喪命。在第三度赴戰場期間，在摩蘇爾又遇到炸彈爆炸，她的腦袋撞向車頂，彈片如傾盆大雨落在身上。賈西亞將狀況不佳的司機從冒煙的殘骸中拉出來，拿起M-16步槍擊退叛亂份子，最後昏迷了過去（我後來才知道，她榮獲戰鬥行動勳章和紫心勳章）。醫師以藥物讓她昏迷一週，緩解她的大腦壓力，之後她必須學習如何說話。除了慢性疼痛外，她還飽受癲癇、頭痛、情緒波動和惡夢等折磨。她不能走遠，不能開車，也幾乎不能忍受坐在任何類型的車輛上。「我不喜歡人群，我不喜歡人，這趟旅行會很苦。」

晚餐後，我們分組進行了第一次的回顧整理，說明此行的目標。這時，來自拉斯維加斯、五十多歲海軍退伍軍人凱特・戴，提起了她三年來無家可歸的經歷，她也住過精神病院，現在幾乎無法步出家門。有個人說她依然很沮喪，不想再活下去。另一位說，她的怨懟和痛苦讓所有家人都疏離了她。還有一個面無表情坐著，用單調的口吻說，她希望有些時候能夠「活在當下，不要腦筋一片空白。」一個身材苗條的金髮女郎，穿著閃閃發光的藍色背心裙，戴著粉色太陽鏡，就姑且稱她「潘漢娜」吧[4]，潘漢娜表現出了相反的傾向——發狂似地喋喋不休，沒有一刻安靜。她早上醒來時害怕得哭了，因為她討厭飛機，這幾年來一直避免搭飛機，直到這次旅行。

譚妮雅・艾雷拉留著黑色短髮，戴著一頂情境喜劇《吉利根島》主角那種碗公型釣魚帽。她談到自己的身體限制。這位前陸軍炮手先是在費盧傑附近被彈片擊中，接著在車隊路線上又被汽車炸彈炸到彈出，最後一次，手榴彈炸塌了清真寺，她被殘磚碎瓦打

---

4 譯註：Pam Hanana，潘漢娜的品牌。

中。如今，她只剩一隻可用的手臂，一條壞腿，一個轉得不快的大腦。三十四歲的她很少離開在布拉格堡附近的家，她說：「一想到生活就會這樣下去，一成不變，就會感覺很糟糕，就像是被判了無期徒刑。」

艾雷拉個頭嬌小，皮膚光滑，有一張友善的闊嘴。她還告訴我們，她現在交朋友很困難，此外，她有難解的頭髮問題。她說：「我以前都留長頭髮，但想不出怎麼用一隻手整理，我以前頭髮長得可以像美狄亞一樣坐在頭髮上。我沒有那麼女孩子氣，但不能留頭髮讓我覺得很難受。我不肯參加親朋好友的婚禮，因為我沒辦法看起來很漂亮。」

團長帕特里奇給艾雷拉下達了行軍命令：「找個能親近的人，現在這是你的部隊了。」

在接下來的幾天，在情緒處理時間，或一對一的對談，或分組討論，更多她們生活中所面對的打擊細節會披露出來。大致來說，年輕女性都參加過戰鬥，儘管嚴格來說，她們當時不應該參加戰鬥，這是近年在戰爭中服役的一個關鍵諷刺。然而，由於她們是女性，她們往往比男性更難被診斷為與戰爭相關的PTSD。很多年紀較大的女性來這裡，因為她們遭受軍中性創傷（MST）。有一位駐紮沖繩時，遭到包括她的指揮官在內的八個男人輪奸；另個人在海軍被她的糾察長攻擊；還有一人到歐洲休假，遭到老百姓襲擊。其中只有一個案例正義得到伸張，就是行兇者是老百姓的那一起。

這兩種類型的PTSD後果相仿：改變了人生的社交、職業和心理傷害。

每一場大戰都有其招牌創傷。如果美國內戰沒有殺死你，你很可能被截肢。第一次世界大戰期間，外科醫生提升了面部整形手術的技能（芥子氣液化面部組織）[5]。波灣戰爭的退伍軍人幾乎沒有參與戰鬥，但許多人都患有神祕的症狀，據信與神經毒劑有關。ＰＴＳＤ在大多數戰爭後都很常見，就連荷馬也在史詩中描寫過，但有著不同的名稱：炮彈休克、士兵心臟、戰鬥疲勞。歐姆斯德——我幾乎在每一章都引用了他的話（因為他不僅是一位狠角色級的大自然泰斗，還像變色龍一樣，見證了十九世紀每一個重要的時代節拍，從大農場奴隸制到淘金熱，再到郊區的興起）——他形容馬納沙斯之役後的聯邦士兵是「崩潰的牛群……一根棍子斷了，還是雷管砰的一聲，他們就會嚇到臉色發白……這是一種可怕的病。[6]」直到一九八〇年，ＰＴＳＤ才被退伍軍人事務部正式命名和承認[7]。

在一般人中，大約百分之八的人經歷過ＰＴＳＤ。在退伍軍人中，這一數字約為百分

---

5 作者註：想了解整形手術在第一次世界大戰中的角色，請參閱以下資料。Sheryl Ubelacker, "Unprecedented Injuries from First World War Spawned Medical Advances Still Used Today," *Canadian Press* (via Postmedia's World War 1 Centenary site), Sept. 23, 2014, http://ww1.canada.com/battlefront/unprecedented-injuries-from-first-world-war-spawned-medical-advancesstill-used-today, accessed June 2015. For an overview of the effects of mustard gas, see "Facts About Sulfur Mustard," Centers for Disease Control, May 2, 2013, http://www.bt.cdc.gov/agent/sulfurmustard/basics/facts.asp, accessed June 2015.

6 Olmsted quote from Rybczynski, Kindle edition location 3244.

之十八，但近年檢查參加過阿富汗和伊拉克戰爭的一百多萬名退伍軍人的數據後發現，這個比例為百分之二十七（其中超過百分之七十的人同時患有憂鬱症）[8]。到目前為止，最近幾次戰爭的痕跡還是很清楚：PTSD、爆炸造成的創傷性腦損傷（TBI）和性侵犯。

一些研究顯示，女性經歷PTSD的比例略高於男性，或者可能只是她們更願意承認自己有PTSD。根據最新的《精神疾病診斷與統計手冊》，PTSD的症狀主要集中在四大類：重新經歷（回憶重現、噩夢）、逃避和戒斷、情緒低落和憂鬱，過度警覺反應，如提心吊膽、警覺、攻擊和睡眠問題。軍隊中約有百分之十五的女性表現出不同的症狀，更容易焦慮和飲食失調。她們無家可歸的機率是其他女性的二至四倍；男性有更多的暴力攻擊和藥物濫用問題，但很多女性也有這些經歷[9]。

從種種跡象來看，此行的女性都像譚妮雅・艾雷拉。來自北費城的她，曾經是一個充滿渴望、成績優異的高中生，新兵時期，她們一開始都非常能幹，充滿熱情。她們的聰慧，她們的堅毅，仍然一眼就能看出來，但她們的碎片已經被揉皺了，她們不再感到完整、安全或有能力。現在她們在為失去的自我而傷悲。在一次小組討論中，艾雷拉說：「我從沒想過我會在三十四歲時無法照顧自己。上戰場時，我以為不是死，就是死裡逃生。我沒有想過如果你出來的時候和進去的時候不一樣會怎麼樣。」

這些女性述說她們的生活日常：慢性肢體疼痛，無法好好集中注意力，有時神經兮兮，情緒低落。她們不喜歡和人在一起，但也不喜歡一直自己一個人。戰爭奪走了她們好好睡上一覺的能力。

是時候讓這些女性離開她們的生活，到河裡去了。我們分坐在四艘充氣皮艇上，很快就來到第一個叫基勒姆的急流。我划著船，看到前面的皮艇遇到一堵矮水牆，接著就翻船了。我撞上同樣冰冷的側波，船槳消失在水中，我也翻船了。幸好，這一段二級和三級的急流礁石少、水浪多，而且很短，中間穿插著平靜的深水。我設法爬回皮艇上。六個滑著皮艇的女人替我和其他人加油打氣。

露營前，還有許多急流要闖，我時而興奮，時而緊張，時而洩氣，時而以「我已經

---

7 Matthew J. Friedman, "PTSD History and Overview," U.S. Department of Veterans Affairs, March 2, 2014, http:// www.ptsd.va.gov/PTSD/professional/PTSD-overview/ptsd-overview.asp.

8 "Witness Testimony of Karen H. Seal, M.D., MPH," House Committee on Veterans' Affairs, June 14, 2011, http://Veterans.house.gov/prepared-statement/prepared-statement-karen-h-seal-md-mphdepartment-medicine-and-psychiatry-san, as quoted in David Scheinfleld, "From Battlegrounds to the Backcountry: The Intersection of Masculinity and Outward Bound Programming on Psychosocial Functioning for Male Military Veterans," diss., University of Texas at Austin, 2014, p. 27.

9 Gail Gamache, Robert Rosenheck, and Richard Tessler, "Overrepresentation of Women Veterans Among Homeless Women," *American Journal of Public Health*, vol. 93, no. 7 (2003): pp. 1132–36.

承諾了」的心情堅定起來。進入一道急流，你的視野變得狹窄，焦距也變得狹窄，心跳加快，呼吸加速，皮膚溫度升高。你的肚子開始揪緊。遇到這樣小劑量的刺激，腎上腺素激升讓人覺得很有趣。你感受到當下，腦中不重要的事都煙消霧散，安全通過之後，腦內啡釋放，一陣飄飄然的感覺。泛舟客有時把在大水中划船稱為「戰鬥划船」，如果划硬殼皮艇的運動員把上下顛倒的皮艇翻正，人還綁在皮艇上，這就叫「戰鬥打滾」。

當我被這些貨真價實的退役軍人包圍時，我認為這個比喻基本上很膚淺。在戰爭中，壓力反應不小，也非瞬間即逝。在戰爭中，壓力反應很大，持續數日，有時數週或數個月。由於持續了很長時間，以致大腦都發生了變化——有的人變化比其他人還要多。要怪就怪演化吧，我們的神經系統天生就會恐懼，恐懼告訴我們什麼要迴避，如何保持安全。有的心理學家認為，恐懼是我們最古老的情感，存在於最早的行星生命形態中，甚至早於繁殖的本能需求。它始於我們腦幹深處，存在焦糖巧克力豆大小的杏仁核中。

當我們被恐懼支配時，缺乏足夠的智慧從事任何有創造力的活動，也無法培養人際關係，或者處理空間要求。我們之所以是人類，部分原因在於我們的大腦演化出一個新皮質，我們在這裡計畫、苦思，告訴自己我們反應太誇張了。驚恐會導致新舊大腦之間發生神經拉鋸戰，在深切的恐懼關頭，原始腦幹會凌駕在解決問題的新皮質之上，我們於是變笨了。PTSD患者的大腦被鎖定在杏仁核的超驅動狀態，如果不能恢復到基準線，它就失去了區分真實威脅和感知威脅的能力。這就是何以患有PTSD的士兵即使安全返鄉也不能忍受開車、購物或噪音。

但我們感到恐懼是有原因的，它可能給了我們記憶的天賦。我們記住了什麼，可能是因為我們必須記下那些僥倖逃脫的危險，以及來自捕食者和敵人的攻擊。多虧了恐懼，我們才會喜歡瑪德蓮蛋糕的味道，以及描寫瑪德蓮蛋糕的作家[10]。

PTSD基本上是一種記憶障礙。掃描PTSD患者的腦部，會看到海馬體的細胞和體積發生變化，海馬體是幫助處理記憶的區域，離杏仁核非常近。在受到驚嚇的實驗動物身上，恐懼激素——海馬體上的皮質醇、去甲腎上腺素或腎上腺素受體等糖皮質激素——會損害記憶[11]。持續的創傷記憶會讓海馬體萎縮，而PTSD已經確認會導致情緒和認知問題，比如注意力不集中和短期記憶缺陷。

---

10 編按：在法國大文豪普魯斯特（Marcel Proust）的文學鉅著《追憶逝水年華》裡，主人公就是透過瑪德蓮和熱茶的氣味，將過往塵封的記憶一一召喚回來。

11 J-F. Dominique et al., “Stress and Glucocorticoids Impair Retrieval of Long-Term Spatial Memory,” *Nature*, vol. 394 (1998): pp. 787–90. For the hippocampus: Nicole Y.L. Oei et al., “Glucocorticoids Decrease Hippocampal and Prefrontal Activation During Declarative Memory Retrieval in Young Men,” *Brain Imaging and Behaviour,* vol. 1 (2007): pp. 31–41. For norepinephrine: J. Douglas Bremner, “Traumatic Stress: Effects on the Brain,” *Dialogues in Clinical Neuroscience*, vol. 8, no. 4 (2006): pp. 445.

從生理上來看，長期高壓是這樣的：血壓升高，細胞發炎，心臟疾病的風險更高。縱向研究顯示，患有PTSD的退役軍人比沒有此症的同齡人更虛弱、更痛苦，也更早死。他們有藥物濫用問題的可能性變成四．五倍，退伍軍人離婚機率是普通人的兩倍[12]，女性退伍軍人的自殺率幾乎是其他女性的六倍[13]。

像高遠之地這樣的組織並不少，比方說，有組織替退伍軍人規畫衝浪和飛釣活動。有一家洛杉磯醫院的宗旨是，促進人類和有類似PTSD症狀的受虐鸚鵡之間的聯繫！這些機構組織都相信，與大自然或野生動物接觸可以減少創傷症狀，像划皮艇這樣的冒險運動，可以讓注意力像雷射光一樣集中，也可以讓人從討厭的想法中轉移注意力。消耗體力通常能睡得更好，而且我們在前幾章討論過了，大自然的感官元素可以平靜神經系統。

即使知道這一切，我還是忍不住有些擔心這些女人，在這麼一個不受控制的環境中，如果她們被大石頭壓住了，或者不大會游泳怎麼辦呢？在泛舟團中，瑪莎．安德森年輕時曾是懷俄明州的滑雪運動員，二〇〇九年在阿富汗遇到爆炸，手腳各有一隻神經受損，現在無時不覺得痛。受傷後，她有一年無法走路，現在還是看起來很虛弱。下午兩三點左右，安德森遇到一道急流，人從充氣艇飛出去，我把她的小艇拉到我的小艇旁，出力幫忙把她拖回來。然後，坐雙人皮艇艾雷拉走過來，她右臂戴著高科技矯具，上頭固定著一架GoPro相機，只有一隻手能用，我不曉得她要怎樣回到又高又滑溜的皮艇上。但她同船的夥伴，一名高遠之地的員工，站在河裡使勁把她推過船舷。

如果這些女性以為是來河邊沙岸放鬆休息的，那她們可是抱著錯誤的期待，我們連喝雞尾酒也不許。這種極端的冒險，她們應付得來嗎？這些女人生活在不斷回放的記憶和焦慮中，或許應該留在家中，和她們的服務犬相依相偎，玩玩划船機就好？

或者不。安德森三十出頭，短髮，韓裔美國人，那天晚上，她一邊坐著吃蛋捲，一邊微笑。她說：「我從來沒有想過我自己會來泛舟，我受不了腎上腺素分泌。」她回憶一個瑜伽老師說過的話：「焦慮就是沒有呼吸的興奮。」河在教她如何呼吸，她繼續說：「我不確定我還能不能回去繼續划，但我還是划了，每次遇到急流都努力呼吸。」她顯然喜歡表現，誰不喜歡呢？

至於艾雷拉，她還在重新學習如何照顧自己的基本生活，划皮艇是一個新發現。她似乎毫不介意意外的游泳，還發現可以用膠帶把受傷的手綁在槳軸上，用另一隻手提供大部分的動力。看到她在皮艇上，我想起一百四十五年前另一位獨臂退伍軍人，約翰·

---

12 Jessie L. Bennett et al., "Addressing Posttraumatic Stress Among Iraq and Afghanistan Veterans and Significant Others: An Intervention Utilizing Sport and Recreation," *Therapeutic Recreation Journal*, vol. 48, no. 1 (2014): p. 74.

13 Matthew Jakupcak et al., "Hopelessness and Suicidal Ideation in Iraq and Afghanistan War Veterans Reporting Subthreshold and Threshold Posttraumatic Stress Disorder," *Journal of Nervous and Mental Disease*, vol. 199, no. 4 (2011): pp. 272–75.

韋斯利・鮑威爾少校（Major John Wesley Powell），他也做過類似的河流航行。在南北戰爭中負傷後，他受命勘察水勢激急的科羅拉多河，似乎享受著每一分每一秒：「我們還有未知的距離要走；一條未知的河有待探索。那裡有什麼瀑布，我們不知道；什麼暗礁環繞河槽，我們不知道；這河上到底有什麼高牆，我們也不知道。」

艾雷拉翻船時，她甚至鎮定自若搶救了她那頂有戰鬥勳章的漁夫帽。她說：「我很高興自己能夠有所貢獻，而不是讓每個人都為我工作，能夠做一些體能活動真的很棒，我在家裡連自己的郵件都不去拿。」

泛舟好手也度過了愉快的一天。面無表情的陸軍退伍軍人安雅・梅森告訴我們，她不想再走神了。她描述說，在船上她幾乎恐慌發作，但後來自己說服了自己。她已經學會如何適應全新的環境，她很高興。

每個人都餓了，沒有人熬夜。晚上八點，焦躁不安的潘漢娜抽完一根菸，在北部洛磯山脈仍然明亮的天空下，在她的帳篷前睡著了。

第二天，我的招牌戶外病發作了——蜜蜂螫傷。卡特琳娜・羅培茲幫我上了醫用酒精，讓我吃了抗組織胺，交代我注意腫脹的情況。她在軍中擔任護理師，在巴爾幹半島、索馬利亞和伊拉克服役十五年，現在經常夢見鮮血和被肢解的身體部位。有一次我正在吃午餐，她描述在醫院看到一個失去知覺的警衛的大腦不斷脹大。她告訴我，正常的顱內壓是十，但這人的監測器顯示是二十，然後是三十，然後是八十五，「然後我能看出他的頭蓋骨開始動了。」

我看著我的三明治。

「你明白我的意思吧。」

我點點頭。

「你希望我別說了？」

「拜託。」

第二天，我加入了越來越合群的划槳泛舟。划著划著，坐在我對面船頭筏筒上的譚妮雅．艾雷拉開始高歌：「我吻了一條蟲，我好喜歡牠。」她接著講了伊拉克的故事。她是一輛全女兵運輸卡車中的一員，她們給車起了綽號，叫它「衛生棉」。然後有人問我為什麼想寫關於乳房的文章，那是我第一本書的主題。這個問題給了艾雷拉靈感，她替我們的橡膠船取了一個名字：平口小可愛。

在河上度過了漫長的一天，我們頂著暑熱，划了三十公里，一下游泳，一下上岸吃午餐。這一帶峽谷峭峻，大片的黃松從閃亮黑色片麻岩中冒出來，我們正穿過古老愛達荷岩基的中部。安琪拉．戴一頭金髮，身材豐滿，從海軍退役，她坐在皮艇上，像一隻快樂的鴨子上上下下，不怎麼認真划，只是在水浪中咯咯笑。神經受損的前滑雪運動員安德森玩立式槳板，遇到了急流，槳板變得像跪墊，有時甚至成了倒立板。下午，護理師羅培茲在一段棘手的急流中被沖出了皮艇，我當時在平口小可愛上，可以從她的臉上看到驚恐，她拚命大口呼吸空氣，也喝了不少水。她最後順利回到皮艇上，但她並不高興。

在當晚的回顧處理時間中，她顯得很挫折。主持人帕特里奇問大家對什麼懷抱著熱情，羅培茲說：「我以前對每樣東西都充滿了熱情。」她的PTSD和慢性背痛讓她從軍隊提早退休。「生活，工作，大自然，直到今天，我還對划船充滿熱情，直到——去他的，我現在覺得每件事都讓我失望。」她聳聳肩。「也許我會恢復，不知道。」

安雅．梅森說不知道她對什麼有熱情，「我以前熱愛我的家庭。」

康妮．史密斯，來自德州的退役海軍上校，說以前對訓練服務犬的工作充滿了熱情。

安琪拉．戴說她對自己與主的關係充滿熱情。「今天，在小船上，我心想：『來吧，主，出招吧！祢還有更厲害的！』」

五十多歲的琳達．布朗說話輕聲細語，說她對戶外運動充滿熱情。「我不能說我有多長時間的熱情，但我相信我對戶外，尤其是樹木，充滿了熱情。」

潘漢娜仍舊焦躁，在椅子上扭來扭去。她說：「我對保持單身和他媽的自由充滿著熱情！我愛它！我是講真的！」

艾雷拉曾對在軍中的工作充滿熱情。「我在伊拉克是砲長，戴耳機，坐在炮塔上。我小時候夢想有一輛會跟我說話的車，我的夢想成真了。我想成為拿最大把槍、穿最酷衣服的騎士，我記得我還感謝上帝讓我的夢想成真。」她看著沙地。「再創造一個夢想，往夢想邁進，實在好難。我就卡在這裡。現在，有這些障礙，這些健康問題，這些藥，糟糕的人際關係，沒錢，又斷手缺腳的，怎麼夢想？」

安琪拉．戴說：「我不想離開我的安全地帶。」

帕特里奇說：「你今天在河上就離開了。」

「沒錯，但對我來說，一個月只出門一趟買菜、買生活用品已經很正常了。我個人確實有一個深刻的夢想，就是不要那樣。」

帕特里奇說：「就像你在河上，有時你必須求助於人，會有人保護你。」

「今天是最有趣的一天！」潘漢娜說。

「那是對你來說。」羅培茲怒眼看著她。

我們陷入一種模式：在激流中泛舟，回顧整理這一天，搭帳篷，拆帳篷，講故事，有時聚在一起，有時各自散開，沉浸在自省或寧靜中，或者只是累了——近似於漣漪、漩渦和河流的節奏。早餐前，我們集體練習瑜伽，把自己擺成蓮花姿勢前，有幾個人抓緊時間抽了菸，我看了總是哈哈大笑。戴那隻名叫少校的狗始終躺在她的腳下，似乎對這些奇奇怪怪的姿勢感到困惑。即使是面無表情的梅森，也盡可能地保持不動，一點一點輕輕扭轉身軀。瘦巴巴的潘漢娜通常很冷漠，但不忘保持微笑。我注意到她的胡言亂語少了。

每一天，笑聲都變得更多。羅培茲替我們的嚮導起綽號。嚮導搭電動船，料理三餐，為我們搭帳篷，然後讓我們獨處。他們都很年輕，很強壯，大多是男性。羅培茲稱整潔好看的領隊李德「美國隊長」，另一個身材魁梧、長髮蓬鬆的是法比奧[14]。他們就像一支軍隊，只是髮型比較好看，他們有自己的工作，自己的日常生活，還有自己貢獻這個團體的方式。有的很風趣，有的很睿智，有的充滿警戒。

艾雷拉告訴我：「這跟戰爭沒什麼兩樣，有東西能要你的命，有一個關係緊密的團體依靠你來生存，每個人都是其中的一份子，發展出有意義的情誼。簡單的生活更美好，在這裡就像在部隊，你沒有四十種牙膏可以選擇。你有你的職務，我們都有。」

怪不得美國會流傳著負傷士兵奔赴荒野的傳奇故事。大家都知道，愛達荷州、蒙大拿州和阿拉斯加州的偏遠地區有許多退伍軍人。自越南還鄉後，感覺遭到文明誤解的人去了那裡，在遠離文明之境，覓得最大的心靈平靜。儘管荒野有著扣人心弦的軼事傳聞，退伍軍人事務部，甚至大多數心理學家，都不承認荒野是一種合理的治療工具。以協助服役人員為宗旨的組織活動再次發展起來，主要靠的是退伍軍人自己，活動由私人資助，以推動社交為重點。

大衛．薛弗德（David Scheinfeld）帶領外展訓練退伍軍人健走團十一年，他用「治療性冒險」稱呼這些活動，但不一定會讓學員知道他如此形容。他親眼見證六天的野外之旅改變許多生命，因此決定在德州大學奧斯汀分校攻讀心理學博士學位，深入研究什麼讓這種方法成功，而其他標準的干預——認知行為療法和藥物——結果卻不盡如人意。

薛弗德評估了一百五十九名退伍軍人，發現外展訓練團員在心理健康方面獲得百分之九至十九的改善，對照組的退伍軍人則沒有。在旅行結束一個月後，外展訓練組仍然顯示出進步的跡象。

為什麼這些旅行有效？薛弗德指出，參與者多是男性，他們傾向於鼓勵彼此再試試諮詢，然後堅持下去。他說：「每團總有幾個人曾經得到心理諮詢的幫助，他們形同實質的心靈導師。」正因為如此，參與者在旅行後更能打開心房尋求治療，不太可能中途放棄治療。成功的另一個原因是旅行本身，身處荒野，加入一個支持性團體，這樣的旅行算是延伸治療，每天持續數小時，而不是退伍軍人事務部通常提供的每週一小時。薛弗德說：「這些人很難坐在一個有四面牆的房間談論自己的感受，當他們在一個自然的環境時，自然而然就能說出口，環境會把他們引出來。」

14 譯註：Fabio Lanzoni，以魁梧身材和長髮造型聞名，於一九八〇及九〇年代經常出現在言情小說的封面。

其他研究也顯示類似的結果。楊百翰大學的尼爾．倫德伯格（Neil Lundberg）研究了二〇一〇年兩團高遠之地的二十二名團員，與申請名單上一組條件類似的退伍軍人相比，在旅行之後，他們回憶閃現、情緒麻木和過度警覺的頻率明顯下降，降幅高達百分之四十。但並非所有人都對此深信不疑。空軍退役的心理學家克雷格．布萊恩（Craig Bryan）是猶他大學國家退伍軍人研究中心主任，對自然療法就抱持著懷疑態度。他說，目前大多數的研究規模都很小，缺乏有意義的對照組，也不會對參與者進行長時間的追蹤。他說：「這些治療方法有可能比既有治療方法更好，但我們還不能確定，我們沒有數據支持。我希望看到隨機對照研究，更大規模的研究。」

為了收集更多關於其活動的數據，外展訓練正與山巒協會（Sierra Club）和美國退伍軍人事務部合作，在西雅圖退伍軍人管理局進行大型前導研究。外展訓練和山巒協會每年共能接觸數百名退伍軍人，正在幫助協調外展訓練研究的史泰西．貝爾（Stacy Bare），也是退伍軍人，而且相信野外經歷救回了他的命。他認為目前還缺乏更好的衡量標準。

「我很驚訝，我們知道的還不夠多。」貝爾說：「我認為我們都相信戶外的偉大力量和神祕，只是這些是很難用科學來量化的東西。在大自然中進行雙盲對照研究難嗎？非常困難，我想我們也不用達到那個標準，但必須有更系統的方法評估戶外活動的影響力。」

在河上的最後幾天，我們划過一個在二〇〇〇年和二〇一二年兩度慘遭野火肆虐的地方。第一場大火遺址新長出的常青樹，已有十多年的樹齡；在第二場大火燒焦的樹幹周圍，則鋪上了一層翠綠的草。這是一個非常動人的提醒——宇宙萬物生生不息。一天早上，我坐上巨大的電動橡皮艇，旁邊是琳達．布朗，這位年長的獸醫曾因憂鬱症入住精神病院。她坐在那裡，雙臂抱著救生衣，穿涼鞋的腳擱在船頭的救生圈。「樹木無法控制它們的生命。」她說，聲音那麼輕，幾乎是耳語。「我們不能永遠控制發生在我們身上的事，樹木教我們接受。還有蛻變。」

幾個月後，HG-714-RA小隊大多數女團員將會回憶說，愛達荷州泛舟之旅幫助她們走上康復的漫長道路。至少有一個人會說一點用也沒有，那人就是卡特琳娜．羅培茲，講腦袋爆炸故事的護理師。從統計學角度來看，這似乎沒錯，在其他心理健康研究中，例如芬蘭的研究，大約百分之十五的研究對象對於大自然的經歷完全無動於衷，有時是因為他們討厭那裡，討厭蟲子、清風和廣闊的天空，他們的神經系統在戶外始終無法平靜下來。

那不是羅培茲的問題，她說這次旅行不夠長，無法讓她擺脫噩夢，阻止她午夜吃下安眠藥還駕車穿過玉米茬。無法讓她重新相信別人。當然，也無法因為在急流中游泳而累積了信心。許多針對問題青少年的野外治療為時數週，甚至數月之久。

高遠之地發給每個團員一筆「休閒基金」，讓他們返家後能夠繼續從事戶外運動，洛佩茲卻告訴我，她還沒有決定是否要動用這筆錢。不過瑪莎．安德森和卡拉．賈西亞打算去衝浪，還想找個時間結伴去南加州。本來被動的安雅．梅森已經加入健身房，決心減掉九公斤的體重。我對她的轉變感到驚訝，她現在經常在家附近健走，想要增添露營裝備。潘漢娜有騎自行車的習慣，想用她的休閒基金買輛山地車。

至於艾雷拉，她告訴我她準備再報名一趟河流之旅，這次是參加外展訓練的活動。「我喜歡河流，我喜歡完成目標的感覺。」她說。她也在研究其他的行程，像是去阿拉巴馬州鄉間射擊，如果能找到一個適合身障者的地方，也許可以跳傘或攀岩。她說：「我希望每年夏天都能找一些事情來做。」

而且，她很得意地告訴我，她要把頭髮留長。

11

請把鋼鋸遞給我[1]

Please Pass the Hacksaw

「童年是，或曾經是，或應該是，一場偉大的原始冒險，一段關於貧困、勇氣、時時警惕、危險、有時還有災難的故事。」[2]

——美國作家麥可．謝朋（Michael Chabon）

升上二年級後，查克．史密斯顯然能夠坐在椅子上，但他並不想一直乖乖坐著。他上課搗亂，大聲說話，也不肯輪流發言。他的父母給他吃了一大堆治療注意力不足過動症（ADHD）的藥，很多吃了根本沒用。查克在康乃狄克州的西哈福讀書，因為在教室

1 作者註：本章部分內容最初發表於 Florence Williams, "ADHD: Fuel for Adventure," *Outside*, Jan./Feb. 2016, published online Jan. 20, 2016, http://www.outsideonline.com/2048391/adhd-fuel-adventure?utm_source=twitter&utm_medium=social&utm_campaign=tweet, accessed Feb. 22, 2016.

2 From "Manhood for Amateurs: The Wilderness of Childhood," *New York Review of Books*," July 19, 2009, www.nybooks.com/articles/archives/2009/jul/16/manhood-for-amateurs-the-wildernessof-childhood/, accessed July 17, 2015.

表現出攻擊的傾向，學校安排他在特殊教室上課。他還兩度遭到停學，心裡很難過，不過對學校的事好像又都漠不關心。他的父母意識到，他要是繼續這樣下去，可能會陷入更嚴重的麻煩，於是在八年級時拉開了他的降落傘。

最後，查克四肢張開，降落在西維吉尼亞州彭德爾頓郡一塊朝東的石英岩板上，齊下巴的草莓色金髮在黃色小小兵頭盔下捲曲著，袖子被扯掉的T恤綁著安全吊帶，遮住了一行字——《決勝時刻：先進戰爭》。

「我內褲被拉出來了啦！」他從六公尺高的地方喊道。

替他拉保護繩的丹尼爾瘦瘦巴巴，但非常認真，同樣是十四歲。當天早些時候，丹尼爾問：「我需要綁安全繩嗎？我才四十三公斤。」兩個孩子看起來仍然有些忐忑不安，但毫無疑問，他們全副注意力都在岩壁和連接他們的繩子上。昨天，在塞內加岩附近營地的野餐篷下，他們在「地面學校」，和另外十二個來自「翱翔學院」（SOAR）愛打架的孩子，一塊學打八字形結和普魯士結，這些結可以挽救他們的生命。他們年齡最多相差五歲，但在青春期個別差異很大，小一點的孩子看起來可能是最大的孩子的平方根。從外表來看，查克居於尷尬的中間地帶，身體瘦長，X形腿，不自然的笑容後面隱藏著令人吃驚的低沉嗓音。

他逐漸將右腳移到新的凸岩，然後站了上去。他努力往上爬，最後得意地拍拍繩子頂端的卡環，然後順著岩壁垂降下來。到了地面，他說：「哦，天啊，我手臂好痛。」

白皙的臉蛋因為日曬和運動而變得紅通通。丹尼爾不小心踩到攀岩繩，按照規定得親繩子一下，這種事常常發生，所以沒有人會說什麼。有一陣子，兩個男孩都替小弟弟提姆加油。提姆來自亞特蘭大，戴著像護目鏡的厚眼鏡，頭盔後面還貼著勵志的名字膠帶，寫著「丁骨牛排滋滋響」。一群人開始高呼：「提姆，加油，嘿，提姆，加油啊！」

這所戶外冒險寄宿學校只收七年級到十二年級的孩子，入學之前，查克和許多男孩一樣，已經在翱翔學院度過幾個暑假。翱翔學院設於北卡羅來納州巴薩姆，是個設施完善的營地，專門為有過動症和相關學習障礙的孩子而開設，創辦宗旨是希望過動症孩子能在戶外茁壯成長。在幾十年前，這是非常激進的信條，但令人驚訝的是，至今仍然沒有得到重視。從那時起，過動症診斷爆炸式增長，據說有百分之十一的美國青少年有過動症，而課間休息、體育課以及孩子們親近大自然的機會卻大量削減。

查克第一次參與翱翔學院的夏天，是在懷俄明州騎馬旅行，為期三週。在那次旅行以前，他寧可窩在家裡打電動。他說：「我討厭大自然。」但在開闊的懷俄明州天空下，有個什麼開關打開了，他發現自己能夠專心完成任務，開始交到朋友，對自己的感覺也不那麼糟糕了。查克把他的躁動不安轉為對冒險的渴望——這也許就是冒險一直以來的意義。

人類的大腦是在充滿有趣事物的戶外世界演化，但有趣事物不用太多。在孩子的世界，一切都值得注意：食物、生物、星座。我們照理要留意身邊短暫的干擾，否則我們可能會被吃掉的；但也需要一定程度的專注，才能製造工具，跟蹤獵物，撫養孩子，進行大計畫。演化有利於早期人類，讓他們既能繼續完成任務，又能在需要時切換任務，而我們前額葉皮質的演化讓我們掌握了這種能力。正如大衛．史崔爾和他的摩押神經科學家行軍大隊所闡明的，人類在分配注意力方面的靈活度，可能是我們最偉大的技能。

我們大多數祖先的大腦多少都渴望新奇與探索，這份渴望對我們來說很有用。與地球其他生物相比，人類這個物種擴張到更多的棲息地，連同我們飼養的寵物和牲畜，占去了地球陸地脊椎動物的百分之九十八。不過演化也偏愛大腦有一些差異，有的人比其他人更願意探索，或者只是更能適應不熟悉的新居住環境，而這些就是喜歡尋求感官刺激的人，他們在動態環境中茁壯成長，快速對新訊息做出反應。

我們開始把曾經視為適應能力的躁動當成一種病態。最近有則過動症藥物廣告列出需要注意的「症狀」：「可能過度攀爬或奔跑，坐不住。[3]」

像查克這樣孩子的大腦值得加以研究，因為不只這些孩子需要以大自然為中心的探索，探索也需要他們。查克和他那群綁著安全繩的同伴，雖然不適應環境，卻掌握著潛伏在所有人身上的冒險衝動的線索。在一個待在室內時間更長、看著螢幕時間更多、距離大自然更遙遠的世界，這種神經衝動面臨著越來越多的風險，各地的「注意力變種」拯救了人類物種，他們或許還能讓我們免於麥可．謝朋那令人沮喪的斷言：「童年的荒野已然消失；冒險的日子已經過去。」但首先我們必須了解學習、探索、童年、嬉戲和自然世界之間的關係。

如果花時間親近大自然對成年人幫助這麼大，我很好奇這對大腦仍然如此靈活柔韌的青少年代表著什麼。孩子學什麼都比大人快，所以戶外活動自然可以為需要精神充電或新學習框架的孩子提供龐大的回報。而在戶外能不能也幫助他們改變情緒和注意力的模式呢？

事實上，所有人類的孩子都是經由探索而學習。因此，我不得不懷疑，不只是藥物治療，我們還透過結構複雜並管理過度的教室和運動團隊、更少的自由漫步、越來越令人眼花撩亂的室內誘惑削弱他們的探索能力。現代生活讓我們所有人，連同我們的孩子，都變得容易分心，難以負荷。麥基爾大學神經學家丹尼爾．列維廷（Daniel Levitin）解釋說，我們每天要消耗七萬四千兆位元的數據。放學後，青少年花在螢幕上的時間遠遠多過於離開螢幕的時間。

探險攝影師詹姆斯．巴洛格（James Balog）說：「數位時代正在嚴重地縮小我們

3 Mentioned in Richard Louv's blog post, "NATURE WAS MY RITALIN: What the New York Times Isn't Telling You About ADHD: The New Nature Movement," http://blog.childrenandnature. org/2013/12/16/nature-was-my-ritalin-what-the-new-york-times-isnt-tellingyou-about-adhd/, accessed July 20, 2015.

的視野和創造力，更別說我們的身體和生理能力。」他千辛萬苦，記錄下地球變化的歷史，以數位方式傳遞給數百萬人。巴洛格幼年住在紐澤西州鄉下，時常在山上遊蕩到太陽下山，而今他幾乎無法讓他讀八年級的女兒放下手機。「這些不是在外面度過的時間，真要命。」他說。

夏季讓孩子離開電子產品，在林間自由自在奔跑，這固然是件好事，但是整個學年都在戶外（翱翔學院的學生在樹林校園和野外輪流上課，每兩週換一次地點），反映出父母的絕望，無畏的教育見解，或者兩者都有。查克是學校裡的淘氣鬼——這個背景故事很常見，特別是在男孩之中，他們被診斷為過動症的比例是女孩的兩倍以上。歷史上有很多幸運的例子，他們後來成了著名的反傳統者，如推廣荒野的約翰·繆爾，在童年時，他夜裡搖搖晃晃攀著窗臺，偷溜出門，跑去攀登蘇格蘭鄧巴危險的海邊懸崖。弗德瑞克·勞·歐姆斯德厭惡學校，溺愛他的校長經常讓他到鄉間閒逛[4]。馬克·吐溫十二歲就離開學校，但顯然相信一次愉快水上之旅的價值。攝影師安瑟·亞當斯（Ansel Adams）的父母把坐不住的兒子從學校拉出來，給了他一個盒型布朗尼相機，帶他去遊覽優勝美地國家公園——這是加州式的非學校教育。

歐姆斯德回顧自己的一生時，認為問題是沉悶的教室，而非惹麻煩的孩子。他寫道：「一個小男孩，在任何情況下，如果不願每天有時走個十六到二十公里的路，反而想整天安靜坐在家裡，那他一定是生病了，或者教育有缺陷。」

翱翔學院（過去三年剛剛獲得認證）決心找到一個更好的方法。學校只招收三十二名學生，其中二十六名是男生，分住在四個混齡的宿舍。每個孩子都有自己的課程，師生比是一比五，學費高達每年四萬九千五百美元，與其他寄宿學校相當，不過你找不到霍格華茲學院那樣的餐廳或成堆的皮裝書。學校課程仍然包括必修課程及烹飪等基本生活技能，但他們發現，站在古戰場中央，孩子上歷史課會更專心，到奧陶紀地層露營，孩子則更用心認識地質。

「我們從零開始。」翱翔學院執行董事約翰．威爾森（John Willson）說，他於一九九一年開始在那裡擔任營地輔導員。「我們不是在重新發明輪子——我們是扔掉輪子。」學校創辦人對於冒險運動沒有什麼特別的忠誠，只是發現攀岩、背包旅行和獨木舟對這些孩子來說是魔法，在這些年齡階段，他們的神經元正在往四面八方爆炸。威爾森說：「當你在岩壁上時，會有一個興奮和壓力的甜蜜點，這個甜蜜點開啟了適應性學習（adaptive learning）的大門，你會找到解決問題的新方法。」

伊利諾大學研究員法朗西絲．郭以社會住宅窗口研究聞名，也曾研究過動症和戶外活動之間的關係。她的研究規模不大，但引人聯想。在一個實驗中，與待在室內相比，

4 From Witold Rybczynski, *A Clearing in the Distance: Frederick Law Olmsted and America in the 19th Century* (New York: Scribner, 1999), Kindle edition location 417. Quote to principal from Kindle edition, location 296.

接觸大自然能使兒童報告的過動症症狀減少三倍[5]。在另一項研究中，她讓十七名八至十一歲過動症兒童在嚮導帶領下在三個不同環境行走二十分鐘，分別是住宅區、市區街道和公園環境。在公園散步後，他們倒背數字的表現更好，這種改善相當於有過動症或無過動症之間的區別，也相當於完全不用藥和經歷普通過動症藥物峰值效應之間的區別[6]。最近，一項針對巴塞隆納兩千名兒童的研究發現，據父母報告，花更多時間在綠地上玩耍的孩子，注意力不集中和過動症的症狀較輕[7]。

在二〇〇四年的論文中，郭和她的同事安德莉亞・法柏・泰勒（Andrea Faber Taylor）利用注意力恢復理論提出解釋。右前額葉皮質——大腦的組織、判斷和聚焦任務的區域——在過動症兒童中活躍程度較低。如果大自然允許右前額葉皮質充電，就可以提高這些孩子的注意力[8]。

事實證明，過動症的症狀多少與環境背景有關。如果你像很多極限運動員喜歡混亂刺激，成天坐在學校很可能會吸走你的靈魂。但隨著工業化興起，教育家認為所有孩子都應該坐在標準化的教室裡。加州大學柏克萊分校心理學家史蒂芬・辛蕭（Stephen Hinshaw）說：「過動症從一百五十年前義務教育開始的時候開始，從這個意義來說，你可以說它是一種社會建構。」

他說，探索型的孩子在傳統學校不光會感到無聊和不足，受限的環境實際上會讓他們的症狀更嚴重。一九二〇年，義大利醫生暨教育家瑪麗亞・蒙特梭利（Maria

Montessori）甚至建議中學生應該完全放棄以講課為基礎的教學，前往農場和自然學校，四處走動，從做中學。對查克．史密斯這樣的孩子，學校感覺分外沉悶，備受規定約束，他們於是搗亂，接著可能被轉送到一個更為嚴苛的環境，有的圍起鐵鍊圍欄，派警衛站崗，有的甚至以過動症藥物之外的神經藥物，處理孩子隨之而來的焦慮、憂鬱和攻擊。有時，這些孩子會惹上麻煩，或者就像查克擔心自己會發生的事，半夜被什麼魁梧的陌生人「恐嚇」，送去住院治療，治療可能看起來像宣傳冊上的外展訓練課程，但終究感覺像是勞改營。

有趣的是，研究人員在實驗室小鼠身上觀察到類似模式，讓我們面對現實吧，這些小鼠遭受了宇宙級的終極恐嚇。華盛頓州立大學神經學家賈克．潘克塞普（Jaak

5 see A. Faber Taylor et al., “Coping with ADD: The Surprising Connection to Green Play Settings,” *Environment and Behaviour*, vol. 33 (Jan. 2001): pp. 54–77.

6 Andrea Faber Taylor and Frances E. Ming Kuo, “Could Exposure to Everyday Green Spaces Help Treat ADHD? Evidence from Children’s Play Settings,” *Applied Psychology: Health and Well-Being*, vol. 3, no. 3 (2011): pp. 281–303.

7 Elmira Amoly et al., “Green and Blue Spaces and Behavioral Development in Barcelona Schoolchildren: The Breathe Project,” *Environmental Health Perspectives* (Dec. 2014), pp. 1351–58.

8 Frances E. Kuo and Andrea Faber Taylor, “A Potential Natural Treatment for Attention-Deficit/Hyperactivity Disorder: Evidence from a National Study,” *American Journal of Public Health*, vol. 94, no. 9 (2004).

Panksepp）發現，如果限制幼鼠自由探索和玩耍，牠們的額葉（控制執行功能）就無法正常生長，成年後，牠們的行為就像反社會老鼠。潘克塞普說：「我們的看法是：如果動物不玩耍，如果沒有足夠的空間讓牠們參與，牠們會發展出玩耍饑餓感，有控制衝動的問題，最終在社會互動方面也會出現問題。[9]」

相比下之，有時間玩耍的動物似乎能發展出更深更持久的神經硬體。潘克塞普的研究顯示，只要三十分鐘的遊戲時間，就能幫助小鼠釋放腦部生長因子，活化額葉皮質中的數百個基因。他指出，像利他能（Ritalin）和阿德拉（Adderall）這樣治療過動症的常見興奮劑藥物，可能改善許多孩子的注意力技能和學習成績，但也付出了扼殺探索衝動的代價，至少付出暫時的代價。他說：「我們知道這些是反玩耍藥物，這一點清清楚楚。」

更大的問題是，藥物——以及所有強迫的久坐行為——是否會長期擠壓孩子的冒險衝動。心理學家在這一點上意見分歧，但事實是沒有人確實知道。這不是少數人面對的小問題。在美國六百四十萬名確診兒童中，有一半服用處方興奮劑，這個數字自二〇〇七年以來增加了百分之二十八。

一些青少年剛到翱翔學院時，仍舊把衣服穿反，忘記吃飯，或者一吃就停不下來。他們以憤怒發洩情緒，容易受挫。過動症症狀在男孩和女孩身上表現似乎不同，男孩的典型症狀是過動、衝動和分心，比較好理解，這些特徵每個人或多或少都有。但症狀更加嚴重的人，在大腦中管理獎勵、運動和注意力的部分，似乎有不同的化學反應。他們可能難以傾聽或靜坐，會被外部刺激分心，容易感到無聊，傾向於冒險，尋找緊張刺激的活動，好讓大腦充滿感覺良好的神經遞質，如多巴胺、血清素和去甲腎上腺素等，否則這些遞質會在過動症的大腦中黏在一塊。過動症孩子更有可能頭部受傷，誤食毒藥，染上毒品。

長期的研究顯示，像查克這樣的孩子——事實上是大多數的孩子——從一開始就應該在動態戶外學習環境中，才能得到更好的發展。華盛頓州瓦雄島松歌自然學校（Cedarsong Nature School）創始人艾琳・肯尼（Erin Kenny）說的很好：「如果我們把牆拆了，孩子就不能從牆上彈回來。[10]」

這也是史上第一個創辦幼兒園者最初的想法。

---

9 On play and ADHD, see Jaak Panksepp, "Can PLAY Diminish ADHD and Facilitate the Construction of the Social Brain?" *Journal of the Canadian Academy of Child and Adolescent Psychiatry—Journal de l'Académie canadienne de psychiatrie de l'enfant et de l'adolescent,* vol. 16, no. 2 (2007): p. 62.

10 Quote by Erin Kenny, cited in David Sobel, "You Can't Bounce off the Walls if There Are No Walls: Outdoor Schools Make Kids Happier—and Smarter," *YES! Magazine*, March 28, 2014. http:// www.yesmagazine.org/issues/education-uprising/the-original-kindergarten?utm_source=FB&utm_medium=Social&utm_campaign=20140328, accessed July 17, 2015.

德國教育家弗里德里希・福祿貝爾（Friedrich Fröbel）於一七八二年出生在威瑪附近，他的家位於德國古老森林和鬱鬱蔥蔥山谷的中心地帶。他在浪漫主義魔咒下長大，學習自然史，崇拜法國哲學家盧梭。盧梭寫道：「一切都是美好的，因為它來自大自然這位作者的手中，但一切東西在人類手中退化了。[11]」這段文字讓福祿貝爾讀了欣喜不已。盧梭在《愛彌兒》（*Émile*）闡述童年時期培養好奇心和自由的理由，這個激進的觀念影響了進步主義教育的各個方面。在福祿貝爾的時代，七歲以下的兒童通常留在家裡，或為了方便寄養在外。福祿貝爾明白，充滿自然和藝術的教育可以灌輸一種終身學習的準備，他相信孩子還會掌握情感技能，如同理心，以及深刻感受所有生物之間的相互關聯。

從事若干年的初級教育工作後，他在一八三七年開辦一所幼兒學校。在樹林中散步時（在樹林中散步！），他想出了這間學校的名稱：兒童花園（kindergarten）。在那裡，孩子透過所有感官來理解自然世界，他們在屋外種植花草，活動身體，跳舞唱歌。他們操作簡單的教具，如積木、木球和彩紙，因而在不知不覺中學到了幾何、形狀、物理和設計的普遍定律。福祿貝爾不相信固定的教學計畫，他說，兒童應該主要靠自己的好奇心和「自我活動」來引導。有一段時間，這個觀點流行起來，但是普魯士政府害怕灌輸孩童自由玩耍的觀點，進而害怕無神論思想，在福祿貝爾一八五二年去世前就關閉公立幼兒園。儘管如此，他的想法還是引起許多人脈廣泛的有錢婦女的共鳴，她們後來成為了這項事業的國際傳教士，成績斐然[12]。諾曼・布羅斯特曼（Norman Brosterman）在他令人激賞的歷史著作《發明幼兒園》（*Inventing Kindergarten*）中說：「它是現代的種子明珠，它叫幼兒園。」

童年永遠不會和以前一樣了。

不過，隨著幼兒園傳入包括美國在內的國家，這個概念發生了改變，改變的方式可能會讓福祿貝爾丟算盤。福祿貝爾反對給這個年齡層的孩子上正式課程，甚至不希望積木印有字母，但在十九世紀末，教育家認為有必要讓兒童為工業化的工作生活做好準備，特別是工人階級的孩子。幼兒園讓孩子在室內的時間變長，課程也變得更有綱領。儘管在一九六〇和七〇年代，美國曾短暫興起自然學校，不過美國幼兒園仍繼續無情地朝坐在教室上課靠攏。

---

11 The Rousseau quote is from Émile, cited in Norman Brosterman, *Inventing Kindergarten* (New York: Harry N. Abrams, 1997), p. 19.

12 作者註：弗里德里希・福祿貝爾有許多不為人知的深刻影響，相關分析請參閱布羅斯特曼的研究，他提出一個迷人的理由，認為福祿貝爾幼兒園實際上催生出現代藝術。布拉克（Georges Braque）、康定斯基（Wassily Kandinsky）、柯比意（Le Corbusier）和萊特（Frank Lloyd Wright）等設計師或藝術家，都曾有數年的光陰拿著積木，利用福祿貝爾的材料，創造出抽象的幾何圖案，尤其是萊特和柯比意；這是他們的設計感的最大功臣。布羅斯特曼認為，藝術史學家幾乎都忽略了這些影響，因為它們源於幼兒和他們的女老師的領域。

但是福祿貝爾以大自然為核心的構想並未從歐洲消失。時至今日，歐洲的孩子仍舊七歲以後才會認真學習閱讀及算數。德國有一千多所「森林幼兒園」，這類幼兒園在歐洲北部各地越來越受歡迎，不管天氣如何，孩子都可以到戶外，利用天然材料，玩得不亦樂乎。我參觀過蘇格蘭珀斯郡的奧赫隆學校，孩子開心地跑來跑去，爬爬樹，在樹枝帳篷裡扮家家酒，還替一隻青蛙舉辦了葬禮。在點心時間，一個四歲大的小男童幫助點燃篝火，準備做爆米花。校長克萊兒・沃頓（Claire Warden）非常喜歡兒童和火，還支持學齡前孩童使用刀具和挑戰自己的體能。她告訴我，有一回暴風雨吹倒了一棵大樹，孩子花了好幾天時間，或鋸或敲，處理掉尖銳的樹枝，讓爬上樹幹變得更安全。她解釋說，這啟動了一個以大自然為基礎的典型課程：孩子的手變得更靈活，學到因果關係，並練習了團隊合作。

沃頓明白，其中一些想法可能撼動美國父母和他們認為童年需要無微不至保護的觀念，她說：「我們不能避免所有的風險。」說時遲那時巧，一個穿黃靴的小男孩拿著一把童用鋼鋸走過來，「童用鋼鋸」，在美國這可能是一種矛盾的修辭，但在這裡只是又一樣的教學工具。早些時候，我還看到這個男孩拿著馬鈴薯削皮刀。沃頓說：「我們評估危險，而不是規避風險。那些枯燥無味、沒有吸引力的學校，在這些孩子十幾歲的時候，終將讓父母和納稅人付出難以估算的金錢代價。」

今日，斯堪的那維亞半島十分之一的學齡前兒童幾乎整天在戶外活動，有很大比例的孩子大部分時間在戶外。在芬蘭，戶外玩耍以驚人幅度融入小學日常生活，學生每小時有十五分鐘戶外時間的情況很常見。

在芬蘭時，我詢問過名叫約翰娜・佩托拉（Johanna Peltola）的六年級老師原因，她和許多芬蘭人一樣非常務實，她說：「當他們去外面呼吸新鮮空氣時，他們的腦子會更清楚。」然而，當美國教育專家大力讚賞芬蘭的學校系統，讚頌該國在全球學術地位中名列前茅，卻經常忽略了新鮮空氣的要素。在《教出最聰明的孩子》（*The Smartest Kids in the World*）中，作者亞曼達・瑞普立（Amanda Ripley）在描述芬蘭的章節中居然也沒有提到戶外遊戲。

說來有趣，芬蘭報告的過動症兒童比例與美國雷同：大約百分之十一，大部分是男孩[13]。然而，美國大多數青少年服用藥物控制，芬蘭的大多數青少年卻沒有服藥。

福祿貝爾的信念和芬蘭的實踐都已得到科學的證實。在大自然中玩耍，起碼能增強兩種已知能夠發展兒童認知和情感的活動，也就是運動和探索性遊戲。一項針對數十項研究的大型分析得出一項結論：學齡孩子（四至十八歲）的體育活動可以提高大腦組織

13 S. L. Smalley et al., "Prevalence and Psychiatric Comorbidity of Attention-Deficit/Hyperactivity Disorder in an Adolescent Finnish Population," *Journal of the American Academy of Child and Adolescent Psychiatry*, vol. 46, no. 12 (Dec. 2007): pp. 1575–83, cited in Daniel Goleman, "Exercising the Mind to Treat Attention Deficits," *New York Times*, May 12, 2014.

寶庫的表現，諸如感知技能、智商、語言能力、數學能力和學術準備。這種影響在幼童之中最為明顯[14]。

更耐人尋味的是，賓州州立大學研究人員發現，在預測日後成就方面，早期社交技能比學術技能更加重要[15]。他們針對七百五十名孩童進行了二十年的追蹤調查，被幼兒園老師評價在合作、解決衝突、傾聽他人意見方面能力出眾的孩子，日後失業、藥物濫用、被捕、住在社會住宅或靠福利金過活的機率更低。德國在一九七〇年代贊助一項更有野心的研究，研究人員追蹤一百所幼兒園畢業生，其中一半的課程以遊戲為基礎（雖然不一定是戶外），另一半以學業和教學為基礎。學業組的學生贏在起跑點上，但是到了四年級，他們學業和社會情感的各項指標都落後於遊戲組的同儕。德國扭轉了以課業為主的幼兒園趨勢，這個措施鼓勵學校設置福祿貝爾提倡的藝術角落。

然而，非常遺憾，這種事並沒有發生在美國，美國孩子比過去任何時候要花更多時間在課桌前。二〇一五年，《小兒科》（*Pediatrics*）期刊有篇論文指出，美國學齡前兒童每天在學校的平均活動時間只有四十八分鐘，而建議的活動時間是兩小時[16]。在這四十八分鐘中，只有三十三分鐘在室外。二〇〇九年，在《小兒科》發表的另一項研究發現，百分之三十的三年級學生每天課間休息時間不到十五分鐘[17]，另一項研究則是發現，百分之三十九的非裔美國學生沒有課間休息，白人學生的比例是百分之十五。

家長也莫可奈何。馬里蘭大學運動學教授珍．克拉克（Jane Clark）稱幼兒是「集裝兒童」[18]，因為他們在汽車安全座椅、高腳椅和嬰兒車裡的時間越來越長，接著轉入久坐不動的媒體消費。根據戶外基金會的研究（由美國國家公園管理局和戶外用品製造商資助），所有兒童參與戶外活動的次數都在下降，但在二〇〇六至二〇一四年間，六至十二歲的兒童減少幅度最大，達百分之十五。這些數據包括健走、露營、釣魚、騎自行車、划船、滑板、衝浪、觀賞野生動物等活動，不包括有組織的體育活動。

二〇〇四年，百分之七十的美國母親回憶，她們小時候會到屋外自由玩耍，雖然此後犯罪率下降了，只有百分之三十一的母親准許自己的孩子也到屋外玩。英國兒童似乎受到同樣的束縛，根據國家信託基金的報告，自一九七〇年代以來，他們孩子的「活動半徑」——孩子被允許在沒有大人看管情況下自由走動的居家周遭區域——減少了近百分之九十，一九七一年有百分之八十的七至八歲兒童走路上學，到了一九九〇年，走路

---

14 B. A. Sibley et al., "The Relationship Between Physical Activity and Cognition in Children: A Meta-analysis," *Pediatric Exercise Science*, vol. 15, no. 3 (2003): pp. 243–56.

15 Damon E. Jones et al., "Early SocialEmotional Functioning and Public Health: The Relationship Between Kindergarten Social Competence and Future Wellness," *American Journal of Public Health*, vol. 105, no. 11 (2015): pp. 2283–90.

16 Pooja S. Tandon et al., "Active Play Opportunities at Child Care," *Pediatrics*, May 18, 2015, published online.

17 Romina M. Barros, et al., "School Recess and Group Classroom Behavior," *Pediatrics*, vol. 123, no. 2 (2009): pp. 431–36.

18 See http://www.usatoday.com/news/health/2004-11-05- active_x.htm, accessed Feb. 2, 2016

上學的只剩不到百分之十[19]。

在英國，三分之二的學童不知道橡實長在樹上。

許多學生剛進翱翔學院時必須服藥，許多人繼續服藥。教師像揹寶寶的袋鼠媽媽，身上總是捆著裝滿藥的斜背包。威爾森強調，翱翔學院不是讓孩子停止服用過動症藥物的地方，不過有些孩子確實發現可以逐漸減少劑量。查克的父母告訴我，他們打算在即將到來的假期中拋開他的抗焦慮藥物，也希望降低他的興奮劑劑量。他的母親瑪琳・德・佩科爾說：「他的改變簡直是奇蹟，現在他非常開心。」

既然研究顯示戶外自由玩耍對孩子身心健康極其重要，你可能指望在這引發劇烈震盪的室內世代遞嬗中看到疾病的證據。儘管不可能與某一特定原因直接劃上等號，這的確正是你眼見的情況。統計數字令人擔憂：在美國，學齡前兒童是抗憂鬱藥增長最快的市場，逾一萬名美國學齡前兒童正在接受治療過動症的藥物治療。與一九五〇年代出生的年輕人相比，今日青少年在焦慮和憂鬱方面的臨床意義分數要高出五到八倍[20]。自一九九九年以來，美國幾乎所有群體的自殺率都攀升了，增幅最大的是十到十四歲的女孩，達到百分之兩百。

在過去三十年裡，美國兒童肥胖率增加了兩倍，這是大家知道的事實，而過敏和哮喘的發病率也急劇攀升。根據美國疾病控制和預防中心的數據，近十分之一的兒童——也就是七百六十萬兒童——缺乏維生素Ｄ。而且，聽好了，還有三分之二的孩童，也就是另外的五千零八十萬人，被判斷維生素Ｄ「不足」。從調節睡眠和晝夜節律，到促進骨骼正常生長和提高免疫力，我們需要陽光來進行各種身體活動。因缺乏維生素Ｄ而造成的佝僂病原本幾乎已經根除，但這個問題再次變得非常嚴重，英國和美國若干地區又開始出現病例，在近十五年來，這兩國兒童的發病率變成了四倍。

---

19 R. Clements, "An Investigation of the Status of Outdoor Play," *Contemporary Issues in Early Childhood*, vol. 5 (2004): pp. 68–80. Also see S. Gaster, "Urban Children's Access to Their Neighbourhoods: Changes Over Three Generations" (1991), quoted in R. Louv, *Last Child in the Woods* (Chapel Hill, NC: Algonquin Books, 2005), p. 123. On children and exercise, see M. Hillman, J. Adams, and Whitelegg, "One False Move: A Study of Children's Independent Mobility," London: Policy Studies Institute, 1990. And http://www.dailymail.co.uk/news/article-462091/How-children-lost-right- roam-generations.html. On preschool diagnoses of ADHD, see http://www. nytimes.com/2014/05/17/us/among-experts-scrutiny-of-attention-disorderdiagnoses-in-2-and-3-year-olds.html?_r=0, accessed July 18, 2015.

20 J. M Twenge et al., "Birth Cohort Increases in Psychopathology Among Young Americans, 1938–2007: A Cross-Temporal Meta-Analysis of the MMPI," *Clinical Psychology Review*, vol. 30 (2010): pp. 145–54, cited in M. Brussoni et al., "Risky Play and Children's Safety: Balancing Priorities for Optimal Child Development," *International Journal of Environmental Research and Public Health*, vol. 9 (2012): pp. 3136–48.

當你把幼齡孩子放在綠色環境中，即使只是一小片草坪、幾株灌木，他們也會開始活動。在有傳統城市操場的學校，男孩往往比女孩更喜歡跑來跑去。不過瑞典的研究顯示，在更自然的環境中，男孩和女孩之間的運動差距縮小了。大自然消弭了遊戲的性別差異，森林幼兒園的孩子往往也比室內同齡孩子更少生病，體內的菌叢更健康多樣。

查克·史密斯就是其中一個幸運兒。從夏令營到風景優美的學校，享有特權的孩子有大量的選擇。然而，如果我們確實關心兒童的健康，想讓更多的孩子接觸大自然，改變初期教育和基礎教育，就必須在大多數人實際生活和工作的地方想辦法，比如城市、新開發市鎮、社區和公私立學校。

我兒子在華盛頓特區就讀七年級，我問他每天有多少分鐘的課間休息時間。

「休息？我們可能已經三個月沒有了。」

這是個問題，我打電話給他學校的校長。

「我知道。」她裝出安撫心煩意亂的母親的聲音。「我也希望他們能多出去走走，但外面都是爛泥，走廊會變得泥濘不堪。」

換句話說，這是清潔問題。在芬蘭，孩子把靴子放在前門，也許美國的學校不需要更多的iPad和模擬測驗；也許他們只需要更多的防水靴。

坦白說，沒有時間浪費了。積極探索可以提高兒童和成人的學習能力，但查克這樣的青少年似乎受益最大——他的前額葉皮質正處於儲存一生神經元的過程中。在佛蒙特大學，生物行為心理學家約翰·格林（John Green）和梅根·埃迪（Meghan Eddy）讓幾隻成鼠和進入青春期階段的小鼠做運動，然後給牠們一個任務：記住如何找到迷宮中的食物。做過運動的年輕小鼠比做過運動的成鼠表現得更好，也表現與服用利他能的小鼠一樣好。看來青春期的玩耍、探索和體能活動可以提高哺乳動物的學習能力，翱翔學院的威爾遜的直覺沒錯。或者，以格林更正式的說法來講：「青少年的前額葉皮質已經準備好接受環境經驗的塑造。」

所以你知道了：現在就是時候。以最有效的方式激發孩子的機會有限，或許，這樣能保障有能力做得比別人更好的孩子一個創新探索的未來。

過動症人群是一支先遣部隊。如果他們能夠認識到如何讓自己的大腦更適應環境，我們其他人就有希望了。有一件事確鑿無疑，那就是人類大腦在戶外活動的時間生長得最好。

在西哈福膠合板教室煎熬許多年後，現在查克·史密斯準備好了。他和他的夥伴聚在營地的火坑旁，吃了一肚子的漢堡和醃黃瓜片。外面的天色已經很暗了。明天全部十四個孩子都將完成塞內卡岩的四段攀登，之後的幾天，他們將揹起背包，徒步穿越多利索德荒野區，參觀內戰南軍名將「石牆」傑克森（Stonewall Jackson）之墓，拜讀他大姨子所寫的詩。他們現在雖然還沒有完全放鬆下來，但也已經很累了。

查克今天擔任星球隊長，要負責將垃圾清理乾淨。另一個叫麥克斯的孩子是文書官，十六歲，以放大屁的絕活為豪。他說：「我在戶外絕不會半途而廢。」在步道上，他告訴我，他也是厲害的松鼠獵人、登山客和激流泛舟專家。活動結束後，他打算找一份導遊的工作。他裹著紫色大手帕，翻開團隊日誌，準備在一盞紅色頭燈的狹窄光線下，記錄下當天的事件。

查克仰躺望著天上的星星，他很感動。「我們家裡沒有這些。」他說。

Part 5

花園裡的城市

The City in a Garden

12

我們大家的大自然

Nature for the Rest of Us

「如果人活著不只是靠麵包，還有什麼事比種樹更值得好好去做呢？」[1]

——美國景觀設計師弗德瑞克・勞・歐姆斯德（Frederick Law Olmsted）

二〇〇八年，在居住環境方面，人類越過了一個無法回頭的點：有史以來，大多數人生活在城市裡。起碼有一位人類學家指出，我們現在可以稱為「都會智人」了[2]。這還沒完呢。在未來三十年，全球將有二十億人遷往城市，到二〇三〇年，光是印度，就將有五億九千萬的城市人口[3]。中國已有半數人口住在城市，賴比瑞亞也是如此，孟加拉和肯亞的城市人口比例近年來則是增長了三倍。

遷居城市是件大事，可能也是好事。城市往往是最有創造力、最富有和最節能的居住地。與農村居民相比，城市居民的衛生條件、營養、教育、性別平等和醫療保健（包括計畫生育）通常更好。然而，世界上不斷發展的巨型城市，通常不是我們所企盼的啟蒙中心。剛果民主共和國首都金沙薩有一千一百多萬人口，人均年收入是兩百五十美元。哈佛大學經濟學家艾德・格萊澤（Ed Glaeser）曾問道，一個人口如此貧窮的大城市，怎麼「不會是人間地獄」呢？他認為，讓金沙薩這樣的城市成為宜居城市，是「我們本世紀的巨大挑戰」[4]。

城市必須設法把更多的人塞進更小的面積，但又不至於讓人失去理智。早在一九六五年，動物行為學家保羅・萊豪森（Paul Leyhausen）就描述過貓在異常擁擠環境中的情況：變得更好鬥、更暴虐，成了「惡毒的暴徒」。在類似的環境下，挪威老鼠會忘記如何築巢，啃嚙起自己的鼠窩。靈長類動物遭到監禁時，荷爾蒙系統會混亂，繁殖能力急遽下降[5]。那麼，我們人類呢？廣泛醫學文獻評論顯示，城市居民患焦慮症的風險

---

1 Olmsted epigraph quoted in Rybczynski, Kindle location 2776.

2 作者註：關於都會智人的概念，請參閱 Jason Vargo, "Metro Sapiens, an Urban Species," *Journal of Environmental Studies and Sciences*, vol. 4, no. 3 (2014).

3 See R. Dhamodaran, "The Great Migration—India by 2030 and Beyond: Harnessing Technology for Better Urban Transportation in India," a presentation to the Wilson Center, http://www.wilsoncenter.org/sites/default/files/RAMAKRISHNAN%2C%20DHAMODARAN_Presentation.pdf, accessed July 31, 2015.

4 Glaeser quote from http://www.cityjournal.org/2014/24_3_urbanization.html, accessed July 31, 2015.

5 Cited in E. O. Wilson, *Sociobiology* (Cambridge, Mass: Harvard University Press, 2000), p. 255.

增加百分之二十一，情緒障礙風險增加百分之三十九，至於罹患思覺失調症（舊稱精神分裂症）的風險，那可是增加了一倍之多。城市生活會讓大腦杏仁核（恐懼中樞）以及原生前扣帶皮質（調節恐懼和壓力的關鍵區域）的活動增加[6]。

另一方面，一項葡萄牙研究發現，相對於居住在綠色空間附近的人，居住在工業「灰色空間」附近的人報告說，他們「使用應對策略的次數減少」，心態也沒那麼樂觀[7]。最後一點非同小可——樂觀心態對更健康的行為、更低的三酸甘油酯和精神復原力非常重要。我們需要更多的精神復原力，因為根據世界衛生組織的數據，在全球，憂鬱症造成的健康年限損失比任何其他疾病都要多[8]。

既然我找到身處大自然讓大腦變得更好的方法，是時候設法把這些經驗帶回大多數人所生活的地方——都市。以下是一些基本的領會：我們都需要身邊的大自然；就算只是看看樹木、水域和綠地，對我們的認知和心理也有好處；我們應該以更聰明的方式美化我們的學校、醫院、工作場所和社區，如此一來，人人都能受惠；我們需要快速親近會吸引我們感官的自然區域。在城市中，人人都需要有乾淨、寧靜和安全的自然庇護所。短時間接觸大自然可以使我們少一些挑釁，多一點創造，更有公民意識，總體而言更加健康。為了避免憂鬱，讓我們遵循芬蘭人的建議，每月至少在大自然中待上五小時。然而，正如詩人、神經學家和急流泛舟愛好者告訴我們的，有時我們也需要更長時間更深入地沉浸在野生環境中，才能從深刻的痛苦中恢復，展望未來，表現出最文明的一面。

基本上，我們需要各種劑量的大自然。巨型城市的生活環境可能提供嗎？

為了瞧一瞧樂觀主義者會如何看待我們擁擠的未來，我去了一個未來已經到來的城市——新加坡。既是城市也是國家，全世界就只有新加坡一個，這一點非比尋常。新加坡有五百多萬人口，約是華盛頓特區人口的八倍，卻住在只有華盛頓特區四倍大的土地。新加坡是全球人口密度第三高的國家[9]，套用規畫專家的話——超級稠密。在新加坡南洋理工大學任教的靈長類動物學家麥克．古默特（Michael Gumert）說，這座城市就是一個人類實驗，「必然以我們不能完全理解的方式增加壓力。」他告訴我：「我們正在進行自我馴化，都會智人是否來得及演化適應呢？」

想到新加坡，我想到的是以鞭刑等神祕懲罰，強制執行禁止咀嚼口香糖和在公共

---

6 作者註：有關城市居民罹患精神疾病風險增加，請參閱 Florian Lederbogen et al., "City Living and Urban Upbringing Affect Neural Social Stress Processing in Humans," *Nature,* vol. 474, no. 7352 (2011): pp. 498–501.

7 S. Marques and M. L. Lima: "Living in Grey Areas: Industrial Activity and Psychological Health," *Journal of Environmental Psychology,* vol. 31 (2011): 314–22, cited in "The Natural Environments Initiative: Illustrative Review and Workshop Statement," Report, Harvard School of Public Health, Center for Health and the Global Environment, 2014, p. 11.

8 World Health Organization fact sheet, http://www.who.int/mediacentre/factsheets/fs369/en/, accessed Aug. 3, 2015.

9 World Bank stats found at http://www.infoplease.com/ipa/A0934666.html, accessed Aug. 1, 2015.

場所吐痰的法規，這些政策在全球受到嘲笑，這個都市國家讓人想起了「魔法褓母麥克菲遇上死神」的苦果。但後來我聽說了新加坡的綠色圍牆、繁茂公園和垂直農業，它有時還被認為是世上數一數二的「親生命城市」。飛到這裡，一眼就能看出這的確是個綠意盎然的大都市，大型社區點綴著鬱鬱蔥蔥的綠植。離開機場的道路上，兩旁種著棕櫚樹和開花灌木，綠色樹冠擴展開來。在一個熱帶島嶼上，這似乎不足為奇，可我後來才知道，這城市原來有一部分位於複墾的受損土地上，昔日大規模的森林砍伐讓土壤失去了養分，如今大小樹木都種在進口的土壤上。這座城市好像一個沒有安全感的天后級藝人，就是要吸引你的注意目光。我下榻的旅館和許多市中心建築看起來都像鼠尾草，每隔幾層樓就長出層層疊疊的植物，有時一整面牆都是植物。「你睡醒來就可以開始吃草了！」我到站下車時，計程車司機開玩笑說。

要開始深入了解這個國家的自然倫理，我想有一百五十五年歷史的世界級新加坡植物園是個好地方，它占地遼闊，每天開放十九小時，不收門票。植物園近來被聯合國教科文組織列入世界遺產名單之中，也是新加坡影響力非凡的國家公園局總部。為了閃避傾盆大雨，我躲進行政大樓，見到了園林發展署署長楊明忠。他戴著眼睛，態度和藹可親。在大多數國家，公園管理部門規模小，資金不足，而且組織不善。但楊明忠告訴我，新加坡每年投入兩億新加坡幣「開發風景」，相當於國家預算的百分之〇・六，是美國國家公園管理局從美國聯邦預算中獲得的比例的五倍。難怪他笑容可掬。

楊明忠告訴我，他出生於一九六三年，兩年後，這個前英國殖民地脫離馬來西亞獨立。五十年來，新加坡都由同一個政黨執政——甚至主要是同一個人，那就是已故總理李光耀。新加坡發展成為世上第三成功的經濟體，平均每人GDP、教育程度、生活水準和預期壽命等方面的排名都高於美國。這個地方幾乎沒有可以出口的自然資源，也幾乎沒有擴張的空間，多種族組合的人口不但是一個潛在的不穩定因素，而且數量快速增加——鑒於這些事實，它的成就更加令人佩服。

李光耀——新加坡人暱稱他LKY——上任後不久，就在一個交通圓環種下一棵行道樹，此舉開啟了他後來念茲在茲的綠化之路。新加坡很快進口了數以千計的樹木，雇用一群又一群的園丁和園藝師。李光耀發起「花園城市」計畫，這個計畫後來演變成野心更大的願景：「花園中的城市。」他在回憶錄中寫道：「獨立後，我想找某種引人注目的方式區分我們與其他第三世界國家。我想要一個乾淨的、綠色的新加坡。我的戰略之一，是將新加坡打造成東南亞的綠洲……」

楊明忠自豪地告訴我，如果把森林保護區、袖珍公園、未開發的土地和修剪整齊的行道樹加在一起，新加坡七百一十五平方公里的土地上，半數有綠色植被。「我們試圖在能找到的每一寸空間創造更多的綠色。」老舊運河實用但醜陋，新加坡便改善照明，美化景觀，增修步道，現在串聯成三百公里長的綠色走廊，連接許多公園。一項新開發計畫要進行時，建商必須設法建造綠色屋頂、綜合花園、停車場上方的公園等等，取代它所取代的大自然。政府會協助籌募額外的費用。我參觀了幾棟迷人的建築，包括「世上最大垂直花園」。它是一座二十四層的公寓大廈，整面西牆覆蓋著兩萬三千株大鄧伯花，效果有點像天外魔花——牆是活的[10]！建商還計算出，由於更好的隔熱和減少空調使用，可以節省百分之十五到百分之三十的能源使用，這對於正在變暖的星球上的熱帶島嶼來說，是一件了不起的事[11]。

即使從一九八六至二〇〇七年間，新加坡人口增加了約兩百萬。由於這些政策，綠地比例甚至還能持續增加，從百分之三十六提高到百分之四十七。相比之下，我所在的城市華盛頓特區，和地球上的大多數地方一樣，經歷了相反的情況：總的來說，樹冠層只剩下百分之三十六，低於一九五〇年的百分之五十。新加坡是了不起的典範，告訴我們，當綠色被編入城市DNA後，一切皆有可能。此外，楊明忠也說：「我們努力實現一個目標：百分之八十的人生活在離綠地四百公尺之內的空間，我們離目標不遠了，現在已經達百分之七十了。」

雨停了，楊明忠急忙走到外頭，介紹我認識園裡受到保護的老樹，其中一顆登布樹，有一百五十年樹齡，枝繁葉茂，備受民眾喜愛，還印在五元新幣鈔票上。在離地面不遠的地方，一根桶子般粗的大枝條從樹幹平行伸出。他說：「對許多新加坡人來說，這是一棵有感情的樹，小時候跟爸爸媽媽出來玩時，他們爬上去。然後他們跟朋友約在這裡見面，之後來這裡約會，接著在樹下求婚，最後在這裡拍婚紗照！」

「你也是在這裡拍婚紗照嗎？」我問。

「是啊！」

一切聽起來十分美好，但如同新加坡的許多東西，這份對大自然的熱愛經過精心包裝，為宣傳手冊和機場海報而準備。觀光客和投資者看到的，都是這些漂亮的公園和綠油油的建築嗎？這是一個只有門面的天堂嗎？為了研究大自然與實際生活的距離，我訪問了邱德拔醫院。這家社區型醫院離市中心不近，少有外國人或外籍人士就診，但被認為是簡單親生命設計的成功新案例。我不得不說，這裡的環境好得令人瞠目結舌，尤其是以一家醫院來說。許多病房面向繁茂的中庭花園，庭院密布著專為吸引鳥類蝴蝶而挑選的樹木和灌木。外頭有一個相當大的池塘，一個藥用植物園，還有一條步道。池塘漂浮著人工小島，用以吸引白鷺。整個空間刻意採用了生物多樣性設計，瀕危魚類在花園蜿蜒的小水道中游動，說來可悲，這大概是牠們僅存的棲息地。

10 譯註：出自美國作家 Jack Finney 的科幻小說《*The Body Snatchers*》，故事描述一個加州小鎮遭到恐怖外星花朵入侵，故事多次改拍為電影。

11 see Lee Kuan Yew, *From Third World to First: The Singapore Story: 1965–2000* (Singapore: Times Editions: Singapore Press Holdings, 2000), p. 199.

每層陽臺都垂下了植物，讓人覺得這棟樓才剛從叢林中升起，增添了香格里拉的效果。「我們稱它是花園中的醫院。」園藝主任羅莎琳・陳（Rosalind Tan）說，有人喊她「蝴蝶夫人」。我們走過一株盛開的芙蓉花，這種花很受金色太陽鳥的歡迎。「從實踐經驗中我們知道，人喜歡綠色，我們試圖為病患創造一個康復環境，讓他們能夠降低血壓，在更好的狀態下就醫。」

我們走過纖塵不染的加護病房，每個病人都能從近兩公尺高的窗戶看到窗外樹木。許多地方的走廊和樓梯平臺通向戶外，陳主任表示，這裡是全新加坡醫院感染率最低的地方，可我並沒有聞到醫院常有的消毒氣味。我想起了奧勒岡州波特蘭市一家醫院二〇一二年的研究，該研究結果顯示，從外部通風的房間菌相更為多樣，而且「壞」菌較少[12]。陳主任又帶我去看屋頂有機菜園，大部分是由當地喜歡園藝的居民照顧，一部分給患者吃，一部分拿去農夫市集賣。她摘下幾片長長的蚌蘭葉，要我把這些紫紫綠綠的葉子帶回去泡茶喝。「我們的招牌茶，富含抗氧化物，有清熱的功效。」

回到我的鼠尾草旅館，我泡了一些來喝，才覺得涼爽了，就又得出門去。人人都告訴我，離開新加坡之前，一定要去濱海灣花園看一看。占地遼闊的花園蓋在新填海的土地上，造價十億美元，非常引人注目。它是個「一流的城市休閒空間」，有許許多多的戶外花園，還有兩個巨型溫室，這類溫室一般必須開暖氣，在新加坡卻必須開冷氣。溫室展示了溫帶氣候的生物帶，包括雲霧森林、地中海橄欖樹和加州灌木叢。

但花園重頭戲是十八棵擎天巨樹組成的樹林，這十八顆樹從頭到尾都是假的。比真樹更厲害的地方是，它們像巨大的骷髏高爾夫球球座，聳入二十五到五十公尺的高空。一條狹窄的人行步道盤旋曲折穿過幾處樹冠，你可以無拘無束欣賞城市天際線，在頂樓餐廳牛皮坐墊上吃高檔的蛋捲。這些建築收集雨水，澆灑在上面生長的藤蔓和鳳梨花（真的植物，但是移植栽培的）。它們利用電池板收集太陽能，最棒的是，將電力轉化為令人目不暇給的晚間燈光秀。

從蛋捲中回過神來後，我坐在底下修剪整齊的草坪上，周圍有情侶，有闔家出遊的人群，幼童四處奔跑。天色漸漸暗了下來，電子交響樂的第一個音符響起，樹上乍然閃現繽紛的霓虹燈，完美配合著交響樂的節奏。這場表演與「齊柏林飛船」演唱會的雷射燈光秀截然不同，我感受到一種與在猶他州布拉夫峽谷不相上下的情緒，陣陣的敬畏在心中蕩漾開來。

這就是未來城市的大自然——它混合了隱喻、技術和演化驅策力，具體表現出作家暨數位先驅蘇·托馬斯（Sue Thomas）所稱的「技術親生命」（technobiophilia）。誰又能說什麼是真正的大自然呢？現在世上所有的生態系統不都是由人類的雙手所支撐的，

12 S. W. Kembel et al., "Architectural Design Influences the Diversity and Structure of the Built Environment Microbiome," *ISME Journal*, vol. 6, no. 8 (Jan. 26, 2012): pp. 648–50.

新加坡恰好代表了「人工建構大自然」的極端。這樣的大自然仍然啟動我們許多的神經按鈕，比如草、綠色、藍色、安全、美麗、嬉戲、視覺趣味、驚奇。在這樣的自然中，我是否能獲得真正的滿足？在荒野中待過的人可以嗎？一句話，不能。這樣的大自然不是無法預測，因此帶來的趣味無法持久，無法維持新鮮感，也無法滿足卡普蘭夫妻的神祕或逃避現實的商數。不過，看著孩子和他們年輕的父母，我意識到他們大多數人可能從未見過更為野生的大自然，並不會懷念他們所不知道的東西——如果這還不是保護荒野和確保人類體驗荒野的理由，我不知道什麼才是。

走出花園，一彎朦朧的月懸在南方天空。

我完全沒有注意到。

我從新加坡學到兩件重要的事。要讓綠色植物真正滲透到所有社區，就需要有堅定的治理願景。其次，如果都會自然能夠有一點「野」，至少在某些地方如此，對我們來說是最好的。我不禁好奇，在引發敬畏感這件事上，城市是否能提供更好的東西。真正的大自然，我們在其中演化的那一種，融合了熵[13]、血、大風、脈動的地質音。在新加坡，大自然或多或少看起來像大自然，但聲音不像大自然，表現也不像大自然，那些演化至今的利牙銳爪可能在哪裡呢？

讚美活樹而不是假樹，似乎是合乎邏輯的第一步。事實上，樹木可能是拯救城市的唯一最佳工具。城市居民對兩種自然特徵最感興趣，一是水，二是樹。現在墨爾本的粉絲甚至可以寫電子郵件給大樹（「今天我離開聖瑪麗公園時，吸引我的不是一根樹枝，而是你光芒四射的美。你一定經常收到這些簡訊，你是非常有吸引力的一棵樹。」聖瑪麗公園每一棵樹都有識別號碼，有時公園工作人員會代筆回信。）

我的老友歐姆斯德理解這種奉獻精神。在他的公園設計原則中，他認為任何特色都不該過於引人注目或壯觀，華麗的花壇不該有，顯眼的建築少量即可。他提出的神奇公式是，廣闊的草地邊界零散長著樹木，蜿蜒的小路通往挑逗地半掩於樹叢後的神祕之地。樹，樹，還是樹。樹對歐姆斯德的規畫非常重要，所以他為中央公園的三百二十四公頃土地訂了起碼三十萬株樹，著實嚇壞了他的預算監督者。由於大樹矮叢太多了，他的夥伴卡維．沃爾（Calvert Vaux）只好召募一個由家人朋友組成的小團隊，用一個個的綠色小點來填補主畫。一種畫素化的概念，當時是一八五八年左右。

城市樹木不光提供美學樂趣，還能帶來具體的健康益處。某些種類的樹木會因花粉和其他化合物加重哮喘，不過總體而言通常能在幾個重要方面改善人的生理機能。直到二〇一三年一項相當驚人的研究發表結果，政府官員才充分意識到這一點。美國林務局

13 譯註：entropy，一種無秩序或混亂的量度。

城市林務員傑弗瑞・唐納文（Geoffrey Donovan）發現一個很有趣的自然實驗，有一種叫梣樹綠吉丁蟲的討厭害蟲會「鑽食韌皮」，大約在二〇〇二年登陸美國海岸，在整個中西部和東北部摧毀了一億棵白蠟樹[14]。呼，就這樣全沒了。唐納文決定調查樹木末日和人類心血管疾病的發病率之間是否有任何關係。

唐納文注意到一些歐洲開創性的研究，這些研究著眼於人類壓力、疾病和城市中廣泛定義的「綠色空間」。還有其他研究，包括理查・米契爾在蘇格蘭的研究，都顯示城市公園附近的死亡率較低。米契爾的研究顯示，窮人的健康狀況得到很大的改善，但唐納文的研究表明，突如其來的樹災對較富裕社區造成更大的影響，可能是因為這些社區的樹木損失最多。總體而言，受蛀蟲侵襲的縣市，因心血管疾病，增加了一萬五千人死亡，另有六千人人死於下呼吸道疾病，這些數字代表預期死亡率大幅增加了百分之十，很難說這些死亡是由於惡化的空氣品質造成的，還是由於少了高大舒適的綠樹帶來之壓力的變化，或是兩個原因都有。如果樹木能在其隱喻所及的範圍深深地打動我們，一如鮭魚河的退伍軍人的感受，那麼也許看著生病或死亡的樹木本身就是一種壓力。

多倫多非常重視市區的一千萬棵樹，估計這片城市森林價值七十億美元[15]。最近一項研究指出，一個街區的樹木密度越高，心臟和代謝疾病的發病率就越低。從原始的經濟角度來看，那些生活在比平均多十一棵樹的街區的人，健康水準的提高相當於收入中位數增加了兩萬美元。幸運的居民才能擁有豐富的樹木。

每棵樹都是助力。最早研究大自然和大腦的瑞秋．卡普蘭告訴我，「自然未必無所不在，有一棵樹總比一棵都沒有來得好。」但更多的樹才是最好的。華盛頓特區和非營利組織的合作夥伴一直在努力，他們每年種植至少八千六百棵樹，以便在未來二十年讓街道樹冠增加百分之四十。紐約市最近完成了一項雄心勃勃的計畫，種植了一百萬棵樹，洛杉磯、上海、丹佛和杜拜也在進行類似的活動。

樹被認為是解決全球碳儲存、熱島和城市空氣品質等問題的關鍵。

這是一項艱鉅的任務，但樹隨時都準備好了。

---

14 Geoffrey H. Donovan et al., "The Relationship Between Trees and Human Health: Evidence from the Spread of the Emerald Ash Borer," *American Journal of Preventive Medicine*, vol. 44, no. 2 (2013): pp. 139–45.

15 For the Toronto study, see Omid Kardan et al., "Neighborhood Greenspace and Health in a Large Urban Center," *Scientific Reports*, vol. 5 (2015): pp. 1–14.

後記

「但是，運動和戶外活動不是我們所有人都能做到的嗎？」[1]

——美國詩人華特．惠特曼（Walt Whitman）

如果說這本書有一個主題，這個主題就是大自然的好處循著劑量曲線發揮作用。維吉尼亞大學「親生命城市計畫」負責人提姆．比特利（Tim Beatley）推倡「自然金字塔」的概念，根據需求，推薦你不同的大自然選擇；我認為這是一個天才的想法，也恰好反映出這本書的結構：從短暫接觸身邊的大自然，到置身野地感受更為持久的魔法。比特利受到常見的食物金字塔的啟發，將與身邊的大自然的日常互動置於金字塔底部，它能幫助我們減輕壓力，找到焦點，消除精神疲憊。身邊的大自然有：社區的鳥兒、樹木和噴泉，我們的寵物，我們室內的植物，以及有著日光、新鮮空氣、大片藍天與自然景觀的公私建築。這些都是我們的日常「蔬菜」，而新加坡——連雷射燈都有——已經做到了。我們都該這麼幸運才是。

沿著金字塔往上走，是每週到公園和水岸走一回。在這些地方，城市的喧囂煩擾一掃而空，我們的目標應該是，每週至少有一小時左右的時間沉浸在芬蘭時尚之中。要是我們很幸運，這些地方可能包括更野生也更寬廣的城市公園，或者我們容易前往的地區公園。

再更往上是需要費更多工夫才能到達的地方：每個月到森林或其他悠閒的自然區域，避開現實壓力，也就是日本的李卿所建議的方針：每個月給我們的免疫系統安排一個週末。

金字塔塔頂是珍貴但不可或缺的荒野，比特利和猶他大學的大衛．史崔爾等科學家認為，我們每年或每兩年需要走入荒野一回，連續多日密集沉浸在大自然中。正如我們所見，這樣的旅行可以重新安排我們的核心，催化我們的希望與夢想，讓我們充滿敬畏和人際聯繫，使我們對自己在宇宙中的位置感到安心。在某些特定的時期，荒野體驗對我們最有幫助，比如經歷雲霄飛車般身分認同形成的青春期，或者在遭遇不幸或創傷之後。

我們越是認識這些與生俱來的人類需求，我們獲得的就越會越多。我希望有更多的野外治療，更多的孩子參加夏令營、大自然考察、童子軍探險、各式各樣的探索與追

---

1 Walt Whitman writing as Mose Velsor, "Manly Health and Training, with Off-Hand Hints Toward Their Conditions," ed. Zachary Turpin, *Walt Whitman Quarterly Review* 33 (2016): p. 212.

尋，以及更多讓城市人普遍接觸野生環境的機會。我們都需要定期檢查，以便自我反省，設立目標，讓心靈沉澱下來。最好是關掉手機。

總結我所學到的，我想出一個非常簡單的結尾：多去外面走走，有時到野外；帶不帶朋友都好。深呼吸。

根據比特利的說法，希望還是有的。世界各地城市都在展開大大小小的計畫，將各種大自然元素融入日常生活，而且從紐約的高架公園到韓國清溪川，他們看到了龐大的回報。當城市多了更多的綠，不只是居民，城市本身也變得更有適應力，可以更妥善處理極端的濕度和溫度，可以更快從自然災害中恢復，可以為蜜蜂、蝴蝶、鳥類和魚類等正在消失的物種提供庇護。

既然我們的大腦特別愛水，這些計畫自然要以水為重點。五十公里長的洛杉磯河，原本兩岸都是水泥，看了就不順眼，現在正在改造成一條生態休閒河道。哥本哈根港口已經規畫幾處安全的游泳區。從舊金山的貝克海灘到惡魔島，許多地方經常舉辦游泳活動。華盛頓特區的阿納科斯蒂亞河曾經被人遺忘，犯罪猖獗，遭到汙水排放也是情有可原，如今為家庭舉辦週五夜釣，為學童舉辦獨木舟之旅。不過都沒有紐西蘭威靈頓來得厲害，它開闢了一條大眾浮潛路線！比特利說，這些地方是「敬畏之城」的典範，不過讓人人可以使用「藍色空間」仍然是一項挑戰，無論是令人敬畏的空間，還是只是有助恢復的空間。

我們仍然有很長的路要走，因為從外太空也能看出貧窮。在《華盛頓郵報》分析的衛星照片中，我看到我自己的城市——華盛頓特區——有一條清晰的「樹木線」，線的西邊是富裕的西北象限，街道上方發出綠色光芒。在東邊，百分之四十的居民生活在低收入社區，該地區看起來單調而灰暗。這種情況並不罕見，這種不平等是越來越多人移居城市生活環境的基本難題。

歐姆斯德明白，縱觀歷史——從古代波斯人到英國紳士名流（他們整潔的獵場首先激發了城市公園的靈感）——富人總是能享受寧靜的林間空地和牧場。奧姆斯特德想從根本上打破這種模式，不僅希望人能在公園恢復健康，更希望所有人都有這個機會。在一八七〇年代，他甚至在公寓張貼告示，發傳單給紐約市每個醫生，說明到中央公園和展望公園的路該怎麼走；海報上還說明自然景點有助於身心康復[2]。

為什麼醫生不給人開「戶外時間」處方籤呢？

過了近一百五十年，歐姆斯德的想法才得到一些支持。把城市病人送到公園的醫

---

2 Charles E. Beveridge and Paul Rocheleau, *Frederick Law Olmsted: Designing the American Landscape* (New York: Rizzoli, 1998), p. 45, cited in Carol J. Nicholson, "Elegance and Grass Roots: The Neglected Philosophy of Frederick Law Olmsted," *Transactions of the Charles S. Peirce Society*, vol. XL, no. 2 (Spring 2004), http://www.dathil.com/cadwalader/olmsted_philosophy100.html, accessed Aug. 3, 2015.

生並不多，但還是有幾個。加州奧克蘭市兒童醫院兒科醫生努欣．拉札尼（Nooshin Razani）與當地公園建立合作關係，讓市區的孩子能夠更容易、更頻繁地去公園。與拉札尼一樣，華盛頓特區聯合醫療中心的兒科醫生羅伯．札爾（Robert Zarr）發現，傳統方法對他的貧困患者不起作用，許多人飽受肥胖症、糖尿病、抑鬱症、焦慮症和哮喘的折磨。

他說：「這件事根本無須傷腦筋，公園不用門票，它們是一種不可思議的資源，卻沒有被善加利用，我們只需要將人與公園連結起來就可以了。」

醫療保健只是解決辦法的一部分。在理想情況下，「親近大自然的機會」的推廣運動，也需要學校、教會、工作場所、鄰里組織和整個城市一塊出力。除非我們更自覺地承認我們對於大自然的需求，否則這件事不會發生。在撰寫這本書的過程中，我了解我們遠遠低估了這種需求，當我們減少孩子課間休息和戶外玩耍的時間，當我們設計的建築和社區阻斷了光線、空間和新鮮空氣，當我們待在室內而不是設法出去走走，你就會明白到這一點。一個人越富有，就越有可能滿足他的自然神經元，但這通常是高級社區和放鬆身心的假期帶來的潛意識滿足感。除非我們都充分認識到對大自然的需求驅動著我們一些行為，我們不會有辦法讓每個人都能得到大自然。

Outdoor Afro、GirlTrek、CityKids、Nature Bridge、Children & Nature Network等數十個有趣又創新的團體，正在全美各地社區展開小規模的行動，令我感到非常振奮。在德州休斯頓和紐約總督島等地，冒險遊樂場（包括泥坑和自己建造的樹枝堡壘）正在興起，「戰術城市主義者」（tactical urbanist）也在城市街道成立快閃公園和遊擊式花園（guerilla garden）[3]。越來越多的組織、公家單位和機關，正在努力讓包括我在內的民眾進入城市生活環境仍在編織的藍綠色細絲帶中。光從人類手中拯救野生地區已經不夠了，現在各團體正在為人類拯救野生地區。以保護重要生態系統和棲息地而聞名的大自然保護協會，提出一個新的「人文因素計畫」（Human Dimensions Program，HDP），將人類福祉理由納入保護實踐的倡議中。美國國家公園管理局也推出一項重要的「健康公園、健康人民」倡議，旨在讓公園對不同的人群更有吸引力，這不僅是為了公園的健康（因此它們就會被利用），也是為了人民的健康。「過去，我們傾向於鼓勵遊客到公園玩，玩得開心，學點東西，還要注意安全。」公共衛生辦公室主任黛安娜・艾倫（Diana Allen）告訴我。「現在我們說，來，玩得開心，保持健康，這很重要。」

如果我們認為「使用公園的機會」對社區福祉很重要，那麼我們就需要測量這個機會。非營利組織「公共土地信託」（Trust for Public Land）最近編纂了一個有用的「公園評分」（ParkScore）指數，根據距離公園十分鐘步行範圍內的居民比例對美國各大城

3 譯註：在無合法耕種權的土地上種植植物或花卉。

市進行排名，明尼亞波里斯以百分之八十六．五的比率排行第一（難怪他們在那裡很快樂！）。我驚訝地發現，如果把國家廣場這樣的公共草坪也計算在內，華盛頓特區也能排到第三名（百分之八十）。

我承認，我還在努力適應移居城市的生活，但我的心情還有習慣都越來越好。開始寫這本書後，我改變了走路的方式，我會走樹木較多的路線。我常去公園，常在公園散步，我帶著孩子一塊去。我們拉長耳朵傾聽鳥聲，尋找大自然的碎形，觀看小溪潺潺流動。我還是會對著飛機揮舞拳頭，但我也喜歡搭乘飛機到開發更少的地方。

今年冬天我們遭遇一場大風雪，幾乎所有機械化的空中和道路交通都中斷了數日。鹿群收復了街道，一跳一躍穿過覆雪的城市。民眾也上街嬉戲，在林蔭大道滑雪橇、做倒立，趁著鏟雪的空檔在雪地邁著沉重的步伐。太陽出來後，我和丈夫穿上老舊的滑雪靴，滑去運河步道。那裡幾乎只有我們兩人。

「好安靜！」我說。

「簡直像在黃石公園！」他說。

我們聽到了一些山雀和黃連雀的叫聲。

回家路上，我們經過一個義大利老太太身邊，她正在檢查幾個青少年的鏟雪成果。她說：「外面實在好漂亮啊！」我說：「沒有飛機！」她露出一種恍然大悟的表情，笑咪咪地說：「太棒了！沒有飛機！」

然後我們朝家的方向滑回去，我為一個快從雪堆挖出被掩埋的愛車的男人加油打氣。我們巧遇幾個兩年未見的鄰居，獲知其中一人正在接受癌症治療，我們聊了半個小時。我們碰上一群有生意頭腦的男孩子，就出錢叫他們來幫忙鏟我們家車道上的積雪。他們完成後，進到屋裡，和我們隔壁鄰居一起欣賞野馬隊最後一場比賽。帶了零食來的鄰居說：「大家又像是鄰居了。」

依然是這座城市，但它即使沒有被大自然力量接管，至少也暫時被大自然力量趕上了。大自然展現一己的威力，而這座城市有得看，也有得玩。

致謝

十二萬分感謝*Outside*雜誌Elizabeth Hightower、Michael Roberts與Chris Keyes幾位編輯，一開始是他們派給我這個蒼蒼鬱鬱的差事。我也要感謝《國家地理》雜誌編輯Rob Kunzig協助我完成了這趟旅程。Lucas Foglia的照片給了我靈感，我很感激能將它們收錄在書中。為了證明觀察及思索身處大自然的時間讓人變得慷慨，許多研究人員（多到無法一一細數）讓我走入他們室內與戶外實驗室，與我分享他們的觀點，忍受我無休無止的提問，有時用的還不是他們的母語——這證明了觀察自然、思索自然確實讓他們變得慷慨大器。然而，有幾人付出了非同尋常的時間和專業，我必須要大聲說出他們的名字：李宙營、David Strayer、Adam Gazzaley, Art Kramer、Liisa Tyrvainen、Kalevi Korpela、Deltcho Valtchanov、Jenny Roe、George Mitchell、Ulrika Stigsdotter、Patrik Grahn、Matilda Van Den Bosch、Greg Bratman、Marc Berman、Derrick Taff和他的團隊、Tan Le。特別感謝我的韓語翻譯Sepial Shim。我會抱著期待繼續關注他們的研究。

這個寫作計畫也少不了私人和機構單位的支持，謝謝Virginia Jordan、Bill French與Elaine French的支持。人類與自然中心（Center for Humans and Nature）提供我研究經費，感謝該中心的Brooke Hecht、Curt Meine和Gavin Van Horn，他們是很棒的智囊團。也要謝謝Melissa Perry以及喬治華盛頓大學環境與職業健康系聘請我擔任專業講師，讓我得以多次無償使用圖書館。寫一本書，不是朝九晚五坐在辦公室，就能乾淨俐落逐步完成，我經常出外奔波，獲得許多人的幫助，有時甚至還有陪伴。我有幸與Sarah Chang和Zahir Janmohammed一塊在雷耶斯角的Mesa Refuge藝術村住兩週時間，他們請我吃了大量的韓國烤肉和印度茶。感謝Peter Barnes、Susan Page Tillett和Patricia Duncan為我提供那個神奇的地方。也感謝維吉尼亞創意藝術中心的好人。Jamie Friar和Wendy Friar——我的哥哥嫂嫂——讓我窩在他們地下室寫作幾天。謝謝Michelle Nijhuis在索諾蘭沙漠吃玉米餅和寫作的空檔陪我嬉戲，謝謝Margaret Nomentana在緬因州提供了一片湖、三兩隻龍蝦，而且還很有愛心地替我顧孩子。如果沒有Penny Williams（世界上最偉大的婆婆）、Rachel Baranowski和Allison Frisch的協助，我不可能逃脫我的育兒職責。Kate Sheridan和Danielle Roth非常能幹，幫忙做了一些研究和事實核查。

我非常感謝我在華盛頓特區的寫作夥伴和同行：Josh Horwitz、Juliet Eilperin、David Grinspoon、Eric Weiner、Tim Zimmermann、Jacki Lyden、Maarten Troost、Margaret Talbot、Alex Zapruder和Hanna Rosin。你們讓我更順利適應了華盛頓特區的生活，你們的聰明才智激勵著我。我在博爾德的老友繼續提供支持，閱讀大部分的初稿，用我離開的那座波西米亞小鎮的趣事逗我開心。謝謝Hannah Nordhaus、Hillary Rosner和

Melanie Warner，尤其謝謝才華洋溢的Lisa Jones，她不只是我的歷險搭檔，還是我親愛的小姑。也謝謝華盛頓特區的好夥伴，Eliza McGraw、Kim Larson、Donna Oetzel、Margaret Reitano、Melissa Boasberg、Will Shafroth、Erica Shafroth、Kirk Johnson和Chase DeForest，謝謝遠方的朋友，Julie Frieder和Ann Vileisis，這些朋友全給了我一流的回饋和建議，有時我們甚至去到大自然。Flora Lichtman提供了圖像靈感。我不怎麼熱衷於虛擬的東西，但很幸運有一個由頂尖科普作家組成的網路小圈子，他們提供安慰，用才華給我帶來驚喜，並在必要之時給我當頭棒喝：Christie Aschwanden、Bruce Barcott、Maryn McKenna、Seth Mnookin、David Dobbs、Deborah Blum、Elizabeth Royte和Karen Coates。我們的咖啡杯印著WTMFB，我很幸運在生活中擁有你們每一個人。

還有幾個人閱讀了全部或部分初稿，提出批評意見。非常感謝Amanda Little和Jay Heinrichs的有益見解和偶爾的揮拳叫好，他們兩人都有驚人的天賦。感謝我熱愛自然、鍥土推石的經紀人Molly Friedrich，感謝W. W. Norton出版社令人讚嘆的團隊（尤其是Jill Bialosky、Maria Rogers、Erin Sinesky Lovett和Steve Colca），還有負責艱難無比校對工作的Fred Wiemer。如果沒有我深具冒險精神的體貼家人，包括我的大家族、小家庭、繼親家庭、姻親家庭，自然世界（或其他任何地方）就沒有樂趣可言。John Williams、Jamie Williams、Ben Williams和Annabel Williams，這本書其實是為你們而寫，也是關於你們。最棒的大自然是與大家分享的大自然。